西南大学 2017 年中央高校基本科研业务费专项资金资助重大培育项目（课题批准号：SWU1709225）成果。

西南大学教育学部
现代教育文库

信息化、"互联网+"与大数据：
当前美国基础教育变革理念与实践

王正青 /著

人民出版社

图书在版编目（CIP）数据

信息化、"互联网+"与大数据：当前美国基础教育
变革理念与实践 / 王正青 著. —北京：人民出版社，2018
ISBN 978-7-01-019414-1

Ⅰ.①信… Ⅱ.①王… Ⅲ.①基础教育－教育改革－研究
－美国 Ⅳ.①G639.712.1

中国版本图书馆CIP数据核字（2018）第119262号

信息化、"互联网+"与大数据：当前美国基础教育
变革理念与实践
XINXIHUA、"HULIANWANG+" YU DASHUJU: DANGQIAN MEIGUO
JICHU JIAOYU BIANGE LINIAN YU SHIJIAN

著　　者：王正青
责任编辑：翟金明　韩　悦
出版发行：人　民　大　版　社
地　　址：北京市东城区隆福寺街99号
邮政编码：100706
印　　刷：廊坊市海涛印刷有限公司
版　　次：2018年10月　第1版
印　　次：2018年10月　河北第1次印刷
开　　本：710毫米×1000毫米　1/16
印　　张：18
字　　数：260千字
书　　号：ISBN 978-7-01-019414-1
定　　价：58.00元
销售中心：(010) 65250042 65289539

目　　录

序

　　信息化的浪潮正席卷全球。面对信息社会与互联网的汹涌来袭，各国不约而同制定了教育信息化发展战略，积极推进信息化基础设施建设，以信息科技促进教育深度变革。其中，英国政府在 2008 年发起了以推广信息技术为主要特征的"下一代学习运动"；澳大利亚在 2009 年发起了"数字教育革命"；新加坡在 2009 年实施了第三期"总体规划"（Master Plan）；日本在 2009 年承接之前的"e‒Japan""u‒Japan"实施了"i‒Japan"战略；韩国政府则在 2011 年提出了"智慧教育"发展目标。作为地区性政府间组织代表，欧盟在 2010 年 5 月发布了"欧洲数字化议程"五年计划；作为世界性政府间国际教育组织，联合国教科文组织在 2015 年提出了"抓住数字化机遇、引领教育转型"的口号。毫不夸张地说，信息化已成为当前国际教育的重要趋势、各国教育发展的优先事项与优先政策选择。

　　中国政府也在新世纪制定了"以信息化带动教育现代化"的发展战略。2003 年以来，中国政府先后实施了农村中小学现代远程教育、中小学教师教育技术能力提升、"宽带网络校校通"、数字教育资源开发、数字校园和智慧校园建设等工程，极大提升了教育信息化水平。尤其是《国家中长期教育改革和发展规划纲要（2010—2020 年）》和《教育信息化十年发展规划（2011—2020 年）》实施以后，以"三通两平台"为代表的基础设施建设取得了突破性进展。随着信息化建设走向深入，如何利用信息技术转变教师教学行为，改变当前信息技术与教育教学脱节现象，促进城乡教育信息化均衡发展，构建智能化个性化教育环境，成为当前我国教育信息化领域有待深入研究的重要课题。

基于对中国基础教育信息化现状的客观认识，《教育信息化"十三五"规划》将"深化信息技术与教育教学的融合发展"作为"十三五"期间的重要任务，推动信息技术"从服务教育教学拓展为服务育人全过程"转变。与此同时，我国教育发展还面临诸多难题（城乡教育发展不均、学生学业负担过重、现代教育治理体系尚未建立、传统教育教学方式根深蒂固等），而云计算、大数据、学习分析、物联网、移动通信等信息技术的快速发展为解决上述难题提供了难得的机遇和巨大的可能。这一进程中，我们迫切需要考察世界各国的政策与实践，积极借鉴其他国家的成功经验。

作为世界上信息化发展水平最高的国家，美国的教育信息化建设取得了突出成绩，其历史可追溯至爱迪生发明有声电影，或者 20 世纪 50 年代广播电视教学的兴起之时。20 世纪 90 年代后，美国政府加快了教育信息化进程。1993 年，克林顿政府启动"信息高速公路"计划，联邦通讯委员会顺势实施了"教育折扣项目"（E–rate）。1996 年，美国发布了第一个《国家教育技术计划》，迄今已连续发布了五个《国家教育技术计划》，使得美国大中小学迅速完成了教育信息化基础设施建设。2012 年 3 月，奥巴马政府宣布实施"大数据研究和发展计划"；2013 年 6 月，奥巴马政府发起"连接教育"（ConnectED）计划，在升级校园网络设施的同时，更多关注发展教师信息素养、开发数字化教育资源、实现个性化学习、挖掘教育数据等深层次目标，在教育信息化纵深推进方面再一次走在了世界前列。

美国的基础教育信息化建设引起了国内教育研究者、管理者、决策者以及实践者的广泛关注，形成了众多高水平学术成果，"互联网＋教育"、教育大数据、翻转课堂、在线教育、混合学习、移动学习、人工智能、智慧教育等概念也如雨后春笋般响彻中国教育界。与国内其他学者主要关注某个独立领域不同，王正青博士的《信息化、"互联网＋"与大数据：当前美国基础教育变革理念与实践》一书以教育信息化为主线，从当前美国推进教育信息化的背景分析入手，比较全面且系统地探讨了美国基础教育信息化变革的理念、载体、创新与保障，涵盖信息技术与教育教学深度融合、"连接教育"项目、在线学习、教育大数据战略、学生数据隐私保护、教师信息数据素养等热点议题。同时，作者从浩如烟海的材料中挖掘有价值的信息，在研究资料上较好地贯彻了权威性、学术性与时效性原则，使得本书具有较高的学术意义与实践价值。

尽管本书在主题选择、逻辑结构、资料把握、研究结论等方面有诸多值得肯定的地方，但由于作者学识水平及研究条件等方面的欠缺，本书的不足之处也是显而易见的。正如作者在书中所言，本书在总结美国基础教育信息化建设的经验方面比较薄弱，结合美国基础教育信息化实践探讨中国教育信息化道路方面有待深入，相关主题的平行阐述也使得部分内容出现交叉与重复。学术探索永无止境，学术观点需要争鸣。期待本书的出版能够引起更多学者对基础教育信息化的关注，期待作者能够继续该领域研究，奉上更多更好的学术作品。

徐　辉

2017 年 8 月于学府小区

第一章

变革动力：提高教育质量与维护教育公平

现代社会正全面进入信息化时代。信息化与互联网的迅猛发展改变了世界教育的存在形态，迎接信息化与"互联网＋"时代的挑战，发挥科技促进教育变革的作用，是当前世界各国普遍关注的教育议题。作为当今世界信息化发展水平最高的国家之一，美国基础教育领域广泛推进以信息化为主要特征的教育变革，以提高美国基础教育质量与维护教育公平。

一、信息化、"互联网＋"与教育变革

教育信息化是世界教育发展的大趋势，也是各国制定教育发展战略、推动社会变革的重要力量。目前关于"信息化""互联网＋"的概念纷繁多样，有必要廓清"教育信息化"与"互联网＋教育"等概念内涵，并在此基础上探讨教育变革的可能性与方向。

（一）信息化、"互联网＋"内涵界定

"无论明确地表述问题，还是检验假设，一个根本性的前提是需要清晰的概念。假如人们对其正在寻找的东西没有清晰的认识，任何观察和实验都会无助于事。没有清晰的概念，也就不可能有正确的认识。"① 基于此认识，本书尝试性地提出对信息化、"互联网＋"等概念的理解。

---

① ［德］沃尔夫冈·布列钦卡：《教育科学的基本概念：分析、批判与建议》，胡劲松译，华东师范大学出版社 2001 年版，第 11 页。

1. "信息化"与"教育信息化"内涵

信息化是指培养、发展以计算机为主的智能化工具为代表的新生产力，并使之造福于社会的历史进程。已故学者南国农先生认为，教育信息化是指"在教育中普遍运用现代信息技术，开发教育资源，优化教育过程，以培养和提高学生的信息素养，促进教育现代化的过程。"[①] 黄荣怀教授认为，教育信息化是一个过程，是一个运用现代信息技术，不断改进教育教学，培养和提高学习者的信息素养，促进教育现代化的过程。[②] 教育信息化就是为适应信息社会和知识经济浪潮而追求的教育创新和变革，正深刻改变着教育的时空关系（因信息的及时可达性而突破教育的时空限制）、教育者与受教育者的关系（因信息的高度对称性而打破教育的知识传播平衡）和教育组织形态（因信息的快速扩散性而打破学校教育的"唯一"性，家庭和社会对学生的影响日趋加大）。[③]

教育信息化首先是人的信息化，人是教育信息化的一切本源。[④] 随着科技进步日新月异，知识日益成为提高综合国力和国际竞争力的决定性因素，人力资源成为推动经济社会发展的战略性资源，科技、教育、人才竞争在综合国力竞争中的重要性日益凸显。基于此，信息化时代的教育必须培养适应信息时代需求的人才，不仅要掌握体现行业特征与需要的专业知识与技能，同时需要具备在海量信息中收集与整合有用信息、团队合作和终身学习等能力。

经过一个周期的教育信息化建设，当前教育信息化又衍生出一系列新现象，外部环境发展更趋活跃，新理念与新技术不断涌现。在此背景

---

① 南国农：《教育信息化建设的几个理论和实际问题（上）》，《电化教育研究》2002 年第 11 期。

② 黄荣怀、江新、张进宝：《创新与变革：教育信息化的核心价值》，科学出版社 2007 年版，第 23 页。

③ 黄荣怀：《教育信息化助力当前教育变革：机遇与挑战》，《中国电化教育》2011 年第 1 期。

④ 余胜泉：《教育信息化进入深水区》，《中国远程教育》2005 年第 11 期。

下，教育信息化发展已清晰地呈现出智能化、开放化、个性化与社交化等特征。云计算、大数据、移动技术、物联网、虚拟增强及社交网络等技术被深入研究与推广应用，推动"教育信息化"向"智慧教育"转型。

2. "互联网＋"与"互联网＋教育"内涵

互联网的飞速发展改变了人类的生存方式，也重塑了人类自身。腾讯总裁马化腾先生2014年4月21日在《人民日报》发表文章，第一次公开提出"互联网＋"概念。他认为，"互联网＋"是一个趋势，"＋"的是传统的各行各业。[①] 在2015年两会上，马化腾对"互联网＋"解释为"利用互联网的平台，利用信息通信技术，把互联网和包括传统行业在内的各行各业连接起来，在新的领域创造一种新的生态。"[②] 国内另一家互联网巨头阿里巴巴随后通过阿里研究院推出了《"互联网＋"研究报告》。将"互联网＋"界定为"以互联网为主的一整套信息技术（包括移动互联网、云计算、大数据技术等）在经济、社会生活各部门的扩散、应用过程。""'互联网＋'的过程也是传统产业转型升级的过程，推动各产业的互联网化，'互联网＋'的动力在于云计算、大数据与新分工网络。"[③]

在2015年政府工作报告中，国务院总理李克强首次提出了"互联网＋"计划，强调要制定"互联网＋"行动计划，推动移动互联网、云计算、大数据、物联网等与现代制造业结合，促进电子商务、工业互联网和互联网金融健康发展，引导互联网企业拓展国际市场。2015年7月印发的《国务院关于积极推进"互联网＋"行动的指导意见》对"互联网＋"也进行了解读，将"互联网＋"界定为"把互联网的创新

---

① 乔杉：《20年互联网带来的改变才刚开始》，《人民日报》2014年4月21日。
② 腾讯研究院：《关于以"互联网＋"为驱动推进我国经济社会创新发展的建议》，2015年4月13日，见 http://www.tisi.org/Article/lists/id/3776.html.
③ 阿里研究院：《"互联网＋"研究报告》，2015年3月5日，见 http://www.so-hu.com/a/7723459_106510.

成果与经济社会各领域深度融合，推动技术进步、效率提升和组织变革，提升实体经济创新力和生产力，形成更广泛的以互联网为基础设施和创新要素的经济社会发展新形态"。

根据"互联网＋"的定义，各学者以信息技术与教育两维度为核心，从不同角度对"互联网＋教育"的内涵进行了界定。王磊等人认为，"互联网＋教育"就是"利用网络技术、多媒体技术等现代信息技术手段开展的新型教育形态，是建立在现代电子信息通信技术基础上的教育，它以学习者为主体，学生和教师、学生和教育机构之间主要运用多种媒体和多种交互手段进行系统教育和通信联系"[1] 吴南中认为，"互联网＋教育"就是通过信息网络技术将教育注入互联网基因，实施包括人才培养目的、人才培养过程和人才培养评价等全程的变革，以及支撑人才培养的体制机制变化，实现以互联网为支撑的生态化的教育，以满足互联网经济时代和社会发展所需要人才，实现教育全局性发展、战略性转型。[2]

2015 年 5 月 24 日，中国教育信息化产业技术创新战略联盟（CEIIA）围绕"互联网＋教育"开展了热烈的讨论，涉及互联网情境下的教育产业模式、学习模式、平台建设等互联网与教育结合的核心内容。基于上述认识，本书认为"互联网＋教育"即是在教育的各个要素中融入信息技术要素，包括课程设计、教学内容、教学方法、教学管理以及教学评价等，最终实现信息技术与教育教学高度整合的教育新形态。[3] 其中要特别提出的是，"互联网＋教育"并不是简单地把互联网技术作为教学的工具或者是用互联网来取代教育，而是两者的深度耦合。

---

① 王磊、周冀：《无边界：互联网＋教育》，中信出版社 2015 年版，第 19—20 页。
② 吴南中：《"互联网＋教育"内涵解析与推进机制研究》，《成人教育》2016 年第 1 期。
③ 鲍娟、王正青：《"互联网＋教育"时代中国比较教育学的学科转型》，《教师教育学报》2017 年第 8 期。

（二）信息化时代基础教育变革机遇

在信息化与"互联网＋"时代，互联网本身的自动化、数字化以及免费化等特点深化了教育内部各要素的整合。教育的核心要素如课程设置、教学方式以及学业评价等较传统教育而言出现了颠覆性的创新，提供了前所未有的变革机遇。

1. 政策支持为信息化时代教育变革奠定基础

现代信息技术在教育中广泛应用并导致教育系统发生深刻的变化，引起中小学教育思想、观念、内容、方法等方面的深刻变革。人类社会进入信息化社会，随着国际竞争的日益加剧，许多国家都把教育信息化作为国家信息化的战略重点和优先领域进行了全面部署。2015 年 5 月 21 日，联合国教科文组织（UNESCO）通过了以全民教育和终身教育为主要目标的《仁川宣言》，随后以问责、透明和参与性管理的原则为基础，通过了"教育 2030 行动框架"，提出了"确保包容、公平的优质教育，促进全民享有终身学习机会"的教育目标，为各国教育工作提供方向引领。同年，由 UNESCO 和中国政府联合举办的国际教育信息化大会在山东青岛召开，围绕信息技术及其发展如何重塑教育制度、如何将信息技术的运用和创新体现在国家和机构的政策中等议题展开讨论，之后与会各方共同签署了以"抓住数字化机遇、引领教育转型"为标题的《青岛宣言》，为世界各国的教育信息化建设提供了行动指南，对于我国今后一段时期的教育信息化改革也有重要的指导意义。

各国也在信息化时代到来之际制定出台专项政策。日本自 20 世纪 80 年代的第三次教育改革开始，就明确提出"使学生不断适应未来社会的要求，促进教育的信息化"，并以此作为其教育改革的四大重要目标之一。1996 年日本中央教育审议会提出的咨询报告把培养学生的"生存能力"作为 21 世纪教育的发展方向，特别提出面对纷繁复杂的信息社会，学生需要具备正确的选择、加工、处理信息的能力和自主思考的能力，这些是"生存能力"的重要内容。① 法国在 1997 年制定了《信息社会的政府行动计划》，提出要使每个青年毕业时能够掌握未来个人生活和职业生活所需要的信息与通讯技术，利用丰富的多媒体资源开展教学活动。② 芬兰政府在 1995 年拟定信息发展战略时，把"全体公民掌握和利用信息技术的能力"列为五大方针之一，旨在"使每一个芬兰公民掌握信息社会的基本技能"。芬兰教育当局规定，从 1995 年开始，受过九年义务教育的学生必须具备使用计算机和上网的技能。③

中国在《教育信息化十年发展规划（2011—2020 年）》中指出，"基础教育信息化是提高国民信息素养的基石，是教育信息化的重中之重"，其核心目标在于"帮助所有适龄儿童和青少年平等、有效、健康地使用信息技术，培养自主学习、终身学习能力"。《教育信息化"十三五"规划》明确提出要坚持促进信息技术与教育教学深度融合的核心理念，坚持应用驱动、机制创新的基本方针，加强顶层设计、多方协同推进，通过农村中小学现代远程教育工程、国家基础教育资源库建设、中小学教师教育技术能力建设三大行动，有力推进基础教育信息化进程，并开始以"三通两平台"作为着力点全面推进我国基础信息化建设。党的十八大以来，特别是中央网络安全和信息化领导小组成立后，党中央、国务院对网络安全和信息化工作高度重视，"互联网＋"行动计划、促进大数据发展行动纲要等有关政策密集出台，信息化已成为国家战略，教育信息化正迎来重大历史发展机遇。各国政府对教育信息化工作的高度重视，为"互联网＋"时代教育信息化发展提供了政策保障。

2. 技术创新为信息化时代教育变革提供动力

---

① 李文英、张立新：《世界教育信息化的变革与发展趋势》，《外国教育研究》2007 年第 10 期。
② 王晓辉：《法国教育信息化的基本战略与特点》，《外国教育研究》2004 年第 5 期。
③ 谭振平：《国外教育信息化发展扫描》，《中国成人教育》2001 年第 11 期。

　　缺乏教育资源一直是全世界面对的一个主要问题，而信息化为解决优质资源的共建共享提供了可能。1996 年，时任美国总统克林顿提出了雄心勃勃的教育信息化发展目标：要让每一个青少年八岁能阅读、十二岁能上网、十八岁上大学、让每一位成年美国人都能进行终身学习。① 高质量教育资源的普遍获得对于教育的发展至关重要，信息技术的发展及其在教育领域中的运用拓展了优质资源的共享空间。新世纪以来，教材、课程、学位项目等教育资源，即用来向学生传授读写学习、物理化学、批判性思维等方面的内容越来越转向"数字化"。这就意味着，在互联网、磁盘空间和云技术的帮助下，我们可以零成本地存储、复制数字文件、方便获取，真正推动了教育的数字化转型。2014 年，世界未来协会（World Future Society）预测，虚拟教育或远程学习首次同新能源、纳米技术、量子计算机等一起成为未来 20—30 年改变人类生活的前 10 项重大突破。

　　教育资源的开放性和免费获得是信息化时代教育发展的基本特点。目前互联网上有难以统计的共享信息，包括图片、电影、政府数据、教育资源、博物馆和档案等，让更多公众方便享受"互联网＋"带来的丰富资源，成为当前各国教育发展的政策导向。教育部发布的《全国教育信息化工作专项督导报告》显示，截至 2014 年 11 月底，全国 6.4 万个教学点全面完成了"教学点数字教育资源全覆盖"项目建设任务，实现了设备配置、资源配送和教学应用"三到位"。② 联合国教科文组织统计研究所（UNESCO Institute for Statistics，简称 UIS）为了帮助人们使用联合国教科文组织的各类资源，专门建立了教育信息一体化查询数据库，打破了原始数据、分析（报告）、数据视图讲述和其他工具各自独立的孤岛形式，为探索和利用 UIS 的数据提供了无缝接入途径。

---

① 洪明：《欧美国家教育信息化的现状与趋势》，《比较教育研究》2002 年第 7 期。
② 赵秀红：《全国 6.4 万个教学点数字教育资源全覆盖》，《中国教育报》2015 年 3 月 25 日。

3. 数据挖掘为信息化时代教育变革展现可能

海量资源的可获取为教育提供了数据基础，在分析与挖掘数据阶段，可视化分析软件则是信息化时代技术与教育整合的又一大创新。我们可以使用可视化软件如 Tableau Quickview、Cite space 等软件，即时查询和生成各国、各地区的教育数据直观图，再利用可视化文本分析技术（Visual Text Analytics）进行深入挖掘，包括对数据的质性和量化分析，发现传统文本分析技术中不易发现的问题。① 同样具有分析功能深度挖掘数据的软件还有 Hadoop、Info Bright、Yun Table 等，它们不但可以对数据类聚处理，还有预测发展趋势的功能。在教学上，Knewton 教育平台构建了成熟、实时的学生数据分析，能够细分知识点，对每个学生予以单独分析，通过实时预测技术来监测学生的学习状况并及时调整，为学生下一步调整学习内容和活动提供最适合的引导，实施个性化教学。②

信息化时代的"互联网＋"是现代科学技术、经济社会、文化教育等各领域创新发展和变革的重要方法论，是推动各行各业与其高度融合的新引擎，是催生新模式、新业态、新产品、新服务甚至新生态的先进信息技术平台。③ 教育领域要更加重视大数据的分析方法，除了利用 IBM、Oracle、SYBASE 等数据库来收集、管理数据外，还可将海量的小数据库导入到大型的分布式数据库中，采用分布式技术对这些大数据进行操作，通过使用 Yun Table 等工具查询、分类、统计汇总和挖掘，最终得出更深层次的有价值的教育信息。

---

① 滕珺、大卫·特纳、吕云震：《大数据与中国比较教育学科发展的新相对优势》，《比较教育研究》2015 年第 11 期。

② Knewton, *Knewton's Technical White Paper*, 2016 - 03 - 21, See: https://www. knewton. com/wp - content/uploads/knewton - technical - white - paper - 201501. pdf.

③ 詹青龙、杨梦佳：《"互联网＋"视域下的创客教育 2.0 与智慧学习活动研究》，《远程教育杂志》2015 年第 6 期。

二、美国基础教育中的质量与公平问题

基础教育是一国教育体系的重要组成部分，是衡量一国教育竞争力的重要指标，是培养合格公民、促进个体终身发展的基础性工程。[①] 作为当今世界综合国力最强的国家，美国的政策制定者一直将教育质量问题与经济持续发展和维持国际竞争力联系起来，将教育看作事关国家安全、国家价值和社会公平的重要基石。

（一）美国基础教育质量与公平政策

美国教育实行的是地方分权管理体制，联邦、州、地方（学区）三级政府共同影响着美国基础教育发展。虽然三者在角色定位、权责划分以及关系整合上存在一些争议，但提升教育质量与维护教育公平却是各级政府的共同政策选择。

1. 聚焦国家教育目标：联邦政府层面的政策措施

美国联邦政府在"二战"以前奉行的是不直接干预教育发展方针。1957 年前苏联人造卫星的成功发射，让联邦政府重新思考自己的教育角色，并通过法律和政策等途径介入教育事务。在随后通过的《国防教育法》中，提出了要加强科学、数学和现代外语教学，开展天才教育等措施。1983 年，美国教育优异委员会公布了调查报告《国家在危机中：教育改革势在必行》，报告列举了美国基础教育存在的一系列"危机指标"，声称美国教育的落后等同于单方面的裁减军备。受此报告影响，以提高全民科学素养为宗旨的"2061 计划"等项目得以实施。1989 年，上任伊始的乔治·布什总统召集各州州长举行了一次教育高峰会议，提出了美国在 2000 年应达到的教育目标，包括高中生毕业率增加到 90%、改善教

---

① 王正青、徐辉：《当前美国基础教育质量现状与改进趋势——"追求卓越"理念引领下的实践》，《教育研究》2014 年第 9 期。

师质量、美国学生在数学和科学成绩上居于世界前列等。

在这之后，克林顿政府出台了《美国 2000 年教育目标法》，小布什总统又签署了《不让一个孩子掉队法》（No Child Left Behind，简称 NCLB），进一步强化教育绩效责任和学业标准要求。奥巴马上台后，在全球金融危机肆虐之时投入 43.5 亿美元实施"力争上游计划"（Race to Top），以竞争性的资助方式，支持各州、学区和学校进行教育改革。2010 年，联邦政府对《初等与中等教育法》（ESEA）进行了重新授权，发布了名为《改革蓝图》（A Blueprint for Reform）的远景规划。值得一提的是，为实现其提升教育质量的目标，联邦政府在 20 世纪 90 年代专门成立了国家教育目标专门小组（NEGP）和国家教育标准和测试委员会（NCEST），负责监督、评价和推动联邦各项教育改革计划，只是这些措施也没能帮助实现联邦政府的国家教育目标。

2．聚焦教育标准化：州政府层面的政策措施

美国教育的主要管理权在州和地方政府。其中，州层面的教育治理主体包括州长、州立法机关、州教育委员会、州教育长官、教师认证委员会等，州教育委员会是核心。20 世纪 80 年代末期，美国兴起了一场以建立课程标准和评价体系为核心的教育标准化运动，州政府的教育重心也从宏观监督管理转向教育标准的制定与实施。经过 20 余年的发展，美国各州都建立了本州的课程标准，涵盖中小学英语、数学、科学、历史、艺术、外语、地理和社会研究、公民教育等学科，对提高美国基础教育质量发挥了一定作用。

盘点当前美国基础教育改革措施，"共同核心州立标准计划"（Common Core State Standards Initiative，简称 CCSS）无疑最引人瞩目。2009 年 6 月，美国州长协会（NGA）和各州教育长官委员会（CCSSO）联合发起了这项计划。2010 年 6 月，"共同核心州立标准"（CCSS）正式发布，率先出台的是《共同核心州立数学标准》与《共同核心州立英语标准》。标准对幼儿园到高中各年级学生在特定阶段应该学什么知识、

掌握什么技能做出了明确的规定。截至 2017 年 8 月，除德克萨斯、明尼苏达、内布拉斯加、俄克拉荷马、印第安纳、南卡罗莱、弗吉尼亚和阿拉斯加等 8 个州外，美国所有州都已采纳此标准。[1] 由于美国没有国家层面的课程纲要，这一举措对推动美国建立统一的教育质量标准具有重要意义，受到了联邦政府和美国各界的广泛肯定。

3. 聚焦学校与教师责任：地方和学区层面的政策措施

美国地方层面的公共教育治理主要通过地方学校委员会来实现。全美共有 9.5 万名地方学校委员会成员，管理着全国 1.5 万个学区，围绕基础教育进行的改革主要聚集在学校与教师责任上。一是提高教师教学质量，支持"为美国而教"（TFA）和"卓越管理者学会"（Broad Superintendents Academy）等组织开展活动。前者每年从美国顶级大学毕业生中选择 6000 名左右学生，派他们到急需教师的学区中从事教学工作；后者则致力于为美国公立学校培养领军人物。二是强化学校责任。在纽约市，他们采取严格措施对证明不符合质量标准的学校进行重建。在芝加哥市，各学校则被要求增强工作透明度，以便家长了解他们孩子所在学校的运行情况。三是赋予家庭选择学校权利，支持磁石学校（Magnet Schools）和特许学校（Charter Schools）的发展。此外，波士顿市致力于强化学校管理权力，圣地亚哥则在辖区学校引入分权化改革，这两个城市在"全国教育进展评估"（NAEP）框架下的"城区系统测试"（Trial Urban District Assessment）中都取得了较好成绩，佐证了强调学校责任与绩效考核的必要性，也得到了各地方政府的认可。[2]

（二）美国基础教育质量与公平现状

教育质量的内涵是多维度多层次的，横向上涉及学业水平、教育机

---

① Common Core State Initiative Standards, *Standards in Your State*, 2017 - 08 - 12, See: http://www.corestandards.org/standards - in - your - state/.

② NAEP, *The Nation's Report Card, National Results, Achievement Levels*, 2016 - 12 - 21, See: http://nces.ed.gov/nationsreportcard/science/whatmeasure.asp.

会、资源分配、学习环境、课程教学、学校管理、教育结构等要素，纵向上涵盖学生、教师、学校、地方乃至全国等层次，本书关注的是学生个体层面的学业水平。

1. 学生总体学业水平低于预期且族群间差距较大

《美国 2000 年教育目标法》提出，美国高中生毕业率在 2000 年至少达到 90%。截至 2009 年，这一数据只有 75%。同时，不同地域和种族学生的毕业率相差也很大。以 2008—2009 学年为例，美国公立高中毕业率最低的内华达州和密西西比州，毕业率分别为 56% 和 62%，而毕业率最高的佛蒙特州和威斯康辛州，毕业率分别为 89% 和 91%。从种族看，非洲裔学生毕业率最低，只有 62%；亚洲裔学生毕业率最高，达到 90%。[①] 针对学生的学术能力测验结果显示，12 年级的黑人学生中只有 16% 能够熟练阅读，3% 在数学上达到熟练水平；拉美裔学生中有 20% 能够熟练阅读，但也只有 4% 在数学上达到了熟练水平。美国只有 78% 的学生能够在 4 年内完成高中教育，而黑人学生和拉丁裔美国学生按时完成高中教育的比例分别只有 66% 和 71%。[②]

在大学入学教育或就业准备方面，美国高中毕业生也没有达到期望要求。美国大学入学测验（ACT）调查显示，在参加大学入学考试的学生中，只有 22% 的高中毕业生在英语、数学、阅读和科学等方面达到要求。即使是那些享有较高声誉的名牌院校，也只有 43% 的大学新生达到了入学要求。根据美国教育部的统计，两年制学院中有 42% 的学生需要补习高中阶段的内容，四年制大学的这一比例为 39%，与各方

---

① Chris Chapman, etc, *Trends in High School Dropout and Completion Rates in the United States: 1972 – 2009*, Washington, DC: National Center for Education Statistics, 2012, p. 32.

② Chris Chapman, etc, *Trends in High School Dropout and Completion Rates in the United States: 1972 – 2009*, Washington, DC: National Center for Education Statistics, 2012, p. 35.

期望还有较大差距。①

教育质量的不佳引发了美国公众对学校系统的不信任，并使得"在家上学"（Homeschooling）日益流行。自 20 世纪 70 年代"在家上学"兴起以来，美国越来越多的学生不去学校上学，而是选择在家学习。据美国教育部统计，2011 年时选择在家上学的学生人数达到 177 万，占全国 K - 12 阶段学生总数的 3.4%，而 2007 年时这一比例只是 2.9%。在标准化测试方面，"在家上学"学生各学科平均成绩比普通学生高15% 到 25%，被一流大学的录取比例也高于从普通学生。② 尽管美国各级政府加大了教育财政投入，使低收入家庭的辍学率有所降低，但这些投入并未换来美国公众对学校教育的信任，公众对学校教育质量产生的怀疑迫使政府采取相应的对策。

2. 关键学科的学业成绩测试表现欠佳

美国学生在联邦政府直接推动的"全国教育进展评估"（National Assessment of Educational Progress，简称 NAEP）测试中表现不尽人意。在阅读、数学和科学等关键学科的测试中，只有三分之一的中小学生能够达到"良好"等级。数学方面，学生在数字运算、测量、几何、数据分析、统计、代数等方面表现欠佳；阅读方面，许多学生不能复述、解释、评价某一文本；科学方面，学生不能准确界定或使用物理、生命科学、地理和空间科学中的一些常见定义，不具备科学探究、研究性学习等一些基本科学素养。表 1.1 是 2011 年美国学生在 NAEP 测试中的表现。③

---

① The Council on Foreign Relations, *U. S. Education Reform and National Security*, Washington, DC: Independent Task Force Report No. 68, 2012, p. 17.

② U. S. Department of Education, *Statistics About Non - Public Education in the United States*, 2016 - 08 - 28, See: https://en. wikipedia. org/wiki/Homeschooling_ in_ the_ United_ States.

③ NAEP, *The Nation's Report Card, National Results, Achievement Levels*, 2016 - 12 - 21, See: http://nces. ed. gov/nationsreportcard/science/whatmeasure. asp.

表 1.1　2011 年 NAEP 测试结果（单位:%）

年级＼成绩	阅读				数学				科学		
	不合格	合格	良好	优秀	不合格	合格	良好	优秀	不合格	合格	良好
四年级	33	33	26	8	18	42	33	7	28	38	33
八年级	24	42	31	3	27	38	27	8	37	33	28

美国学生在参加"国际学生评价项目"（Programme for International Student Assessment，简称 PISA）等国际测试方面也不甚理想。2012 年的 PISA 测试显示，美国学生在参加测试的 65 个国家和地区中，阅读排名第 20 位，数学排名 30 位，科学排名 23 位。不仅平均成绩不乐观，优秀学生比例也落后于其他国家。以数学为例，美国学生达到"优秀"等级的学生只有8.8%，而经济合作与发展组织（OECD）国家达到优秀等级的平均数为 12.6%，而表现最好的中国上海地区和新加坡，这一比例分别为 55.4% 和 40%。而美国表现最好的马萨诸塞州也没能进入最优秀等级。①

在 2012 年的 PISA 成绩公布后，美国各界对美国学生排名靠后再度不满。在谈及中国上海、瑞士等测试表现优秀的地区和国家时，时任美国教育部长邓肯（Arne Duncan）表示，这种结果描绘出美国"教育停滞的画面"。他说："这不符合我们希望拥有世界上受教育最好、竞争力最强的劳动者的期望。"美国教师联合会（AFT）主席兰迪·温加滕（Randi Weingarten）则说："悲哀的是，我们的国家忽视了高分国家的经验，这些国家极为尊重公共教育……"② 经合组织（OECD）2016 年

① OECD, *What 15 - year - olds Know and What They Can Do with What They Know*, OECD, Paris: PISA 2012 Results in Focus, 2013, p. 75.

② Mark Clayton, "PISA Test Shows 'Stagnation' Is US Education Reform Failing?", *The Christian Science Monitor*, 2013 - 12 - 3.

12 月发布的报告显示，在 2015 年 PISA 测试中，美国学生的数学、阅读和科学测试成绩仅居于中游，只有 2% 的学生在数学方面达到优秀水平，依旧落后于东亚及加拿大、德国等 OECD 国家。[①]

3. 薄弱学校普遍存在且质量改进缓慢

早在 20 世纪 60 年代，美国就注意到学校之间的均衡发展问题，并开始通过颁布教育法案来扶持和改造办学条件、水平较差的薄弱学校。1965 年颁布的《初等与中等教育法》规定，联邦政府必须为低收入社区的学校提供资助和支持。此后，美国国会曾七次对该法案提出修改意见，以促进美国学校的均衡发展。90 年代美国提出全国教育目标后，薄弱学校问题受到教育界和社会公众更加广泛的关注。1993 年，克林顿政府颁布《学校改进法》，提出要通过特殊拨款和专项资助等形式来促进学校的均衡发展。小布什上台后，于 2002 年 1 月颁布了《不让一个孩子掉队法》，法案规定了中小学所有学生阅读、数学和科学的成绩标准以及与此相应的评估、奖惩机制，各州也建立了包括薄弱学校在内的学校评估与扶持办法，刺激和推动了美国薄弱学校的改造进程。

为切实提升薄弱学校教育质量，美国政府先后实施了"跃进学校计划"（Accelerated School）"农村教育成就项目"（Rural Education Achievement Program，简称 REAP）等项目，通过对州和学区的差别性专项教育经费资助，促使州和学区对学生学业结果承担更多的绩效责任，帮助农村学区更有效地获得和使用联邦教育资金，改善农村学区的教育教学环境。尽管采取了诸多措施，美国学校间投入与学业差距依然很突出。根据美国联邦教育部调查，美国 31% 的公立学校、21% 的公立学校学生、40% 的教师是在农村和小城镇，但他们只得到 23% 的联邦教

① OECD, *Country Note: Key Finding from PISA 2015 for the United States*, 2017 – 03 – 21, See: www. oecd. org/pisa/PISA – 2015 – United – States. pdf.

育拨款。① 按照《不让一个孩子掉队法》规定的标准，被定义为"失败学校"的比例从 2006 年的 29% 增长至 2010 年的 38%，这些被定义为失败的学校大多位于低收入群体或非裔、拉丁裔群体聚居的社区。②

4. 学生公民责任与全球意识日益淡薄

公民教育是美国教育的一大特色。但是，仍然有许多学生对美国历史、传统和价值观知之甚少。在 NAEP 的公民素养测试中，只有四分之一的学生获得了"优秀"或"良好"等级，七成以上的高中生不能描述美国法律的制定流程，不熟悉最高法院的角色，不能清楚阐释美国宪法或民权法案的主要内容。

青年学生对其他国家的文化也比较陌生。美国是一个移民国家，有将近 400 种语言。但是 80% 的美国人只会说英语，开设有其他语言课程的学校越来越少。据统计，美国中小学校中开展外语教学的数量正在下降，1997 到 2008 年间，小学阶段开设外语课程的学校从 31% 降到 25%，中学阶段从 86% 降到 79%。③ 美国军事研究中心（U. S. Army Research Institute）的研究显示，美国青少年的跨文化沟通与理解能力与全球化的时代要求还有差距。美国青年的全球意识正在淡化，参与国际事务的意愿普遍较低。

5. 军队等国家安全部门人才储备不足

美国民众历来视教育为国家安全的重要组成部分，但是当前美国军界对军队后备人才并不满意。美国国防部的调查显示，在 17 到 24 岁这个年龄段中，75% 的人因为身体条件、犯罪记录或受教育水平太低不适

---

① 傅松涛、杨彬：《美国农村社区基础教育现状与改革方略》，《比较教育研究》2004 年第 9 期。
② Monty Neill, "The Testing Resistance and Reform Movement", *Monthly Review*, Vol. 67, No. 10, (2016), pp. 8 – 28.
③ Nancy C. Rhodes, Ingrid Pufahl, *Foreign Language Teaching in U. S. Schools: Results of a National Survey*, 2016 – 10 – 03, See: http://www.cal.org/projects/flsurvey.html.

合参军。① 美国外交协会（CFR）在一份名为《美国教育改革与国家安全》（U. S. Education Reform and National Security）的报告中认为，美国军队和情报部门在一些关键领域面临着人才缺乏危机。报告指出，美国的一些敌对势力正利用政府和商业网络，获取有价值的商业和安全情报。犯罪分子、网络黑客、失业人员、敌对国家、恐怖分子都可能利用信息技术攻击美国。但是，美国还没有做好应对这些非传统威胁的准备，关键就是缺乏具备高技术水平的人才，特别是信息技术安全方面的专家。尽管这份报告略带冷战色彩，但我们从中可以感受到美国的智囊团对教育质量的重视与担忧，他们对教育与国家战略、国家利益间关系的认识是到位的。

（三）美国基础教育质量与公平问题探源

美国基础教育质量问题由来已久，既与盛行的"儿童中心论"忽视系统知识学习有关，也受美国区域间经济社会发展不平衡等因素影响。就当前而言，学校管理体制、教师队伍质量、课堂教学效率、教育投入效益等因素的影响最为直接。

1. 分权化的管理体制致使国家宏观调控乏力

美国公立中小学面临着联邦政府、州政府和超过 1.5 万个学区的多重影响。虽然联邦政府出台了一系列全国性法案，投入了大量资金实施各类教育发展项目，但依据美国宪法修正案第 10 条规定，教育管理权主要由州和地方政府行使。这种分权化的体制虽然有利于增强管理的灵活性，但也使得整个国家的调控力度较弱。

以教育投入为例，受三级管理体制的影响，各州和地方间的差距相当明显。在路易斯安那州，17% 的教育投入来自联邦政府。而在新泽西州，联邦政府的投入只占 4%。在州和地方政府的教育投入上，新泽西

---

① The Council on Foreign Relations, *U. S. Education Reform and National Security*, Washington, DC: Independent Task Force Report No. 68, 2012, p. 24.

州的地方生均教育投入比路易斯安那州多 60% 。美国州与州之间的教育投入差别很大，以 2010—2011 学年为例，全美生均开支最低的犹他州为 7169 美元，最高的哥伦比亚特区为 22293 美元。生均开支低于 1 万美元的有 14 个州，高于 1.5 万美元的有 11 个州，折射出较大的区域投入差异。① 即使在同一学区内，不同学校拥有的教育资源相差也很大，获得资助多的学校能够向学生提供更好的教育设施，聘请更有经验的教师，从而造成了美国区域和学校间的教育不均衡。在学校层面，由于美国中小学实行的是"自助式课程"，很多学生倾向于选择社会交际、食物营养等容易获得学分的科目，而数学、科学等学科则不受学生欢迎，直接造成了这些学科的质量下滑。

2. 教师聘用政策缺陷致使高水平教师缺乏

教师是教育发展的第一资源。在美国，大约 80% 的教育经费用于教师、校长和管理人员的人力支出上，但这些资金的使用效益并不高。一直以来，美国民众对学校吸引、培训、发展和挽留优秀教师等措施颇有微词。教师在当前美国并不是一个特别受尊敬的职业，受过良好教育的女性不再像过去那样热衷教师职业，以致当前美国学校主要从 2 年制和 3 年制的学院中招聘教师。加上现有教师群体中将近 40% 的教师是从其他行业转入，这一切使得美国学校教师队伍质量堪忧。

由于美国学校基本上实行的是教师职业终身制，只有少数教师在获得教师资格后会被淘汰，从而造成了美国学校中大量不合格教师存在。在教学质量考核上，美国中小学也没有实行严格的绩效考核。以纽约市为例，一个获得硕士学位、拥有十年教龄的教师，不管教学质量与任教

---

① National Center for Education Statistics, *Digest of Education Statistics 2013,* Washington, DC: Department of Education70, 2015, p. 373.

学科有多大差异，他的工资收入在 2008 年时统一为 75937 美元。① 这样的工资体制显然不利于调动教师的工作积极性，也不利于优秀青年教师的脱颖而出。

3. 教育领域创新力偏弱致使教学效率偏低

创新被认为是美国多年来领先世界的关键。在科技、艺术、能源、传媒等多个领域，美国人的创新无所不在。但是在基础教育领域，美国中小学在校园管理、课堂教学、有效学习、教师发展等方面却在创造出有世界性影响的成功经验方面不够。在美国，中小学用于课程开发与教学改进方面的经费只占教育总经费的 0.2%，而美国各行业总的研发经费占 GDP 的比例为 2.82%。②

虽然美国中小学校的教学条件比较先进，但传统教学方式仍然是主流。据美国全国教育统计中心（NCES）统计，2008 年时，美国所有公立学校都建立了连接因特网的计算机功能室，学生与计算机的数量比例为 3∶1，超过 90% 的学校有投影仪和数字摄像机，超过 70% 的教室有电子互动白板。③ 相对于其他国家，美国中小学课堂上的民主氛围更浓，学生的质疑与讨论更常见，教师也注重鼓励学生参与科学探究与社会实践活动。但美国教育界人士认为，美国中小学教师在课堂上使用的还是传统的教学方式，这些先进教学设施对提高学生学习效率的作用不大，只是用来强化过去的教学实践，辅助用于传统教学而已。

4. 教育投入缺乏绩效评估致使教育产出率低

美国教育投入上的一大问题是，学校、学区和州之间的差异较大，

---

① New York City Department of Education, *Salary Schedule*, 2016 - 08 - 12, See: http://schools. nyc. gov/NR/rdonlyres/72DE1FF1 - EDFC - 40D7 - 9D61 - 831014B39D1E/0/TeacherSalarySchedule20083. pdf.

② The Council on Foreign Relations, *U. S. Education Reform and National Security*, Washington, DC: Independent Task Force Report No. 68, 2012, p. 31.

③ National Center for Education Statistics, *Fast Facts*, 2015 - 12 - 03, See: http://nces. ed. gov/fastfacts/display. asp?id = 46.

经费投入到优秀学生身上的比例更大。总体看，美国政府的教育投入一直保持增长态势。按照 2008 年的可比价格计算，1960—1961 学年每个学生的开支为 3000 美元，到 2007—2008 学年，学生生均开支为 10441 美元，增长了三倍。（这一数据不包括数额庞大的教职工退休金和养老金）。① 但由于缺乏有效的学校经费评估措施，教育投入的增加与质量提高并不同步。

美国学校的师生比和生均教育投入并不差。20 世纪 50 年代以来，美国教师数量翻了三番，师生比减少了一半。OECD 统计，1999—2008 年间，美国公立小学教师从 160.2 万增加到 172.5 万，中学教师从 140.1万增加到 168 万。在生均投入上，那些在国际成绩测试中超过美国的国家，生均教育投入低于美国的比比皆是。相比美国小学生生均开支，芬兰学生少 30%，德国学生少 40%，波兰学生少 51%。中等教育也大致如此。②

美国教育质量与公平问题历来是政府教育决策的核心，借助教育信息化推动这两大问题的解决，则成为信息化时代美国基础教育政策的重要指导思想。美国前任总统奥巴马在 2010 年颁布的《改革蓝图》前言中指出：“每一个美国儿童都应该接受世界一流的教育。今天，接受世界一流的教育是获得成功的先决条件。曾经，美国的教育是世界上最好的……然而，今天已有十个国家超越了我们。不是他们的学生聪明，而是他们懂得如何教育他们的学生……我们必须要做得更好。大家应该齐心协力，完成同一个目标：到 2020 年，重获大学竞赛的领导权。我们应该对我们的学生、学校以及我们自己有更高的期待——这应该是我们国家的主要任务。我们要确保每一个高中毕业生能够进入大学或做好就

---

① National Center for Education Statistics, *Fast Facts*, 2015 - 12 - 03, See: http://nc-es. ed. gov/fastfacts/display. asp?id = 46.

② OECD, *Education at a Glance 2011 : OECD Indicators*, 2015 - 12 - 03, See: http://www. oecd. org/dataoecd/61/2/48631582. pdf.

业的准备。"①

在 2013 年"连接教育"（ConnectED）启动仪式上，奥巴马总统提出，"我们的义务就是给每个年轻人机会。教育需要父母的积极参与，学校不只是一个你存放孩子的地方。当我们生活在 21 世纪的经济生活中时，我们不能被困在 19 世纪。这就是今天我们将要采取新的措施，来确保美国的每个教室都能访问最快的互联网和最前沿的学习工具的原因，这一步将更好地为我们的孩子做好未来的工作和挑战做好准备。"②从奥巴马的演讲中可以看出，美国政府寄希望于通过"互联网＋"时代的信息化建设，全面提高美国教育质量，解决长期困扰美国教育的公平问题。

三、以教育信息化带动教育现代化的美国实践

美国教育信息化工作起步较早，尤其自 20 世纪 90 年代中期开始，美国平均每隔五年便更新出台一份《国家教育技术规划》。该规划是美国基础教育信息化工作的纲领性文件，它以美国的现有国情和教育现状为依据加以制定，每轮规划都提出了适应当时实际的教育改革目标与相应的措施，成为了解美国教育信息化历程的一面镜子。

（一）美国基础教育信息化历程

美国联邦政府在 1996 到 2016 年间相继颁布了五个全国性教育信息技术发展规划，即"国家教育技术计划"（National Education Technology

① U. S. Department of Education, *Office of Planning, Evaluation and Policy Development, ESEA Blueprint for Reform*, Washington, DC, The White House, 2010, p. 1.

② The White House, *President Obama Speaks Technology in Schools*, 2014 – 05 – 12, See: https://obamawhitehouse. archives. gov/photos – and – video/video/2013/06/06/president – obama – speaks – technology – schools#transcript.

Plan，简称 NETP），国家引领、技术支撑、项目驱动和社会各界的支持是每个计划的重要维度，保障学生公平获得优质教育机会始终是各计划的重要目标。这五个计划分别是 1996 年的"使美国学生作好进入 21 纪的准备：迎接技术素养的挑战"（简称 NETP1996）、2000 年的"e - learning：把世界级的教育放到每个儿童的指尖"（简称 NETP2000）、2004 年的"走向美国教育的新黄金时代：网络、法律和当今的学生如何变革着对教育的期待"（简称 NETP2004）、2010 年的"改革美国教育：技术助力学习"（简称 NETP2010），2016 年的"未来学习的准备——重新设想技术在教育中的作用"（简称 NETP2016），这些计划及其实施铺起了美国教育的信息化道路。①

NETP1996 出台的背景是美国社会与经济开始步入信息时代，计算机与通讯技术已经走进了美国的社会经济生活，人们开始认识到技术素养将成为继读、写、算之后的第四个基本技能，20 世纪 90 年代中期的一项调查显示，当时 80% 的美国人认为教授孩子计算机技能是"绝对必须的"。但是当时只有 4% 的中小学校中生机比能够达到 5：1，仅有 9% 的教室能够上网。② 因而，在 1996 年 1 月的国情咨文中，时任总统克林顿提出，引进 1983 年兴起的移动整合技术，监控学生的进步程度；开展"2000 技术实验室"（Tech Lab 2000）模式，推广融现代技术于课堂的"智慧课堂"；在美国的每个教室都必须要有装备好软件的电脑、经过训练的教师以及能够连到信息高速公路的网络。③

1996 的《国家教育技术计划》实施效果非常显著，联邦、州、学区在基础设施、教师专业发展、技术支持、内容开发等方面的大量投

① 王良辉：《教育信息化的美国之路——基于四次国家教育技术计划的考察》，《广州广播电视大学学报》2012 年第 4 期。

② T. K. Glennan, A. Melmed, *Fostering the Use of Educational Technology: Elements of a National Strategy*, New York: National Book Network, 1996, p.12.

③ Office of Education Technology, *National Educational Technology Plan 1996*, 2017 - 03 - 10, See: http://files. eric. ed. gov/fulltext/ED398899. pdf.

入，使美国中小学教师、学生、教育机构、私营企业等均从中获益。到
1999 年时，95％ 的学校与 63％ 的教室接入了互联网，全国平均生机比
也上升到了 9：1，网速也从拨号上网升级到 ISDN 等更高速的技术。[1] 公
众对此也有很大的热情，调查显示，69％ 美国人相信通过使用技术能够
提高教学质量，82％ 的人认为还要在电脑的教学应用方面增加投资。[2]
但是要让技术能够真正惠及学生的学习还需要更多的努力，因为调查同
时显示 83％ 的中小学教师没有足够的时间来学习与实践电脑与网络技
术，68％ 的教师认为缺乏足够的支持来帮助他们把技术整合到课程中，
66％ 的教师认为缺乏培训的机会，64％ 的教师认为缺乏技术支持，43％
的教师认为缺乏行政上的支持。

在此背景下，NETP2000 出台了。虽然认识到了上述成绩与不足，
制定 NETP2000 的专家还是对技术改善教育充满信心，他们认为技术能
够帮助学生理解难以领会的概念，使学生更加投入到学习中，让学生接
触更多的信息与资源，以及让学生能够更好地满足个性化学习需求。到
2002 年秋季，美国已经实现 99％ 的学校接入互联网，教室接入互联网
也达到了 92％，并且全国平均生机比也达到了 4.8：1。[3] 但是，这些成
绩仅仅停留在数字上，大部分的电脑还是被关进了学校的"电脑房"，
很少被使用也缺乏维护。因此，一些州与地方政府开始调整投资结构，
有些甚至开始重新设计课程与学校组织结构，通过系统变革来提高技术
应用的效能。

---

[1] National Center for Education Statistics, *Teachers' Tools for the 21 st Century: A Report on Teachers' Use of Technology*, 2011 – 08 – 03, See: http://nces. ed. gov/ pubs2000/2000102. pdf.

[2] L. C. Rose, A. M. Gallup, "The 32nd Annual Phi Delta Kappa/Gallup Poll of the Public's Attitudes toward the Public Schools", *Phi Delta Kappan*, Vol. 82, No. 1, (2000), pp. 41 –52.

[3] Office of Education Technology, *E – Learning: Putting a World – Class Education at the Fingertips of All Children*, Washington, DC: Department of Education, 2000, p. 27.

　　经过前两个国家教育技术计划的实施，人们意识到投入硬件建设的资金不是问题，问题的关键在于教师缺乏培训，缺乏如何利用技术改进教学的知识与技能。布什总统上台后签署了 NETP2004，由于之前已经签署了《不让一个孩子掉队法》（NCLB），NETP2004 中专家们对技术改进教学的观点很少，但是可以看到很多使用教育技术来推动 NCLB 法案的建议，因此可以说，NETP2004 是 NCLB 法案在教育技术中的延伸。具体来看，整个计划不再以技术应用为出发点而是以当时学生的情况作为出发点，一个明确的意图就是为了要在 2014 年实现 NCLB 法案提出的目标。随着"次贷危机"引发的全球金融危机的到来，美国各州政府缩减了对教育的投资，造成教师的流失和教育质量的严重下滑，高辍学率、低就业率、弱势群体教育不均衡等现象极为严重，美国的公立教育系统面临经济上无法维持的窘境，需要教育领域做出相应改变。

　　奥巴马政府在全球金融危机肆虐之时出台了 NETP2010，该计划最关注的是奥巴马政府在教育方面的两个目标：（1）到 2020 年之前，两年或四年制大学毕业生占人口比例从当时的 41% 提升到 60%；（2）减少高中毕业生的学业差距，使他们能够成功地升入大学或者就业。[①] 与 NETP2004 类似，NETP2010 也是肩负着改变美国教育体系的责任，只是这次它的出发点不再是学生而是学生的学习，即 21 世纪的学习是什么。NETP2010 认为，学习科学的发展使人们能够了解更多关于人是如何学习的知识，而技术的进步则使这些想法能够得以进一步实施。NETP2010 的最大成果就是提出了一个技术支持的学习模型，并且确定了该模型的 5 个关键领域：学习、评估、教学、基础设施和生产力。5 个关键领域再加上为了实现教育系统变革而实施的研究与开发，这 6 个部分组成了 NETP2010 的主体，每个部分都包含一个目标与为了实现该目标的行动方案。

---

① Office of Education Technology, *National Educational Technology Plan 2010*, 2017 - 03 - 10, See: http://files. eric. ed. gov/full text/ED512681. pdf.

尽管美国拥有最创新的 IT 企业和最优秀的软件和硬件供应商，但高速网络的薄弱制约了美国基础教育的整体发展。为改变美国高速宽带网络的落后现状，增强美国学生的全球竞争力，2013 年 6 月，奥巴马在北卡莱罗纳州穆尔斯维尔中学发起"连接教育"行动计划（Connect-ED Initiative），联邦通讯委员（Federal Communication Commission，简称 FCC）计划用 5 年的时间让全美 99% 的学生使用上高速宽带网络，并制定了在高速网络建设、教师培训和 IT 企业参与信息化创新等方面的具体目标。2016 年，奥巴马政府发布 NETP2016，提出了"为未来准备的学习"理念，倡议充分利用技术对教育教学的作用，使学习更加个性化、平等化和数字化，解决"数字应用鸿沟"等问题。

（二）信息化建设对解决教育质量与公平问题的贡献

美国政府在信息化时代加大教育信息化建设的根本动因在于适应信息化发展趋势并赢得世界教育竞争，而保障学生公平获得优质教育资源、提高各层级教育质量、构建数字化教育环境与学习系统，则是美国各界推动教育信息化的直接原因。经过 20 多年的发展，美国的基础教育信息化工作取得了突出成绩。

1. 推动了人才培养与教育发展观念更新

美国前总统奥巴马在白宫"未来改革"（Reform for the Future）中提出，美国的经济实力和先进的教育体系密不可分，必须全面加强和改革美国的教育制度。只有为美国储备世界领先的各类人才，才能在 21 世纪的世界经济竞争中取得成功。美国政府实施的系列教育信息化项目正源于此。正如时任美国教育部长邓肯在评论"连接教育"（Connect-ED）项目时所说："未来的教育应该更加的个性化，所有的学生都应该获得世界级的资源和专家；教师应该能获取最新的教学信息和教学技术，以帮助每个学生学习；教师之间应该建立联系和合作，以应对共同的挑战并制定解决方案；父母应该即时参与到孩子日常学习活动中，

'连接教育'项目正是在做这样的事。"①

近年来，弥合数字鸿沟，确保教育公平成为美国基础教育信息化的重要目标。2016 年颁布的《国家教育技术计划》将教育公平列为重中之重，提出了借助信息技术让"每个人都有公平的受教育机会"的行动纲领，倡导为学生公平地使用技术和享受优质信息化教育资源提供机会，打破因种族、语言、地区、社会经济状况而造成的教育机会不均等。时任教育部长邓肯指出："如果技术革命只服务于那些经济和教育条件较好的家庭，那它并不能成为革命。"② 2016 年的"国家教育技术计划"提出了"数字使用鸿沟"（Digital – use Divide）的概念，体现了美国教育界对弥合数字化鸿沟的关注，从注重对技术设备和资源的享用机会向注重有效的、创新性的技术使用方式的引导转变。教育信息化工作同时被赋予了提高美国教育质量与促进教育公平的双重责任。

2. 创新了数字化时代教育服务内容与形式

教育信息化对美国基础教育变革最突出的影响就是课程与教材的数字化，以及教学形式的网络与混合化。在课程与教材的数字化方面，联邦教育部和联邦通讯委员会（The Federal Communications Commission，简称 FCC）两部门计划在 2017 年使数字教科书在中小学全面铺开，为此于 2012 年成立了专门的工作组——"数字教科书协调小组"，负责推动校园数字化学习环境。在联邦政府的号召和支持下，各州相继制定计划以建设数字化学习环境。美国州教育技术官员协会（State Educational Technology Directors Association，简称 SETDA）发现，2010、2011 两年

---

① Executive Office of the President, *Investing in our Future: Returning Teachers to the Classroom*, 2016 – 11 – 26, See: https://www. whitehouse. gov/sites/default/files/ Investing_ in_ Our_ Future_ Report. pdf.

② Office of Technology Assessment, *Informational Technology and Its Impact on American Education*, *2016 – 12 – 06*, See: https://www. princeton. edu/ ~ ota/disk3/1982/ 8216/8216. PDF.

间至少22个州采取了推广数字教科书的措施。① 其中，加州州长杰瑞·布朗（Jerry Brown）2012年9月签署法案，使加州率先在2015年全面使用数字教科书。数字教科书被看作增强国家教育实力及国际竞争力的举措，成为改革美国中小学教育教学方式、内容、结构，提高教育质量的重要驱动力。

与数字化课程与教材相对应，基于网络的数字化创新教学模式也广泛渗透到全美中小学日常教学中。② 在学区层面，教学创新主要通过以下三种方式。一是同网络课程内容提供商合作，发展本学区的网络课程。如佛罗里达州要求地方学区根据有关中小学数字化新规定，为学生至少提供三个版本的网络课程。二是学区、学校之间联合，通过资源共享，形成学区学校联盟网络课程。如犹他州一些学区组成了学校联盟，利用现有的优秀教师和课程，通过网络或者课件共享资源。三是采用网络课程提供商的网络课程，如多个州采用"K–12"公司的网络课程。根据州和学区所提供的网络课程资源，学校也致力于改变学生的学习模式和教师的教学模式，主要是允许学生在校学习的同时注册网络课程，推广基于互联互动网络的个体学习、小组学习和项目学习，促进信息技术与课程教学深度整合等。

3. 改善了美国学校信息化基础设施与条件

多个联邦教育技术计划的实施，特别是近年来"连接教育"的实施，极大地改善了美国学校信息化设施水平与教学活动形态，将美国基础教育信息化推向了一个新的发展阶段。在信息化硬件投入方面，2013年至2015年信息化硬件投入出现了连续增长的局面，2015年联邦政府

---

① State Educational Technology Directors Association, *National Trends Reports 2004–2011*, 2012–09–23, See: http://www.setda.org/c/document_library/get_file?folderId=6&name=DLFE–1552.pdf.

② 刘翠航：《美国中小学数字化发展趋势述评》，《课程·教材·教法》2014年第9期。

总投入达 47 亿美元，主要用于购买高速网络设备和个人计算设备，54% 的中小学生已在校使用以 Chrome 笔记本为主的移动设备；高达 94% 的公立学校已经使用电子白板；中小学校园的高速网络正在普及，连接了高速无线网络的中小学校从 2013 年的 30% 升至 2015 年的 59%，53% 的学生已经享受高速网络。

美国中小学校在信息化管理和服务的专业性上也有了很大的加强。2015 年全美有 58% 的公立学校配备了首席技术官（CTO），负责学校的信息化发展规划和日常信息化管理，而 2008 年这一数字仅为 33%。[①] 教育信息化是国家发展的重要基础与条件，这一思想在 2011《美国创新战略》中体现得淋漓尽致。该战略指出，"交通基础设施是工业经济竞争优势的一个主要来源，而数字基础设施是知识经济竞争优势的主要来源"。该战略认为，通过实施"网络学习改造计划"，以实现"教育技术的飞跃"，有助于夯实美国经济社会发展的后劲。正因为此，美国各级政府、中小学校、行业企业等都不遗余力地改善教育信息化设施水平。

4. 促进了偏远落后地区教育发展与公平

教育公平在信息化时代有了新的发展，教育信息化资源的建设、教师信息素养的提高，为处在不同地域特别是处在极端地理环境下的学生提供了接受教育乃至高质量教育的机会。在美国，作为教育折扣项目（Education rate，简称 E - rate）升级的"连接教育"项目，在延续完善基础设施配置的同时，更加注重推进农村等偏远地区的教育信息化进程。如在美国最贫困地区之一的加利福尼亚州科切拉谷地联合学区（Coachella Valley Unified School District），学区负责人达瑞尔·亚当斯（Darryl Adams）通过签署"学区承诺"，为学前到高中阶段的学生提供平板电脑，并经过选民投票，通过债券支付的方法，让社区积极关注孩子的教育。针对许多学生的家里没有网络的情况，该学区每天晚上把装

---

① 胡永斌、龙陶陶：《美国基础教育信息化的现状和启示》，《中国电化教育》2017 年第 3 期。

有无线路由器的校车分散停在各地提供无线网点，使得每个家庭在晚上都可以使用无线网络进行工作学习。

近年来，联邦政府还配套实施了宽带技术机会项目（Broadband Technology Opportunities Program，简称BTOP），为偏远农村地区提供网络连接服务，使处境不利的学生也能参与到数字化学习的体验中。学校高速宽带的获得，给学生创造了协作远程学习的机会，特别是为偏远地区的孩子创建了学习平台，所有学生将能获得高水平专家指导与优质教育资源的机会。2016年的国家教育技术计划提出了"无障碍性"原则，除了关注残障学习者的需求，为他们专门设计和提供设备、技术支持、培训来弥补残障带来的困难外，还侧重对教师的相关培训和专门辅助，帮助他们理解残障学习者的需求，更好地在教学中对他们提供帮助。

教育信息化已经成为全球教育现代化过程中的一个重要环节，是衡量一个国家教育水平乃至国家竞争力的重要指标。美国作为世界头号经济强国，在教育信息化方面一直走在世界前列。自克林顿总统在1993年提出了"信息高速公路"计划以来，历任总统都始终遵循"要运用信息技术促进教育改革和发展"的战略方针。中国政府也确立了以信息化带动教育现代化的战略思想，美国基础教育以信息化为依托，提升教育质量与促进教育公平的政策与举措，对我国深入推进基础教育信息化工作具有一定参考价值。

第二章

变革理念：信息技术与教育教学深度融合

　　教育信息化是实现教育现代化的基础和条件，是教育现代化的重要内容和主要标志。以教育信息化带动教育现代化，是我国教育事业发展的战略选择。按照我国《教育信息化十年发展规划（2011—2020 年)》的整体设计，基础教育信息化是当前教育信息化的重中之重，缩小基础教育数字鸿沟、促进优质教育资源共享、实现信息技术与教学的深度融合，是当前基础教育信息化建设的重要任务。信息技术与教学的深度融合，需要抛弃把信息技术作为工具和手段的传统认识，改变技术游离于教育教学过程之外的现状，将信息技术融入人才培养目标和教育教学过程中。[①] 在美国基础教育信息化过程中，核心理念是信息技术与教育教学的深度融合，并为之探索了行之有效的融合路径。

一、信息技术与教育教学深度融合的国际动向

　　信息技术与教学的深度融合是指在数字化教学环境中，将信息技术融合进课程目标、课程内容、教学方式与学业评价等要素，以此变革传统教学结构和教学方式，培养学生自主学习能力与信息素养。[②] 综观世界教育发展趋势，推进信息技术与教育教学深度融合成为当前国际教育

---

① 何克抗：《信息技术与课程深层次整合的理论与方法》，《电化教育研究》2005
　　年第 1 期。
② 王正青、唐晓玲：《信息技术与教学深度融合的动力逻辑与推进路径研究》，
　　《电化教育研究》2017 年第 1 期。

发展的普遍潮流。

（一）发达国家促进教育信息化与教学创新的政策与举措

英国政府一直重视教育信息化，并在信息化过程中变革教育教学模式。早在 1998 年，国家层面就颁布了教育信息化政策《我们的信息时代》，强调在教育中要利用新技术。[①] 进入 21 世纪以后，英国政府又先后出台多项政策以支持教育信息化的发展。2005 年 3 月，英国政府发布《利用信息技术促进教学方式和儿童服务的转变》（Harnessing Technology - Transforming Learning and Children's Services），旨在通过信息技术满足不同学习者的需求，提出利用信息技术和数字化学习促进教学的转变，建立协调合作系统，提高教育效率和效益等目标。到 2006 年时，99% 的学校就已经连接上了互联网。2008 年英国教育传播和技术局（Communications and Technology Agency，简称 BECTA）发起了"下一代学习运动"（Next Generation Learning Campaign），鼓励下一代学习者利用技术提高学习效率，使学习者及其家庭、经济以及整个社会都能从技术中获益。[②]

2009 年，英国"创造性、文化和教育委员会"（Creativity，Culture and Education，简称 CCE）在英国 4000 余所中小学开展了混合式教学实践，总结了技术融入教学的成功特征，包括向专家和同辈学习、从探索和实践中学习、从评价和学习者行为分析中学习等。[③] 英国教育和技能部 2010 年发布了"教学的重要性"（The Importance of Teaching）白皮书，提出"学校应该免于中央官僚结构和政府干预，更多地回应学生家

---

① 王瑞香：《英国教育信息化的特点论析》，《外国教育研究》2006 年第 12 期。
② 李凡、陈琳、蒋艳红：《英国信息化策略"下一代学习运动"的发展及启示》，《中国电化教育》2011 年第 6 期。
③ Creativity, Culture and Education, *Creative Partnerships: Changing Young Lives*, 2016 - 06 - 22, See: http://www.creativitycultureeducation.org/wp - content/uploads/Changing - Young - Lives - 2012.pdf.

长和地方社区的要求。"白皮书指出了香港、新加坡、芬兰等成功案例，包括在学校教学中融入技术的经验，为英国国内教师提供经验参考。

澳大利亚则在信息化时代于 2009 年启动了"数字教育革命"项目（Digital Education Revolution，简称 DER）。该项目主要针对基础教育，不同层次的学校都可以通过这个项目使用相关的数据资源和工具，其目的是致力于构建世界一流的教育体系，以应对快速变化的世界所带来的挑战。[①] 为有效推进"数字教育革命"的顺利进行，澳大利亚联邦政府计划投 21 亿澳元（截至 2012 年实际资金投入达到 24 亿澳元），推出了数项重大战略举措，实施了五项任务：一是创设全国中学计算机基金（National Secondary School Computer Found），为 9－12 年级的中学生提供 ICT 设备；二是配置高速宽带网络连接（宽带连接的配置网速至少达到 100Mbps）；三是建设在线课程资源，促进各州校际间教材共同研发与资源共享；四是设立 ICT 创新基金，帮助教师提升 ICT 专业能力；五是推动教师和学校领导的数字战略，构建领导者领导能力以支持教师教学实践和学生课堂学习的转换。2010 年，澳大利亚联邦政府实施了"面向未来培养教师项目"（Teaching Teachers for the Future, TTF），该项目以 TPACK 为理论框架，澳大利亚 39 所教师教育高校进行了师范生信息技术应用能力培养改革。[②]

2010 年 5 月，欧盟正式发布了"欧洲数字化议程"五年计划，旨在最大限度地发挥 ICT 对经济和社会发展的影响潜力，刺激欧盟的创新和经济增长，提高欧洲公民素质。[③] 在教育领域，"数字化议程"关注

[①]　唐科莉：《为学生营造丰富的数字学习环境———澳大利亚"数字教育革命"简介》，《基础教育参考》2009 年第 10 期。

[②]　Geoff Romeo, Marg Lloyd, Toni Downes, "Teaching Teachers for the Future: How, What, Why, and What Next?", *Australian Educational Computing*, Vol. 27, No. 3, (2013), pp. 3－12.

[③]　汪礼俊、张宇：《"欧洲数字化议程"绘就未来发展蓝图》，《上海信息化》2010 年第 7 期。

宽带基础网络的全覆盖，尤其是对偏远地区的覆盖以及高速宽带的接入、云计算技术支撑的资源服务平台建设、ICT 支撑的教师培训等方面。在欧盟“数字化议程”中，提出了七个重点发展的领域和相关措施：一是建立统一的数字市场；二是改进信息通信技术标准的制定，提高操作性；三是建立信任体系，增加安全；四是建立快速和超高速网络连接；五是促进研究和创新；六是提高数字素养、数字技能和全纳教育；七是利用 ICT 产生社会效益。此外，欧盟致力推动教育的数字化和移动学习，要求欧盟各成员国在各自的国家政策中推广 E-Learning 模式。

（二）东亚国家促进信息技术与教学融合的政策与举措

日本在进入 21 世纪以后，分别于 2001 年、2004 年和 2009 年制定了“e-Japan”“u-Japan”和“i-Japan”三大信息化战略。其中“e-Japan”的核心目标是促进信息化基础设施建设以及技术的研发；“u-Japan”战略提出要创造基于信息化的新服务，增加上网量，创建信息网络社会；“i-Japan”战略的目标是自由地应用信息技术，增加网络治理内容，创建绿色信息技术社会。在 2009 年时提出了学校“一人一台电脑口号”。2010 年，日本政府文部省发布了《教育信息化指南》（The Vision for ICT in Education），从 9 个方面规定了日本教育信息化发展的内容，从国家战略角度指出教育信息化的重点在于提高师生的信息技术能力、完善教学环境以及努力消除数字鸿沟。[①] 截至 2013 年，日本实现了 2009 年推出的教育口号，达到了学生人手一台信息终端服务的目标。2010 年，日本启动“未来学校推进项目”（Future Promotion Project），同时配套实施“学习创新项目”（Learning Innovation Project），选取了 20 所中小学进行教育信息化试验，其中包括 10 所小学、8 所中

---

① Ministry of Education, Culture, Sports, Science and Technology, *The Vision for ICT in Education*, Japan Millennium Project, 2011, p. 23.

学和 2 所特殊学校。① 此项目在日本政府的政策和资金支持下取得了良好的成效，提高了日本义务教育的教学质量，受到社会一致好评。

新加坡则在 20 世纪 70 年代末开始觉察并重视信息技术对于国家教育发展的巨大潜力，于 1980 年制定了第一个国家信息化战略规划（The National Computerization Plan）。新加坡政府根据不同时期教育信息化的发展需求，分别于 1997 年、2003 年和 2009 年发布了教育信息化一期、二期和三期规划（Master Plan 1 - 3），这三个教育信息化规划是新加坡在特定的发展阶段，为了满足信息技术应用于教育的不同需求而制定的阶段性纲领文件。② 其中，第一期规划提出了"加强学校和外部世界的联系，拓宽和丰富学习环境；鼓励创新性思维、促进终身学习、增强社会责任感；推动教育创新；促进教育行政管理能力的提升"等目标。第二期规划提出了"学生能够有效利用信息技术主动学习；使用信息技术加强课程、教学和评价之间的关系；教师能有效利用信息技术促进自身专业发展；学校能够利用信息技术促进学校的发展；积极开展信息技术应用于教育的研究；信息技术基础设施能保障信息技术的广泛传播和有效使用"等六大目标。

承接前两次教育信息化规划，新加坡第三次规划提出了以下四大目标：（1）学习者通过有效使用信息技术，培养自主学习和协作学习能力，并成为有见识、有责任感的信息技术使用者；（2）学校领导者能引导信息技术在教育中的应用，并为师生在教学中使用信息技术创造条件；（3）教师能为学生提供信息化环境下的学习经验，使学生成为自主学习者和协作学习者，并培养学生成为有见识、有责任感的信息技术

---

① MIC, *Future School Promotion Project*, 2014 - 03 - 23, See: http://www.itu.int/ITU - D/finance/work - cost - trariff/events/tariff - semianars/japan - 13/documents/Sess5 - 2_ FutureSchool_ Kobayashi. pdf.

② Siu Cheung Kong, et al, "A Review of E - Learning Policy in School Education in Singapore, Hong Kong, Taiwan, and Beijing: Implications to Future Policy Planning", *Journal of Computers Education*, Vol. 1, No. 2, (2014), pp. 187 - 212.

使用者；（4）信息技术基础设施能支持实现随时随地、无处不在的学习。随着这一系列教育信息化发展规划的贯彻实施，新加坡的教育信息化的建设和发展取得了举世瞩目的成就。世界经济论坛（WEF）2012年度"全球信息技术报告"（The Global Information Technology Report）显示，在全球144个被调查的国家中，新加坡的"网络条件指数"（Networked Readiness Index）排名第2。其中，移动网络的覆盖率、人均网络带宽、因特网在学校中的应用水平、数字化学习资源的可获得性等教育信息化指标均处于世界前列，分别排名世界第1、第4、第6和第9。[①]

韩国自1996年起，共发布了四期教育信息化行动计划，它们是指导韩国教育信息化发展的战略规划。[②] 第一期教育信息化行动计划从1996年到2000年，主要目标是完善基础设施；第二期教育信息化行动计划是2001年到2005年，主要目标是推进信息技术的教育应用；第三期教育信息化行动计划是2006年到2010年，主要目标是推动教育改革和推进教科研信息服务；第四期教育信息化行动计划是2011年到2015年，主要目标是实现创造性教育学习。2011年6月，韩国教育科学技术部（MEST）宣布实施"智慧教育"（SMART Education）发展战略，主要是通过向学生提供移动电脑等装备，以及对学校课程进行数字化改革，来巩固教育信息化成果，实现教育强国之梦，截至2016年，韩国已经实现了100%的网络接入学校，纸质版的教科书已经完全被电子版的教科书取代。

① S. Klaus, Gl. Robert, *The Global Information Technology Report 2012*, Switzerland: World Economic Forum, 2012, p. 28.
② Ministry of Education and Human Resource Department, *Adapting Education to the Information Age: A White Paper*, Korea Education and Research Information Service, 2002, p. 35.

（三）中国有关信息技术与教学融合的政策梳理

我国自从 20 世纪 80 年代中期就开始了教育信息化建设，以重大项目和工程为引导，积极引导社会力量，加强对教育信息化方面的投资，教育信息化进展显著。20 世纪 90 年代后，随着信息技术的飞速发展，世界进入了一个信息化的时代。1993 年颁布的《中国教育改革和发展纲要》指出，"积极发展广播电视教育和学校电化教学，推广运用现代化教学手段。"1997 年我国正式提出了包括信息资源、信息网络、信息技术应用、信息技术和产业、信息化人才政策法规和标准等 6 个要素的国家信息化体系的概念。① 1999 年 6 月 13 日发布的《中共中央、国务院关于深化教育改革全面推进素质教育的决定》为教育信息化的发展提出了明确的任务，在《面向 21 世纪教育振兴行动计划》中也提出要实施"现代远程教育工程"。

2000 年 10 月，教育部主持召开了"全国中小学信息技术教育工作会议"，决定从 2001 年开始用 5 到 10 年的时间，在中小学（包括中等职业技术学校）普及信息技术教育，并就加快推进中小学信息技术课程建设、全面启动中小学"校校通"工程、加强中小学信息技术教育师资队伍建设、大力推进中小学普及信息技术教育工作等四大问题做出了详细的规定，明确了我国基础教育信息化的工作目标和具体任务，对之后基础教育信息化推进工作具有规定性和指导性的意义。2001 年 5 月，国务院颁发《关于基础教育改革与发展的决定》，把大力普及信息技术教育作为一项基本国策。2005 年，国家启动"全国中小学教师教育技术能力建设计划"，着力提高中小学教师信息技术应用能力，帮助教师在教育教学过程中恰当地使用信息技术工具。

2010 年 7 月颁布的《国家中长期教育改革和发展规划纲要

---

① 黄荣怀：《信息技术与教育》，北京师范大学出版社 2002 年版，第 43 页。

（2010—2020 年）》首次将加快教育信息化进程纳入国家中长期改革和发展纲要，并单列一章提出要"加快教育信息化进程"，并要求"到 2020 年，基本建成覆盖城乡各级各类学校的教育信息化体系，促进教育内容、教学手段和教学方法的现代化"，"鼓励学生利用信息手段主动学习、自主学习"。为了贯彻落实《教育规划纲要》的精神，教育部成立专家组，于 2012 年研制了《教育信息化十年发展规划（2011—2020 年）》，该规划对之后十年我国各级各类的教育信息化工作的发展进行了整体部署，国家将教育信息化的地位提升到了前所未有的高度。《教育信息化十年发展规划（2011—2020 年）》指出："信息技术对教育发展具有革命性影响，必须予以高度重视"，同时首次提出信息技术应与教育教学"深度融合"，从而使这一主张成为国家政策。

2013 年，教育部开始实施"全国中小学教师信息技术应用能力提升工程"，研究并制定了《中小学教师信息技术应用能力标准（试行）》和《中小学校长信息化领导力标准（试行）》。[①] 2016 年 6 月，教育部颁布《教育信息化"十三五"规划》，这是继 2012 年 3 月颁布《教育信息化十年发展规划（2011—2020 年）》后，教育部再次对教育信息化工作进行的规划部署。《规划》重在深化应用，深度推进信息技术与教育的融合创新，不仅具有前瞻指引、聚焦落实、面向全局、关注差异的特点，"四个提升"和"四个拓展"的主要任务，也为未来五年教育信息化在提高教育质量、提升教育治理能力、促进教育公平、推进教育现代化和服务社会经济发展等方面，提供了针对性高、执行性强的实施蓝图，提出要完善教育信息化基础环境建设、加快推进中小学"宽带网络校校通"、推动数字校园和智慧校园建设、深化数字教育资源开发与应用等目标。

在中国政府对基础教育信息化的战略部署下，教育信息化取得了很

---

① 杨挺、靳传盟：《我国中小学教师教育技术政策回顾与展望》，《西南大学学报（社会科学版）》2016 年第 3 期。

大的成效。在国家政策的支持下，"三通两平台"（宽带网络校校通、优质资源班班通、网络学习空间人人通，以及教育资源和教育管理两大平台）快速推进，已经走出了一条具有中国特色的以信息技术支撑引领教育现代化发展的教育信息化路子。为提高农村偏远地区的教育信息化建设水平，"农工程""农远"二期相继实施，推动我国教育信息化向均衡化发展。2010 年以来，"电子书包""教育云"等教育信息项目也已经开始启动并取得进展，助力"三通两平台"工程的深入开展。2013 年实施的"宽带网络校校通"工程，为 10 万所全国农村义务教育学校实现 10M 以上带宽的宽带接入，完成网络条件下的教学与学习环境建设。

经过近 20 年的建设，我国的教育信息化基础设施已经初具规模，教育信息化基础设施建设从起步阶段迈入了应用整合阶段。截至 2017 年 3 月，全国中小学互联网接入率从 25% 上升到 87%，多媒体教室比例从不到 40% 增加到 80%，每 100 名中小学生拥有计算机台数从 8 台增长到 12 台，师生网络学习空间开通数量从 60 万个激增到 6300 多万个。教育部还推动开展了"一师一优课，一课一名师"活动，近两年来参与教师超过 1000 万人次，累计晒课 730 多万堂。近 1000 万名中小学教师、10 多万 名中小学校长、20 多万名职业院校教师经过培训，信息素养大幅提升。实施的"教学点数字教育资源全覆盖"一个项目，就基本实现了利用信息技术帮助 6 万多边远地区教学点开齐开好国家规定课程，让 400 多万教学点的孩子初步实现了"同在蓝天下，共享优质教育"。①

---

① 杜占元：《发展教育信息化　推动教育现代化 2030》，《中国教育报》2017 年 3 月 25 日。

二、信息技术与教学深度融合的动力逻辑

推进信息技术与教育教学的深度融合已成为当前世界教育改革的共同趋势，根本动力在于人才培养定位的转变与满足学生成长的需要。

（一）外部动力：21 世纪学生核心素养要求

人才培养目标是教育工作的出发点和落脚点。21 世纪的人才培养不再是对既有知识的记忆和模仿，而是在复杂情境中收集信息、处理信息、团队合作、解决问题的能力，人才培养定位的改变，需要教育理念与行为的跟进。

1. 21 世纪人才培养目标的理论观点

21 世纪的学习将围绕基础性知识、元分析知识、人类知识三大类。其中，基础性知识指向"学生需要知道什么"，包括核心内容知识、数字和信息素养、跨学科知识三方面，元分析知识包括问题解决与批判性思考、沟通与合作技能、创造性和创新能力等，人类自我知识包括工作生活技巧与领导力、文化理解力、族群和情绪意识三方面。① 美国教育测试中心（ETS）提出了 21 世纪的学习技能，包括收集和检索信息、组织和管理信息、评价信息的质量和用途、从现有资源的使用中产生准备信息。② "美国中北地区教育实验室"（NCREL）提出了面向 21 世纪学生的素质框架，包括数字化素养、创造性思考、综合思考分析能力、

① Kristen Kereluik, Punya Mishra, Chris Fahnoe, and Laura Terry, "What Knowledge Is of Most Worth: Teacher Knowledge for 21st Century Learning", *Journal of Digital Learning in Teacher Education*, Vol. 29, No. 4 (2013), pp. 127 – 143.

② Educational Testing Service, *Digital Transformation: A Literacy Framework for ICT Literacy*, ETS in its publication, 2007, p. 26.

有效沟通和高生产率。①"国际教育技术协会"（ISTE）也出台了学生信息技术标准，包括创造性和创新、沟通与合作、研究和信息流通、批判性思考、问题解决和决策能力、数字化公民、技术操作等。

2."21 世纪技能伙伴委员会"的素养框架

美国全国教育委员会（NEA）下属的"21 世纪技能伙伴委员会"（Partnership for 21st Century Skills）认为，21 世纪学生的核心素养包括以下四方面。② 一是核心学科知识和 21 世纪的跨学科素养。核心学科包括语言和阅读、数学、科学、外语、艺术修养、经济、地理、历史、管理和社会科学等，跨学科素养包括全球意识、财务素养、经济和创业素养、公民素养、健康素养、环境素养等。二是学习和创新技能，包括创造性和创新能力、批判性思考和问题解决能力、沟通与合作技能等。三是信息、媒体和技术技能，包括信息素养、媒体素养、科技素养等。四是生活和职业技能，包括灵活性和适应力、人生目标定位、社交和跨文化技能、生产力和责任担当、领导能力和勇于开拓等内容。该框架（见图 2.1）获得了众多国际组织和研究机构的认可，对美国推进信息技术与教育教学融合产生了重要影响。

信息技术与教学的深度融合，回应了 21 世纪学生人才培养目标的转变。"21 世纪技能伙伴委员会"认为，培养学生的 21 世纪技能需要相应的支持系统，包括学业标准和评价系统、课程与教学、教师专业发展和学习环境等。其中，学业标准和评价系统是引领教学和评估教学成败的基础，有效的标准和评价系统应能检测出学生的多样化技能。课程与教学是学校教育的核心，要推广问题教学、项目学习、探究学习等方式，赋予学生学习主体地位。教师的专业发展主要指合格的职前教师培

① North Central Regional Educational Laboratory, *EnGauge*, 2016 - 03 - 23, See: http://www.ncrel.org/engauge/skills/21skills.htm.

② The Partnership for 21st Century Skills, *Framework for 21 st Century Learning*, 2016 - 06 - 14, See: http://www.p21.org/our - work/p21 - framework.

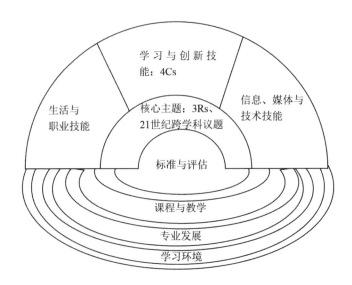

图 2.1 21 世纪学生素养框架

养，以及在职教师的专业发展支持。学习环境包括教室等物质设施、信息化教学工具、学校的日常运作、校园文化、基础设施、学习社区等。从以上分析可以发现，数字化和信息素养已是 21 世纪学生的核心技能，构建信息化学习环境则是实现 21 世纪人才培养目标的重要条件，信息技术与教学的融合恰好处于人才培养目标与教学支持条件的连接点。

（二）内部动力：满足学生成长的多重需要

德国教育家第斯多惠指出："教学艺术的本质不在于传授，而在于激励、唤醒、鼓舞。"互联网时代的信息是开放的，可以轻松地把人的大脑从记忆与计算中解放出来，从而用更多时间培养和发展学生的创造力与问题解决能力。

1．个人成长的多重需要

信息时代的教育价值在于发展学生的潜能，激发学生的创造活力，从而提升学生的生命价值。按照马斯洛的观点，人作为有精神生命的个体有多重需要，包括生理需要、安全需要、社交需要、被尊重需要、自我实现需要。信息技术与教学的深度整合，除了不能像空气、食物、睡眠那样满足人的生理需要外，对实现其他层次的需要是有巨大价值的。① 今天许多老师尝试建立班级博客，学生在博客上上传信息并展开讨论，通过博客发布个人或小组成果并获得外界反馈，背后所隐含的就是满足学生的多重需要，在运用信息技术的过程中实现教育教学的目标。图2.2 概述了信息技术与学科教学融合同满足学生成长需要间的关系。

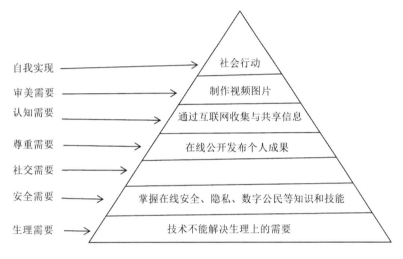

图 2.2　需要层次理论下的信息技术与学科教学融合

2. 信息技术与教学融合对个人成长需要的满足

从图 2.2 可以看出，技术不能像空气、食物、睡眠那样对人的生命延续产生影响，因而无法满足人的生物或生理需要。信息技术与教学的融合有助于以下六种需要的满足。一是安全需要。随着互联网使用越来越普遍，在线网络安全、数字隐私保护、网络暴力等内容需要融入教学中。二是社交需要。互联网带给新一代学习者的优势，是能够与世界上

---

① Karen L. Milheim, "Toward a Better Experience: Examining Student Needs in the Online Classroom through Maslow's Hierarchy of Needs Model", *Journal of Online Learning and Teaching*, Vol. 8, No. 2, (2012), pp. 159 – 171.

其他志同道合有着共同兴趣的个人或部落连接，在扩大与外界的交流时获得归属感。今天的学生大量使用 QQ、微博、个人空间、微信等社交软件，这些软件既能帮助学生扩大社交范围，也能以此建立学习社区，在虚拟的学习社区中进行学习和交流。三是尊重需要。技术能帮助学生成为创造者而不仅仅是消费者，他们可以在个人微博上发表日志、上传视频、表演音乐，通过社交网络平台让更多的人知晓，从而获得自我尊重、成就感、独立性、社会地位、控制力等感受。四是认知需要。互联网条件下学生能够随时随地查询并获得有用的资料，获得超过在学校环境下的更多信息，进而探索未知获得新知。对教育工作者的挑战是，如何在信息爆炸且缺乏有效监管的情况下，指导学生获得有价值的信息。五是审美需要。互联网时代的学生可以设计各种视频游戏，利用卡通或其他视频材料创作微电影、编辑音乐作品、进行美术设计等等，满足青年学生的审美需要。六是自我实现的需要。学生运用自己所学，依托互联网和在线论坛参与网络互动，进而参与社会问题讨论并付诸实际行动。需要的满足即意味着潜能的发展，满足学生成长的多重需要成为技术与教学融合的内在动力。

三、信息技术与教学深度融合的支持系统与层次

信息技术与教学的深度融合吸引了教育研究者、管理者、决策者以及实践者的广泛关注，一些地方和学校也在积极探索慕课、翻转课堂、移动学习、泛在学习、智慧课堂、学习型社区等新型教学方式。这一过程中，我们需要进一步理清信息技术与教学融合的条件与路径，选择适合的融合方式。

（一）信息技术与教学深度融合的整体框架

1. 实现信息技术与教学融合的代表性观点

　　"国际教育技术学会"（ISTE）总结了信息技术融入学科教学的条件，包括学校层面的共同愿景、技术上的支持、学校领导获得授权、课程内容上的变革、有效的实施计划、以学生为中心的学习、持续的投资、教育评估改革、平等的机会、社区的参与、高素质的师资、政策的支持等。① 弗吉尼亚州立大学的奥利弗（Oliver Andrean）等人认为，教师在应用信息技术改进学科教学的过程中面临诸多障碍，包括缺乏教学准备材料以及学习新技术的时间，教师现有专业化水平的限制，学校软硬件条件和网络设施的落后，缺少专家指导以及缺乏学校领导的支持等。②

　　勒戈特等人（Leggett and Persichitte）认为，教师在课堂中运用新技术主要有以下五方面的障碍：一是缺乏准备相关课程、教学材料以及学习新技术的时间；二是专业化水平限制，教师缺乏技术技能以及相应的学习培训机会；三是软硬件条件和网络设施；四是缺少指导专家以及设备升级维修方面的经费；五是学校领导层面的支持。拉恩（Lan）认为，影响教师使用技术的因素主要包括外部的刺激（主要是同事和学校领导的影响）、环境条件（软硬件设施和学校氛围）、教育观念（教师对于技术促进教学的认识）。

　　印第安纳大学的托马斯（Thomas Brush）等人则将信息技术融入教学的影响因素分为教师个人因素和外部支持条件，其中教师个人因素包括教师使用技术从事教学的能力、对教学中使用技术的态度；外在因素包括相关设施设备情况、学校管理层的支持、同事的影响、时间和资金

①　International Society for Technology in Education, *Technology and Student Achievement – The Indelible Link*, 2016 – 06 – 22, See: https://computerexplorers. com/Student – Achievement – Brief. pdf.

②　Oliver Andrean, et. al, "Using Instructional Technologies to Enhance Teaching and Learning for the 21st Century PreK – 12 Students", *International Journal of Instructional Media*, Vol. 39, No. 4, (2012), pp. 283 – 295.

方面的条件等。①

2. 信息技术与教学融合的支持系统

本书综合上述观点，形成信息技术融入学科教学的支持系统如图 2.3 所示。从图中可以看出，信息技术融入教育教学主要受六类因素影响，在影响程度上分为三个层次。六个影响因素中有两个间接因素和四个直接因素，其中学业评价和学科文化属于间接因素，学校机构、资源配备情况、教师态度与信念、教师知识与技能属于直接因素。从影响程度上看，学业评价属于外围影响，学科文化、学校机构因素、资源配备情况对技术融入教学有较大影响，但是对技术融入教学影响最直接、最关键的，是教师的态度与信念和教师知识与技能因素。

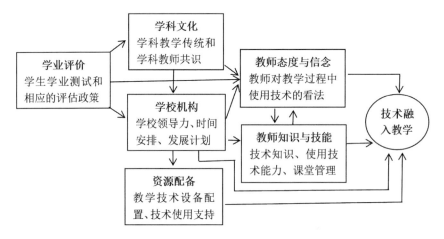

图 2.3 信息技术融入学科教学的支持系统

一是学业评价与学科文化的影响。学业评价反映了教育系统对人才培养的目标定位，对学科文化的形成、学校机构以及教师的教学态度与信念产生影响；学科文化主要对学校的课程安排和教师的态度与信念产

---

① Thomas Brush, Hew Khe Foon, "Integrating Technology into K–12 Teaching and Learning: Current Knowledge Gaps and Recommendations for Future Research", *Educational Technology Research and Development*, Vol. 55, No. 3, (2007), pp. 223–252.

生影响，以上两因素通过其他媒介对技术与教学融合产生作用。

二是学校层面的影响。学校领导力、时间安排和发展计划等学校层面因素，教学技术设备的配置和相应的技术指导对技术融入教学有直接影响。目前正积极推动的"未来教室"需要有五项要素：硬件环境的配置、互动性强的教育软件、良好的教学情境、教师具备信息学科知识、学生的主动学习能力。其中学校层面的影响与软件支持是基础性条件。

三是教师的态度与信念和教师知识与技能因素。普通教师对技术在课堂中的使用有两种不同观点：一是对技术在课堂使用中持积极观点，认为技术不仅有利于增强教师课堂教学效果，同时有利于调动学生学习积极性，更好地进行跨学科知识教学；一是与此相反，对技术在课堂中的前景持悲观态度的教师认为，课堂中技术的运用会分散学生的学习注意力。教师是否在教学中运用教学技术，主要受自身对信息技术与教学融合的观念认识，以及自身的知识与技能储备的影响。

（二）信息技术与教学深度融合的层次路径

信息技术与教学融合具有重要的教育价值。信息技术可以在事实性知识的学习中发挥如下作用：一是借助于丰富的多媒体形式表征信息；二是借助于交互工具促进事实性知识之间的联结。对于程序性知识的学习而言，信息技术可以为学习者的学习过程提供支架；为学习者提供多样化的沟通、交流工具；促进在线社区的形成和发展。对于动机性参与而言，信息技术可以吸引学习者的注意力，激发并维持学习的动机，促使学生成为积极的终身学习者。

1. 信息技术与教学融合路径的代表性观点

国内学者吴康宁教授认为，信息技术"进入"课堂教学的状况可大致分为"塞入""加入""嵌入"及"融入"四种类型。[1]"塞入"教

---

[1] 吴康宁：《信息技术"进入"教学的四种类型》，《课程·教材·教法》2012年第2期。

学的信息技术是"无关教学的技术"，"加入"教学的信息技术是"辅助教学的技术"，"嵌入"是指信息技术成为改变教学过程、提升教学效果的不可或缺的重要手段。"融入"信息技术虽然仍然具有工具的作用，但它已经不是通常意义上的工具了，因为它已经按照育人的要求自然地、无缝地乃至艺术地融合在整个教学过程之中，我们已经无法把它从整个教学时空中分离出来。佛罗里达教学技术中心（FCIT）提出了"技术融合矩阵"（Technology Integration Matrix），该矩阵认为，技术与教学融合需要经历启动、引入、适应、融入和转化五个阶段，具备积极的氛围、各方的合作、方案的建设性、共同的追求、目标导向的技术等环境条件。[①]

澳大利亚阿德莱德大学的阿兰（Allan Carrington）运用布鲁姆的目标分类学，提出了技术融入教学的"教学圈轮"（Pedagogy Wheel）。[②] 在中心圈，阿兰把教育目标归结为识记理解（Remember Understand）、应用（Apply）、分析（Analyse）、评价（Evaluate）、创造（Create）共 5 个。第二圈是描述动词，分别用来描述和阐释教育目标。第三圈是活动，介绍了大量的数字化学习活动，这些活动能帮助教师和学生达成预期的教育目标。第四圈，也就是最外圈是 iPad Apps 共介绍了 62 个教育工具。

2006 年，鲁本·普恩特杜拉（Ruben Puentedura）博士在实施"缅因州学习技术项目"（Maine Learning Technologies Initiative）中提出了 SAMR 模式（如图 2.5 所示）。鲁本创立了希帕索斯咨询公司（Hippasus），致力于推广在教育中转化式地运用信息技术。他将技术融入教学分为四个层次，并基于布鲁姆的教学目标分类学思想，探讨了不同层次

---

① Florida Center for Instructional Technology, *The Technology Integration Matrix*, 2016 – 06 – 16, See: http://fcit. usf. edu/matrix/matrix. php.

② Allan Carrington, *The Padagogy Wheel V4. 1*, 2016 – 06 – 18, See: http://designingoutcomes. com/assets/PadWheelV4/PadWheel_ Poster_ 4. pdf .

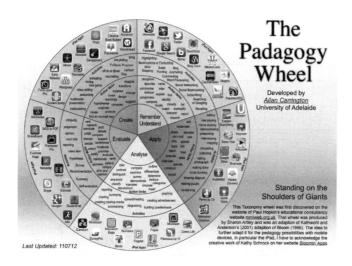

图 2.4 阿兰的 "教学圈轮"

对应的教学目标。[1]

SAMR 模式具体包括以下四个层次：（1）代替（Substitution）。技术只是作为一种直接的工具替代方式，没有发生功能上的改变。用新的技术工具取代旧的教学方式，比如用谷歌文档（Google Docs）代替微软输入，用学习管理系统替代传统的学生学习指导、作业批改等工作。（2）增强（Augmentation）。技术作为一种直接的替代性工具，同时有功能上的改进。增加利用其他功能，比如谷歌文档，不仅是撰写文档材料，同时包括自动保存、同步更新和分享功能。在生物教学中，当带领学生到户外考察生物品种时，如果利用携带的视频播放设备，将增强学生的体验。（3）修正（Modification），运用科技进行工作的重新设计。更有效地运用工具重新设计新的工作，改变学生的学习方式。比如利用谷歌文档编辑工具，某一学生创作一个故事后，学习伙伴可以进行编辑

—————————

[1] Ruben Puentedura, *As We May Teach: Educational Technology, from Theory into Practice*, 2016 – 06 – 21, See: http://www.hippasus.com/rrpweblog/archives/2011/11/22/SAMR_ TPCK_ InConxt. pdf.

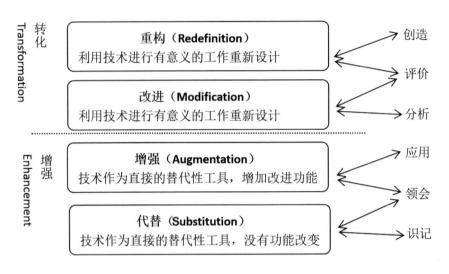

图 2.5　SAMR 模式与层级间关系

和加工，增加配图等方式，吸纳更多人群关注。（4）完善（Redefini-
tion），依托技术创造出新的之前无法想象的作品。科技在这个阶段的运
用可以让学生跳出预先的设计框架，从而创造出一个崭新的成果。一个
故事可能变成一本画册、一个自动播放壁纸，甚至一个小视频，参与者
的范围可拓展到社区乃至更大范围的互联网世界。

2. 信息技术与教学融合路径的层次路径

笔者在此将信息技术与教育教学的融合概括为以下五个层次。一是
为装饰点缀而使用信息技术。比如教师本身具有高超的朗读技巧，却舍
弃现场朗读而使用音频播放，此时的技术就是与教学无关的装饰。二是
为教学方便而使用信息技术。比如用学习管理系统代替传统的学习指
导，用互联网收集查阅信息，用随身播放工具代替传统的课本复习等，
此时的技术有助于节约教学时间并减轻工作量。三是为增强学习而使用
信息技术。比如在讲解细胞分裂、原子裂变等知识时使用动画模拟，此
时的信息技术成为提升教学效果的重要手段。四是为课堂创新而使用信
息技术。比如通过网络学习社区组织学生进行网上讨论，或者采用翻转
课堂模式让学生进行预先学习。五是为学生创造而使用信息技术。比如

学生利用信息技术开展项目驱动式学习，并将个人或小组完成的作品通过网络进行展示交流，此时的信息技术已经无缝融合到教学过程中。

四、美国学校信息技术与教学融合的基本路径

我国教育技术界权威专家李克东教授认为，信息技术与课程教学整合是指在教学过程中把信息技术、信息资源、信息方法、人力资源和课程内容有机结合，共同完成课程教学任务的一种新型的教学方式。[①] 信息技术与教育教学整合绝不仅仅是在课程教学中信息技术的简单应用，而是要通过信息技术与课程教学的有机结合，形成新的教学方式，营造新型教学环境，变革传统教学结构并形成新的教学结构，努力实现学生在信息化条件下以"创新能力"为核心的各种能力和素质的培养和提高。

（一）运用信息技术探索新型教学模式

信息技术与教育教学的融合需要营造一种数字化的教学环境，此种环境有利于提高教师的教学质量和学生的学习绩效，有利于学生发现问题、解决问题，从而促进学生的学习。[②] 信息技术与教学的深度融合就是借助技术促进学习方式的转变，使自主、合作、探究更易实现，信息技术与教学整合正是朝向这样一个目标奋进。当前而言，美国主要推动在线学习、混合学习、移动学习等方式实现信息技术与教学的融合。

1. 在线学习（Online learning）

在线学习是指在非实体性教室的虚拟环境中，通过应用互联网技术、人工智能、多媒体等现代信息技术进行的个体化学习或训练活动，

---

① 李克东：《信息技术与课程教学整合的目标和方法》，《中小学信息技术教育》2002 年第 4 期。

② 何克抗：《信息技术与课程深层次整合的理论与方法》，《电化教育研究》2005年第 1 期。

目前在欧美国家发展迅猛。2005 年，亚利桑那、堪萨斯、佛罗里达、密尼斯达、犹他、华盛顿、威斯康辛等州率先为大部分 K－12 年级的学生提供完全在线和补充性课程在线学习的选择。2006 年，密歇根州通过法案，成为第一个立法要求高中学生必须完成至少 20 小时的在线学习的州，并将其作为中学成绩的一部分。2013 年，爱荷华行政法规总则中第 281 条第 15 章中明确指出，教育部门牵头建立一个在线学习平台，为辖区学校提供高质量的在线学习材料，法案同时要求在职教师必须完成相关职前培训或类似的课程学习，以便更好地帮助他们在网络环境下教学。此外，一些学校或学区亦明文规定在线学习毕业要求，如威斯康星州的基诺莎学区（Kenosha Unified School District）规定，"从 2016 年起学区所有学生必须满足在线学习毕业要求，即学习一门在线课程或参与特定的在线活动（包括在线教学、研究、评价、讨论与协作）。"①

各州相继出台了在线学习的学分要求与考核办法。密歇根州 6－12 年级学生每学期可以参加两门由州拨款的在线课程，学生从州虚拟学校或其他认可的在线教育服务方登记注册。路易斯安纳州按照"最小基金项目"（Minimum Foundation Program）对在线学习拨款，所有学区和特许学校接受州 7－12 年级的在线学习拨款。2014—2015 学年，除其他正常公共开支外，每生每年获得在线学习拨款 26 美元。所有在线课程需要地方教育主管认可，对课程质量负责。堪萨斯州 K－12 年级学生可以在州认可的在线教育提供方处参加在线学习，州对在线教育的拨款根据学生的年龄和在线学习时长。犹他州 9—12 年级学生在 2014—2015 学年时每年可以在线学习 4 学分，2015—2016 学年每年 5 学分，2016—2017 学年时将允许学生完全通过在线学习方式获得毕业所需学分，学

---

① Evergreen Education Group, *Keeping Pace with K－12 Digital Learning: An Annual Review of Policy and Practice*, Washington, DC: Evergreen Education Group, 2015, p. 23.

生同时可以在学区或特许学校注册以参加其他教育活动。①

在线学习近年来在美国发展迅猛。据统计，2014—2015 学年，全美 24 个州的州虚拟学校，共有 46.2 万名学生完成了 81.5 万门学期长度的课程，人均 1.77 门在线课程。那些没有州虚拟学校的州，在线教育主要是由在线教育的私立公司或出版商提供，估计全美共有 220 万名学生以其他方式学习了 380 万门课程。② 在华盛顿州，2013—2014 学年 295 个学区中，139 个学区的 222 所学校共有 72787 名学生参加了 K - 12 阶段在线课程学习，其中 74% 的高中学生参加了 5 门以下的在线课程学习，14% 的学生参加了 5—10 门在线课程，12% 的学生参加了 10 门以上的在线课程学习，而参加 10 门以上在线课程学习的可以视为全日制在线学生。③ 克莱顿·克里斯藤森破坏性创新研究所（Clayton Christensen Institute for Disruptive Innovation）预测，到 2019 年时，美国 K - 12 阶段学校中 50% 的课程将通过因特网进行教学，"虚拟学校"（Virtual School）将成为未来教育的重要趋势。④

2. 混合学习（Blended learning）

混合学习是整合在线学习与传统面授的教学形式。霍恩（Horn）和斯塔克（Staker）将混合学习界定为"学生任意时间在不在家的另一个实体机构指导下的学习，这种学习包括由网络提供的学习元素，由学

---

① Evergreen Education Group, *Keeping Pace with K - 12 Digital Learning: An Annual Review of Policy and Practice*, Washington, DC: Evergreen Education Group, 2015, p. 108.

② Evergreen Education Group, *Keeping Pace with K - 12 Digital Learning: An Annual Review of Policy and Practice*, Washington, DC: Evergreen Education Group, 2015, p. 16.

③ Evergreen Education Group, *Keeping Pace with K - 12 Digital Learning: An Annual Review of Policy and Practice*, Washington, DC: Evergreen Education Group, 2015, p. 18.

④ Clayton Christensen, *Disrupting Class: How Disruptive Innovation Will Transform the Way the World Learns*, New York: McGraw Hill, 2008, p. 3.

生自己控制时间、地点、方式与进程。"① 他们总结了混合学习的六种形式：（1）面对面驱动者。由教师根据实际情况开展在线学习。（2）循环模式（Rotation）。学生在课程框架下，在个体化的自主进程环境和面对面的教师指导环境下循环。（3）弹性模式（Flex）。在线平台提供课程内容，同时提供教师现场指导。（4）在线实验室。在线平台在专业人员指导下，提供实验室教学，类似于传统的固定课程。（5）自我混合。学生参加远程在线课程学习，补充学校教育不足。（6）在线驱动。由平台提供所有学科的远程学习。

阿伦等人（Allen，Seaman & Garre）以量化的方式进行界定，认为混合学习中，"30%—79%的学习内容通过网络进行，剩下的通过面对面或者其他非网络方式进行。"② 布鲁（Brew）则将混合学习界定为"整合网络与面对面教学形式，以提供一个比单独某一种形式更有效的学习经验。"③ 目前国内广为关注的慕课与翻转课堂，让学生课前浏览学习视频，课堂上围绕重难点进行汇报讨论，就是典型的混合学习。

除了基础性的电脑和网络条件外，技术融入课堂教学开展混合式学习通常需要如下条件：（1）互动白板。让电脑和指导者之间通过触摸屏幕实现互动，将使用者的书写内容展示在屏幕上，同时自动记录课堂上的教学内容，并通过数字化媒体进行课后分享与评论。（2）班级管理软件。这一软件通过无线网络使得学生分享在自己台式电脑上的行为，教师可以用作分析案例，控制网络条件和班级电脑管理。（3）学生反应系统。通过远程无线控制器，学生可以在自己的电脑上进行投票或选择答案，有利于及时测量学生的学业表现。（4）班级博客。师生

① M. Horn, H. Staker, *The Rise of K – 12 Blended Learning*, Innosight Institute: Report 5, 2011, p. 3.

② E. Allen, J. Seaman, R. Garre, Blending, *The Extent and Promise of Blended Education in the United States*, Newburyport, MA: The Sloan Consorum, 2007, p. 13.

③ L. Brew, "The Role of Student Feedback in Evaluating and Revising a Blended Learning Course", *Internet and Higher Education*, Vol. 11, No. 1, (2008), pp. 98 – 105.

可以及时上传相关资料到博客上，有效开展班级作业的合作学习，同时开展班级介绍、互动讨论、在线提交作业等操作。（5）维基或者百度百科。网页上发布各类最新信息，帮助师生及时查找相关资料。（6）简易结合系统。帮助网络使用者提交特定网络内容，帮助师生更好地组织网络资源。（7）多媒体发布工具。比如播客和屏幕转播，以数字化的方式在网络上记录和发布相关信息，并进行项目陈述、远程学习和学生指导等工作。

美国各州主要从立法和行政层面推动混合学习。"爱荷华州数字化学习中心"（LDL）2009 年发起成了混合学习联合体，向学校提供在线课程与技术服务，目前有 30 个学区加入联合体。新墨西哥的"创造性数字化教育和学习"（Innovative Digital Education and Learning）免费向辖区内所有公立学校和特许学校提供在线课程和学习管理系统。截至2015 年 8 月，全州 106 所学校在网页上开通了自己学校的独立领域与登录系统。阿拉巴马州的"连接全州教室、教师和学生"（ACCESS）也向全州公立学校开放，同时提供教师专业发展和学习系统培训；密歇根、阿肯色等州虚拟学校也有类似服务。[①]

地方学区和学校也在积极引入混合学习模式。在宾夕法尼亚州的夸克顿学区（Quakertown Community School District），该学区让 6—12 年级学生自主选择学习一门或多门在线课程，课程是异步的，学生可以在一天中任何时候学习。学区创建了一个叫做"网络休息室"的场所，让学生可以在学校完成在线课程，也可以在其他地方完成在线课程。每个学生都可以通过在线方式寻求这门课程的登记教师的单独指导，这些教师大部分也担任了学区的面对面课程教学任务。在旧金山佛莱克斯学院（Flex Academy），课堂提供商提供在线学习课程和讲座。教师使用数据

---

① Evergreen Education Group, *Keeping Pace with K – 12 Digital Learning: An Annual Review of Policy and Practice,* Washington, DC: Evergreen Education Group, 2015, p. 84.

监控面板在学生学习核心课程时提供有针对性的干预和补充，提供面对面支持的教师就是核心课程的登记教师，给予在线支持的教师是来自课程提供商的选修课程登记教师。

2014—2015 学年，全美 24 个州的虚拟学校在提供在线学习和相关产品服务中，共支出 3 亿美元，只占当年 24 个州总教育拨款的 0.15%。其中佛罗里达虚拟学校支出 1.78 亿，占总数一半以上；年开支低于 100 万美元的州占 1/3 州，平均每一人次登记在线课程开支为 370 美元，教师人力工资支出是最主要的开支。① 南卡罗莱州议会立法要求在南卡罗莱州特许学校（SCCA）登记的全日制在线学生，必须有不少于 25% 的实时指导，因此 SCCA 相比其他在线特许学校有更多的同步指导。SC-CA 重视学生的社会化和学校社区的建立，学校经常组织集体性的参观博物馆或者野炊活动，同时组织有竞技体育、视觉与行为艺术、STEM 等俱乐部。②

3. 移动学习（mLearning）

移动学习（mLearning）是通过使用移动设备在任何地点进行的个性化主题式学习活动。移动学习的核心是移动通讯工具，包括电话、智能手机、平板电脑、便携式电脑等。首先，移动设备是个人化的，不仅设备本身属于学习者单独拥有，学习活动也是个人化的。其次，移动设备是不受限于某个地方。学生可以带着设备，走出传统的学习空间，获得及时的信息。第三，移动设备是联网的，学习者可以随时联通互联网。

移动学习在美国基础教育领域发展迅速，除了移动设备的价格不断下降这一原因外，教师和学生在课堂的使用意愿非常强烈也是一个重要

---

① Evergreen Education Group, *Keeping Pace with K – 12 Digital Learning: An Annual Review of Policy and Practice,* Washington, DC: Evergreen Education Group, 2015, p. 81.

② Evergreen Education Group, *Keeping Pace with K – 12 Digital Learning: An Annual Review of Policy and Practice,* Washington, DC: Evergreen Education Group, 2015, p. 41.

原因。美国知名性非盈利教育组织——明日项目（Project Tomorrow）发起的调查显示，86%的学校教育管理人员表示移动学习能有效地增强学生的参与度，76%的教师表明移动学习能有效地满足学生多样化的学习需求，让学习变得更为生动有趣，62%的学生表明比起台式机或笔记本电脑，他们更喜欢用平板电脑访问学习资源，47%的中小学教师将移动学习引入自己的课堂中。[1] 因此，美国各类教育机构不惜花费大量资金采购移动设备用于移动学习。

4．翻转课堂（Flipped learning）

一般认为，翻转课堂概念出现于2007年，由美国科罗拉多州的沃兰帕克（Woodland Park）高中的两位化学老师伯格曼（Bergmann）和萨姆（Sam）正式提出并实施。这种教学模式让学生通过观看教师发布的视频在课前学习知识，在课上时间内，学生专注于基于项目和问题解决的主动式学习。在随后的几年中，美国多位学者都在翻转课堂提升学生参与性和学习成绩方面取得了一致的意见。翻转学习网络社区（Flipped Learning Network）问卷调查发现，在翻转课堂的学习中，学生的有效参与度可以增加80%至85%。[2] 伯格曼和萨姆的研究也发现，翻转课堂改变了课上学习，大大增加了学生的参与度和课堂交互，从而提高了学生的学习成绩，特别是班上的"优等生"和"后进生"的学习成绩。[3]

作为一个新兴的教学模式，翻转课堂在美国中小学中非常普及，是

---

[1] Lenovo and Intel, *The Power of Mobile Learning in K – 12: Success Stories outside the Classroom*, 2016 – 10 – 23, See: https://www. k12blueprint. com/sites/default/files/Mobile_ Learning_ K – 12_ Success_ Stories. pdf.

[2] Flipped Learning Network, *Growth in Flipped Learning: Transitioning the Focus from Teachers to Students for Educational Success*, 2016 – 11 – 25, See: http://fln. schoolwires. net/cms/lib07/VA01923112/Centricity/Domain/41/New%20Flipclass%20Survey. pdf.

[3] A. Sams, J. Bergmann, "Flip Your Students' Learning", *Educational Leadership*, Vol. 70, No. 6, (2013), pp. 16 – 20.

美国中小学课堂使用最为广泛的模式之一。翻转学习网络社区（Flipped Learning Network）和著名教育网站索菲娅学习（Sophia Learning）联合进行的一项在线问卷调查表明，2012 年大约 73% 的中小学老师听说过"翻转课堂"，而到了 2014 年，这一数字增加到了 96%。同样由明日项目（Project Tomorrow）举办的大型在线调查显示，25% 的中小学校长和教育管理工作者表示翻转课堂已经在其所在的学校发挥着至关重要的作用，有超过 40% 的教育管理工作者表明他们要在所在学校中引入翻转课堂教学模式。①

（二）使用技术工具变革传统教学模式

"国际教育技术协会"（ISTE）认为，当学生能够选择技术工具以及时获得需要的信息，并专业化地进行信息分析、综合与呈现时，技术就有效地融入进教学。当前美国教育科技界开发了众多教育软件，在中小学中得到了广泛运用。

1. 当前美国课堂教学中的常用技术工具

近年来各种技术工具层出不穷。一是与学生学习有关的技术工具，包括以下几类。（1）为学生创造个性化的学习体验，包括 Animoto、VideoStar、WeVideo、Loopstar、Creaza Education 等工具；（2）支持课堂教学的工具，包括 ReadWriteThink、Socrative、ClassDojo、Infuselearning、ClassCharts 等软件；（3）促进课堂合作的工具，包括 Groupboard、Concept Board、Scribblar、Twiddla 等为教师服务的白板工具，Real Time Board、Lucid Chart、Spider Scribe 等促进头脑风暴类工具，以及 Google Docs、Titanpad、Draft、Primarypad、My Simple Surface 等为教学合作写

① Flipped Learning Network, *Speak Up 2013 National Research Project Findings A Second Year Review of Flipped Learning*, 2016 – 12 – 23, See: http://flippedlearning. org/wp – content/uploads/2016/07/Speak – Up – 2013 – Survey – Results – Flipped – Learning – Network. pdf.

作的 web 工具；（4）帮助学生自我检测与纠正的工具，如著名出版社 HMH 推出的"共同核心标准阅读训练与评估"应用程序，可在 App Store 和 GooglePlay 上下载并用于自我检测，[①] 其他工具包括 Paperli、Pinterest、Flipboard、Scoopit 等；（5）帮助学生自主学习的工具，包括 Assign A Day、Google Calendar、Short Calendar 等学习日历工具和 Evernote 等。

二是帮助教师组织教学的工具。（1）网络检索工具，比如一些学校正在尝试的"网络探究学习"（Webquest）就依托互联网检索进行。（2）在线交流与成果发布的工具。比如班级博客可以完成班级介绍、通知公告、互动讨论、在线提交作业等功能，在线传播平台可以呈现学习结果。（3）教学平台工具。以 Edmodo 为例，全球目前已有6500万教师和学生使用这一学习平台，师生在此平台上共享教学内容、进行网上交流、管理课程与作业、发布相关通知、开展学业测验等，从而将这些传统教学活动转移到网络平台开展。（4）教材编辑工具。麦克劳·希尔推出了适用于基础教育阶段的定制出版工具 Create，支持教育工作者在 Create 上选择和排序版权所属的教学材料，从而创建符合教师和学生自身教学需要的内容和活动。

三是虚拟/增强现实的学习工具。虚拟现实（Virtual Reality）是一种利用计算机模拟生成，提供视觉听觉等感官上对于物和人的存在感的虚拟环境技术，新兴的虚拟现实技术还可以基于手势和通过力量反馈提供触觉信息的触觉设备，让用户更加真实的"感觉"到物体。增强现实（Augmented Reality）技术是一种通过特定设备，将数字化信息叠加起来，让用户观看到增强版现实的技术。如著名出版社培生集团推出了 iOS 数学等学科的应用程序，提供了符合全美共同核心标准或其他州课

---

① Brihanna Watson, *HMH Common Core Reading Practice and Assessment Review*, 2014 –04 –19, See: http://thesmartphoneappreview.com/ipad/hmh – common – core – reading – practice – and – assessment – review.

程标准的超过 1500 项教学指导，教学内容全部根据教学主题和教学标准并按照教学顺序组织起来，并赋予使用培生教材的学生使用这个应用程序，该程序的一个重要特点就是使用虚拟/增强现实技术，帮助学生理解所学内容。上述工具在教学中的有效运用，将极大改变传统的教学生态，提高教学效益。

2. 技术工具在美国中小学课堂教学中的应用

白宫 2014 年发布的大数据白皮书指出，"技术支持下的教育工具与平台对学生和教师赋予了新的学习环境。这些技术能够提供实时的测验材料，检测学生对某一内容的掌握情况。""学生在参与 MOOCs 或其他技术支持下的学习平台时，学生的学习情况可以精确地追踪，从而获得比传统教育更准确、更广泛的学习数据，从而深入理解学生参与某一学习活动情况，测算学生从事某一学习活动的最佳时间，从而更好地设计教学活动。"[1] 使用信息技术工具连接教师和学生，而技术的支持作用体现在传递指令、提供问责和管理，是掌握计算机工具的捷径。各州不断开发或利用现有的工具，为教师、学生和家长提供不同的平台，协同合作完成学习任务。

日常性的技术工具也可以运用于教学过程中。（1）微博（Microblogging）。利用 Twitter 等社交软件，参与者共享信息，并在类似班级面对面环境下完成讨论。利用这一方式时，教师需要强化网络讨论指导，创建并维护好班级空间，并鼓励学生在微博上展开讨论。（2）专业化搜索引擎（Specialized Search Engines）。比如利用视频搜索引擎，查找并观看书本或口头教学难以解释的内容，以形象化的方式帮助学生理解特定内容的背景。（3）混音软件（DJ Software）。比如 trakAxPC，可以创建专业的音乐和视频，这一过程中就可进行数学上关于比例、比率、百分比等内容教学。

---

[1] Executive Office of the President, *Big Data: Seizing Opportunities, Preserving Values*, Washington, DC: The White House, 2014, p. 2.

美国各州正着力完善学习管理系统（Learning Management System，简称 LMS），完善在线学习内容，搭建学生、家长和教师三者之间的交流平台。这一系统相较于普通教学环境表现出了几个优势，其中包括：监视学生的表现，包括观察学生个体快速使用实时在线数据的趋势；同时跟踪考勤，以满足国家的资金需求；组织学生按年龄分组学习；允许课程的快速更新；调度和跟踪全日制在校学生的家庭，给予易于监控的任务并监督完成等。

以总部位于加州的非营利教育机构 CK‒12 为例，该平台为 K‒12 阶段学生提供高质量的教育内容，主要为学生提供科学、技术、工程和数学等课程，目的是为学生创建一个自适应的学习环境。学生在这个系统中不仅可以自主学习课程内容，而且能够查看教师对自己课程成果的详细评估报告。教师可以查看学生学习进度报告，根据学生的完成情况提供不同难度的指导方案。同时 CK‒12 为所有师生配备海量习题、在线及终端的自选教材（FlexBooks）和相应的互动课程，教师还可以利用该平台来创建他们自己的评估方案。在马里兰州公共电视台与约翰霍普金斯大学教育技术中心创建的"创意港"（Thinkport）网站，为教师和学生提供一站式的资源。它汇集了来自国会图书馆、美国教育部、肯尼迪中心、英语教师的全国委员会、国家地理频道、史密森学会等多项优质教育资源，为改变传统教学模式提供技术支撑。

需要说明的是，美国教育行业也存在教育软件与硬件研发人员缺乏教育教学知识，从而造成信息技术系统与教育系统话语体系相差较大，两个系统间很难进行专业的对话等问题。美国教育界也在采取相应措施，比如对于教育教学及其研究人员加强大数据背景下信息技术技能培训，尤其是教育应用软件及其形成机理的培训，而对于教育软件与硬件研发人员，则开展教育教学理论与实践内容的培训等。

（三）应用信息技术开展教学数据分析

大数据时代，移动通信、云计算、传感器、普适计算等新技术将逐步融入教育的全过程，可以在不影响师生教学活动的情况下实时、持续地采集更多微观的过程性数据，比如学生的学习轨迹、在每道作业题上逗留的时间、教师课堂提问与微笑的次数等。大数据时代的教育数据类型更加多样，常规的结构化数据（如成绩、学籍、就业率、出勤记录等）依旧重要，但非结构化数据（如图片、视频、教案、教学软件、学习游戏等）将越来越占据主导地位。

1. 教育大数据的产生与价值

教育大数据的产生渠道日益广泛。包括不同学生在学习各门课程中形成的纵向数据，通过视频会议等方式开展集体性问题解决活动中形成的社会性互动材料，以及个体在参与某个教育活动或学习某个主题时的详细数据。随着社交工具的日益普及，学生在使用社交软件、参与在线学习等过程中，也会产生大量数据，这些数据对教育创新具有重要意义。（1）基于大数据开展自适应学习或能力本位的教育，对学生学习进程进行个性化设计。（2）通过更快和更深层次的分析学习，及时评价学生系统思考、合作和问题解决能力，以取得更好的学习结果。（3）设计游戏环境下的学习和测试，将学习置于复杂的信息和决策环境中，提高学习的内在吸引力。（4）更好地进行学习资源分配决策，比如精确管理学生获得学分的成果、减少学校留级率及辍学率、解决学校中的瓶颈课程等。

"全美教育统计论坛"（NFES）认为，与学生有关的教育数据可以在以下方面扮演积极角色。一是教学指导。教师和辅导者从学生过去的教育经历和特殊需要的分析中，向学生提供更好的教学，设计相应的教育项目。二是日常运作。学校和学区利用学生信息改进日常管理，包括学生出勤率、处理学生的监控问题、满足个别学生的特殊需要、管理食品服务和交通项目等。三是学校管理。学校、学区和州教育部门运用学生数据规划教育项目，并进行相应的资源分配。四是绩效考核。学校、学区和州教育部门使用学生集体或个体进步数据，评价学生的学业成就、学校的办学质量，以及某个特定教育项目的实施效果。五是研究和评价。各机构和个人使用学生整体或个体数据，分析项目的成效、不同学生亚群体的学业水平、实施某项教学改革或学校改进后的成绩变化等。六是数据驱动下的教育决策。完善的数据系统能够增强学区和州教育部门分析教育数据的能力。①

2. 教育大数据在教学中的运用

学校教师可以利用教育大数据改进与优化自己的教学决策。整体上，教师可以利用大数据，分析需要在何种时机对哪些学生以何种方式安排何种教学内容。教师利用本班学生产生的数据，或同时借助与外部大数据的对比分析，可以深度评价本班学生的学习表现与学习效果，有效分析学生的学习偏好与个性化需求，包括学生群体的学习需求，同时也可以利用数据分析哪些学生更适合在一起进行小组学习，怎样分组才更合理。对于那些有学习困难的学生，通过对大数据的利用，可以分析出学生在什么环节、什么类型的内容学习上存在问题，分析哪些因素可能在影响学生的学习，最终提供适当的学习支持与干预。

许多州在推广教育大数据使用上取得了积极回报。在肯塔基，州教育委员会向高中提供 K－12 和中学后学生数据，以及大学入学准备和 ACT 考试成绩分析，用于学生离开高中后的补救性学习。在俄勒冈，该州教师在专业发展日，要求教师和专家一起分析学生阶段性的学业数据，研讨教学改进办法。在芝加哥市，该市公立学校于 2007 年实施了"阻止失败"项目，通过学生数据系统监控学生学业表现，教师在学生学习遇到困难前进行干预性指导，该州高中毕业率从 2007 年的 57% 增

---

① The National Forum on Education Statistics, *Forum Guide to Protecting the Privacy of Student Information: State and Local Agencies*, Washington, DC: National Forum on Education Statistics, 2004, p. 44.

长到 2014 年的 82%。[①]

著名的个性化教育服务公司"梦想学习"（Desire 2 Learn，简称 D2L）利用其分析平台"学生成功系统"（Student Success System，简称"S3"），可以提前几个月预测学生的期末考试成绩，甚至能精确到小数点后两位数字。学生可以利用 D2L 的学习管理平台阅读课程材料、提交家庭作业、做练习、提问题、交流互动等，所有这些活动数据将自动存储下来。基于上述原始性的学习过程数据，"S3"可以预测学生是否适合一些新的课程，从而辅助学生做出选课决定。"S3"具有多样化的模型管理、预测和数据可视化能力，教师不仅可以查看整个班级表现的报表，并能像传统"联机分析工具"（On – Line Analysis Processing，简称 OLAP）那样，对教学报表进行深度分析，筛选学生或课程的详细信息，以检视学生的能力、参与度和评估分数。此外，"S3"综合应用多种预测模型，能够基于每门课程来准确预测每位学习者的课程学习情况，辅助教学人员提供恰当的干预指导，提高学生课程学习的成功率。

新世纪以来，中国政府先后实施了农村中小学现代远程教育、基础教育资源库建设、中小学教师教育技术能力提升等工程，极大提升了基础教育信息化水平。尤其是《教育信息化十年发展规划（2011—2020年)》实施以来，"三通两平台"建设取得了突破性进展。一项针对国内 200 名中学教师和 3000 学生的调查显示，65% 的老师表示他们在课堂上使用了各种技术，但只有 26% 的学生表示教师鼓励他们使用技术。尽管多数教师和学生表示他们在日常生活中使用电脑、Ipad、移动电话等工具，以及博客、QQ 空间、微信等社交软件，但只有 12% 的教师表

---

① M. Roderick, T. Kelley – Kemple, D. Johnson, N. Beechum, *Preventable Failure: Improvements in Long – Term Outcomes When High Schools Focused on Ninth Grade Year: Research Summary*, Chicago: University of Chicago Consortium on Chicago School Research, 2014, p. 23.

示在他们的教学中使用这些手段。① 在"互联网＋"时代促进信息技术与教学融合的背景下，调查结果显示中国的教育信息化战略还有很长的路要走。

当前，中国基础教育信息化正从物质层面的基础设施建设，转向行为层面的教育教学变革，构建网络化、数字化、个性化、终身化的现代教育体系。② 2016 年 6 月发布的《教育信息化"十三五"规划》也将"深化信息技术与教育教学的融合发展"作为"十三五"期间的重要任务，推动信息技术"从服务教育教学拓展为服务育人全过程"转变。在推进信息技术与教学深度融合的过程中，如何保障城乡与区域之间教育信息化的均衡发展，改变当前信息技术与教育教学"两张皮"现象，构建有利于学生自主学习的信息化教学环境，提升教师在信息化环境下的教学创新能力，实现信息技术与教师教育观念与行为的深度整合，将是教育信息化领域有待持续研究的重要课题。

---

① 常亚慧、王碧梅、罗晓红：《教育研究与实验技术型构的教师行动——基于 S 省 5 所中学理科教师 TPACK 调查分析》，《教育研究与实验》2015 年第 8 期。
② 杜占元：《全面深化应用　全面实现"十二五"教育信息化发展目标——在 2015 年全国电化教育馆馆长会议上的讲话》，《中国电化教育》2015 年第 5 期。

第三章

变革载体：
承接 NETP 实施"连接教育"项目

数字化教育是满足学生个性化学习和协作学习需要，增强学生学习参与度和创造力的重要途径，是提高教育质量、维护教育公平的重要保障。为迎接数字化时代的教育挑战，利用数字化技术创建个性化学习环境，进一步完善教育信息化基础设施，美国联邦政府于 2013 年 6 月正式启动了"连接教育"（ConnectED）项目，提出了五年内让美国 99% 的学生能够连接上高速互联网，获得世界级教育资源，缩减数字鸿沟，提高教师的信息化水平，建立一个强大的数字学习系统等目标。"连接教育"项目在目标定位、项目内容、运行方式等方面特色鲜明，取得了阶段性成效，可为中国推进教育信息化工作提供借鉴参考。

一、美国历次"国家教育技术计划"（NETP）主旨

作为政治、经济、军事、教育强国，美国在技术引领教育创新方面一直处于世界的前列位置。作为世界上基础教育信息化发展最早的国家，20 世纪 60 年代时，美国中小学校就已经开展了计算机辅助教学。作为教育信息化的先驱大国，美国政府自 20 世纪 90 年代后先后制定了五轮"国家教育技术计划"（National Educational Technology Plan，简称 NETP），"连接教育"就是承接之前的国家教育技术计划的。

（一）美国历次"国家教育技术计划"主要内容

1996 年，美国总统克林顿发表了年度国情咨文，提出了"信息高

速公路"计划，设定了为所有中小学配备电脑设备的目标。同年颁布国家教育技术规划《为21世纪的美国学生做准备——迎接媒介素养的挑战》（Getting American Students Ready for the 21st Century: Meeting the Technology Literacy Challenge），提出让所有的师生在教室都拥有现代的电脑、每个教室都能接入高速宽带服务，以及国内所有教师都会得到培训和必要的支持，以便能帮助学生使用电脑和享用"高速公路"带来的资源等目标。具体包括以下四大目标：（1）经过培训，美国的所有教师都能够帮助学生通过电脑与网络进行学习；（2）所有的教师与学生都能够在教室里使用多媒体电脑；（3）所有的教室都能连接到信息高速公路；（4）有效的软件与在线学习资源都是学校课程不可分割的组成部分。①

2000年的国家教育技术规划《数字学习：让所有的孩子享受世界级的教育》（E-Learning: Putting a World-Class Education at the Fingertips of All Children），该报告首先回顾了1996年计划实施以来取得的成果，在联邦、州、学区的支持下，美国的基础设施、教师信息素养能力、学生的学习成绩等均获得了一定改进。民众观念方面，支持中小学校使用电脑进行教学的比例有所增加：69%的美国人认为计算机技术的使用改善了当地学校的教学质量，82%的学生认为学校应该更多地使用计算机技术以改进教学。新的规划提出了五大目标：（1）使所有的教师与学生不管是在教室、学校、社区还是在家里都能够使用信息技术；（2）使所有的教师都能够有效使用技术帮助学生获取更高的学业成就；（3）使所有的学生都有一定的信息技能与素养；（4）通过研究与评价来推动技术的教学应用；（5）通过应用数字化内容与应用网络来改变

---

① U.S. Department of Education, *Getting America's Students Ready for the 21st Century: Meeting the Technology Literacy Challenge*, Washington, DC: Department of Education, 1996, pp. 8 – 14.

教学。①

联邦教育部在 2004 年 12 月颁布了国家教育技术规划《走向美国教育的黄金时代：因特网、法律和学生如何变革教育期望》（Toward A New Golden Age In American Education: How the Internet, the Law and To-day's Students Are Revolutionizing Expectations），该计划指出，数字学习和虚拟学校的兴起提升了美国的信息技术与教育整合度，变革了教育形式。数字学习的时间、空间以及教学进度都是灵活的，为教师提供了创造适合于学生学习的教学环境的机会。远程教学为学生提供了服务，也为教师专业发展提供了机会。新一轮计划提出了七个主要的行动步骤：②（1）加强各级各类教育行政机构的领导；（2）创新预算，使技术应用项目能够获得足够财政资助；（3）改进教师培训，如提高教师职前培养的质量、提高新教师使用技术进行教学的能力等；（4）支持 e – learning 与虚拟学校；（5）鼓励使用宽带，通过密集的应用让教师与学生明白宽带的好处；（6）使用数字内容，鼓励师生使用多媒体的、在线的资源来替代传统的纸质教材；（7）建设一体化的数据系统，用来收集资源、提高管理效能、通过在线的学生业绩评估给教育者实施个性化教学提供参考。

2010 年颁布的《变革美国教育，技术推动学习》（Transforming A-merican Education: Learning Powered by Technology）呈现了一种由技术驱动的学习模式，它由五个重要的领域组成：学习、评价、教学、基础设施以及生产力，并在五个领域提出了相应的目标及达到目标的策

---

① 　U. S. Department of Education, *E – Learning: Putting a World – Class Education at the Fingertips of All Children*, Washington, DC: Department of Education, 2000, pp. 12 – 22.

② 　U. S. Department of Education, *Toward a New Golden Age in American Education: How the Internet, the Law, and Today's Students are Revolutionizing Expectations*, Washington, DC: Department of Education , 2004, pp. 9 – 21.

略。① 其中，学习的目标是"不管在校内还是校外，所有学习者都能够享受有趣而自由的学习经历以使他们在全球化的网络社会中成为积极、创新、渊博与道德的一员"；评价的目标是"各级教育系统利用技术来测量一些重要的数据，并使用测量数据来持续改善教育"；教学的目标是"专业的教育者通过技术接受个人的或团队的支持以使他们能够更加有效地教学"；基础设施的目标是"所有的学生与教育者能够随时随地地使用综合基础设施以促进学习"；生产力的目标是"各级教育系统充分利用技术的优势重新设计结构与流程，以优化人力、金钱与时间的利用效率并且提升学习效果"。

2016 年的美国国家教育技术规划《未来学习的准备——重新设想技术在教育中的作用》（Future Ready Learning: Reimagining the Role of Technology in Education）在美国的基础设施基本完善的基础上，提出要在学校、图书馆普及高速宽带以及要重视教育公平，弥合数字鸿沟及其对应策略。该计划从学习、教育、领导力、评估以及基础设施建设五个方面，重新提出了数字化时代教育发展目标，制定了通过技术促进学习的国家愿景和计划。该计划提到，为了促进信息时代教育的变革，教育者需要掌握信息技术相关的知识和技能，充分利用技术以丰富学习环境；教育领导者需要创造一个共同的愿景，使技术更好地满足所有学习者的需求，并设计将愿景转化为行动的方案；学习者应该将教学评估嵌入数字学习活动中，以减少学习时间的中断。此外，通过技术实现的学习、教学和评估需要强大的基础设施，而基础设施的关键要素包括设备、高速网络，以及供教师和学生在需要时使用的数字学习内容等电子资源。②

---

① U. S. Department of Education, *Transforming American Education: Learning Powered by Technology*, Washington, DC: Department of Education , 2010, pp. 8 – 22.

② U. S. Department of Education, *Future Ready Learning: Reimagining the Role of Technology in Education*, Washington, DC: Department of Education , 2016, pp. 10 – 21.

（二）"国家教育技术计划"对美国基础教育的影响

美国五个国家教育技术计划是美国基础教育信息化发展的纲领性文件，对美国的教育信息化建设起着纲领性的指导作用。在计划的引领下，美国的基础设施建设、混合与在线教育、信息化教学应用、教师信息技术应用能力以及学生的信息素养均取得很大的成效，美国也因而成为为世界上基础教育信息化程度最高的国家之一。

美国教育数据中心对所有公立学校的教育技术情况进行了调查，官方发布的调查报告"美国公立学校中的教育技术"（Education Technology in U. S. Public Schools）显示，截至 2008 年，100% 的美国公立学校连接了因特网，78% 的学校有无线网，39% 的学校实现了无线网络的全面覆盖，70% 的教师接受了充分的教育技术应用培训，64% 的教师接受了信息技术与课程整合培训；2009 年的调查数据表明，69% 的学生具备利用信息技术学习、操练等基本技能，66% 的学生能利用信息技术开展研究，53% 的学生能使用图形图像工具。[1] 2011 年，美国商务部下属的国家电信和信息管理局发布的调研报告"探索数字化国家：家庭中使用电脑和互联网情况"（Exploring the Digital Nation: Computer and Internet Use at Home）显示，到 2010 年 10 月，77% 的家庭配置计算机，71% 的家庭连接因特网，68% 的家庭使用宽带连接。[2]

伊丽莎白等人在《美国的数字化学习政策：国家教育计划的内容分析》一文中对美国发布的四个计划进行实证内容分析，通过话语分析和辩证分析揭示美国重新建立在国际上的领导定位，制定国家教育政策的

---

[1]　L. Gray, N. Thomas, and L. Lewis, *Educational Technology in U. S. Public Schools: Fall 2008*, Washington, DC: U. S. Department of Education, 2010, pp. 7 – 12.

[2]　U. S. Department of Commerce, *Exploring the Digital Nation: Computer and Internet Use at Home*, 2016 – 11 – 20, See: http://www.esa.doc.gov/sites/default/files/reports/documents/exploringthedigitalnation – computerandinternetuseathome.pdf.

挑战和机遇。① 豪斯曼等人在《经济福利和电信监管：普及服务补贴的教育折扣政策》一文中，以电信法案为研究切入口，分析了政策的颁布动因，介绍了教育折扣政策的内容以及实施途径。研究发现，这一政策对改善美国中小学网络基础设施、推动数字化教学运用发挥了积极作用。② 普马等人的研究显示，教育折扣项目（E‒rate）对消除数据鸿沟发挥了积极作用，该项目对贫困地区的支持力度更大，高贫困地区的申请率要高于其他地区，最终达到弥合数据差距的目标。③ 贾伊格尔等人研究发现，E‒rate 项目给图书馆带来了便利，增加了公众从图书馆获得服务的机会，并为图书馆以及图书馆联盟提供了有效的支持和服务。④

二、"连接教育"（ConnectED）项目目标与实施

奥巴马政府实施"连接教育"项目有几大核心目标，即升级网速、弥合数字鸿沟、促进教育公平和提高教师信息技术应用能力等方面。项目的实施则是围绕这些目标展开。

① E. A. Roumell, F. D. Salajan, "The Evolution of US E‒Learning Policy: A Content Analysis of the National Education Technology Plans", *Educational Policy*, Vol. 30, No. 2, (2016), pp. 365‒397.

② J. Hausman, H. Shelanski, "Economic Welfare and Telecommunications Regulation: The E‒Rate Policy for Universal‒Service Subsidies", *Yale J. on Reg.*, Vol. 16, No. 2, (1999), pp. 19‒22.

③ M. J. Puma, D. D. Chaplin, A. D. Pape, *E‒Rate and the Digital Divide: A Preliminary Analysis from the Integrated Studies of Educational Technology*, Washington, DC: Access to Computer, 2000, p. 238.

④ P. T. Jaeger, C. R. McClure, J. C. Bertot, "The E‒rate Program and Libraries and Library Consortia, 2000‒2004: Trends and issues", *Information Technology and Libraries*, Vol. 24, No. 2, (2005), p. 57.

（一）升级网络连接，为学校提供高速网络服务

莫拉尔（Molanar）认为，奥巴马政府的"连接教育"在于鼓励学区为学校提供高速宽带互联网，促进教育技术在教学中应用。[①] 本（Ben Rawlins）则认为"连接教育"项目作为一种帮助弥合数据鸿沟的方式，能为美国学生获得下一代宽带提供机会。[②] 由此可见，改善学校网络连接水平是项目的首要目标。

1. 网络基础设施建设成就与问题

1996 年，克林顿政府颁布《电信法案》（The Telecommunications Act of 1996），作为法案的一部分启动了"教育折扣项目"（E-rate）。项目每年提供 39 亿美元资金，主要通过打折优惠的方式，向所有美国学校和图书馆，特别是贫穷和农村地区的学校和图书馆提供包括互联网接入在内的通信服务，折扣额度高达 90%，以帮助符合条件的学校和图书馆改善信息基础设施。[③] E-rate 项目帮助和确保了美国几乎所有的学校和图书馆连接了数字化世界。2005 年，美国所有的学校都能访问互联网，94% 的教室能访问互联网。2006 年，几乎所有的公共图书馆都连接上互联网，98% 的图书馆提供公共的互联网接入访问服务。

美国教育部在发表的《为未来学校做准备：为学习增加基础设备》报告中指出，经过联邦、州和地方政府的共同努力，全美几乎所有学校和图书馆已经接入互联网。然而，这种连接通常只能在学校办公室或计算机实验室中进行，不足以为美国的学校和教师提供必要的数字连接和

---

① Michele Molnar, "Broadband Benefits Touted for Districts", *Education Week*, Vol. 33, No. 4, (2013), pp. 21 – 23.

② B. Rawlins, *Mobile Technologies in Libraries: A LITA Guide*, Maryland: Rowman & Littlefield, 2016, p. 35.

③ Federal Communications Commission, *Universal Service Program for Schools and Libraries (E-rate)*, 2017 – 02 – 24, See: https://www.fcc.gov/general/universal-service-program-schools-and-libraries-e-rate.

工具，更无法满足学生上传高清多媒体材料、参加在线视频会议、供众多学生同步访问电子学习包等在线工具的需求。而学校缓慢的网速，对农村地区和资源缺乏地区的学生影响更大，他们不能享受教育技术带来的便利，与那些具有高速宽带网速的地区形成巨大的数字鸿沟，拉大教育差距。2010 年 4 月，联邦通讯委员会（FCC）公布的 E－rate 项目实施调查报告显示：80％ 的受访者表示他们的宽带连接不能满足使用需求，主要是网络连接速度缓慢；39％ 的受访者表示服务成本过高；56％ 的受访者期望实现或者扩大课本使用的电子化；45％ 的受访者期望实现学习移动化手持设备的使用。① 报告强调，E－rate 项目在图书馆和学校的互联网接入上取得较大成功，但网速缓慢问题没有得到解决，利用信息技术变革学习方式更是低于公众预期。②

2. "连接教育"项目的网络基础设施建设目标

出于完善数字化教育设施、创建数字化学习系统的考虑，美国各界广泛呼吁启动 E－rate 升级版。在此背景下，奥巴马政府于 2013 年 6 月启动了"连接教育"（ConnectED），承诺五年内让美国 99％ 的学生能够连接上高速互联网，缩减数字鸿沟，最大限度完善数字化教育设施。同时，联邦政府还配套实施了宽带技术机会项目（Broadband Technology Opportunities Program，简称 BTOP），为偏远农村地区提供网络连接服务，使处境不利学生也能参与到数字化学习的体验中。

虽然美国教育信息化基础设施建设取得了突出成就，但相关项目没有解决网速的问题，使偏远地区虽然拥有了基础设备，仍然不能及时获得教育资源。因此，ConnectED 项目对偏远贫穷地区尤为关注，致力于

① Federal Communications Commission, *2010 E－Rate Program and Broadband Usage Survey: Report*, 2017－02－28, See: http://transition.fcc.gov/010511_ Erate report.pdf.

② Federal Communications Commission, *2010 E－Rate Program and Broadband Usage Survey: Report*, 2017－02－28, See: http://transition.fcc.gov/010511_ Erate report.pdf.

提高上述地区的高速网络覆盖率，为偏远地区学生提供世界级教育资源和专家指导，以便缩小数字鸿沟。为了让学生获得先进的数字学习工具，学校需要升级他们的技术基础设施，以便将高速互联网接入到每个教室和教学场所。

因此在 ConnectED 项目启动时，奥巴马政府就配套实施了教育折扣项目（E－rate）现代化计划，提出要建立一个强大的数字学习生态系统，为美国学生做好未来学习的准备，承诺在五年内给学校和图书馆连接上高速的无线网，并为 99% 的学生提供下一代高速宽带（速度不低于 100 Mbps，目标速度为 1 Gbps）国家教育技术总监协会（SETDA）建议每名学生至少拥有 1 Mbps 的速度，这样的网速连接将使每个学生能够流传 10 分钟的高清视频。在这个速度下，1000 名学生可以实时播放 10 分钟的高分辨视频。

为了支持 ConnectED 项目升级计划，美国教育部设立了十亿美元专项；私营部门承诺提供移动设备、免费软件、教师专业发展和家庭无线连接等技术设备，总计超过 20 亿美元；博物馆和图书馆服务研究院也提供了资金支持。联邦通讯委员会（FCC）将启动 E－rate 项目的 20 亿美元基金投入"连接教育"项目并继续实施 E－rate 升级项目，通过提供基础设施投资来升级学校和图书馆的网络连接，改善开展个性化学习必不可少的无线宽带连接。

（二）提升教师能力，培养胜任数字化教育的合格师资

美国是最早明确提出"教育技术"名称的国家，以 1963 年美国教育协会的"视听传播"定义为标志，教育技术作为教育理论与实践的一个分支在美国正式产生。"连接教育"项目启动后，美国的教育技术进入了系统化、快速发展阶段，提升教师的数字化素养成为项目的又一重要目标。

1. 教师数字化能力培养早期探索与成效

美国较早开始了教师信息技术应用能力的专项培训。1999 年，美国联邦教育部启动实施了 PT3 项目（Preparing Tomorrow's Teachers to Use Technology），即"培训未来的教师使用技术"，该项目是针对职前教师提升教育技术素养而启动的大型资助项目。其目的是鼓励和扶持职前教师进行技术教育的创新实践，加速培养满足信息时代要求的高素质教师；研究、探索和推广成功的职前教师技术教育模式，以使未来的教育者精通教育技术，并能有效地将技术整合运用到教学中去，促进和改善学生的学习。项目自实施以来至 2006 年，已资助 500 多个教育技术应用与培训项目，受资助者包括学院、大学和各级各类教育机构中的职前教师，参与项目的教师占全美教师的半数以上，且收到了明显的效果。①

2010 年美国教育部发布了"转化美国教育：技术强化下的学习"报告，报告认为，"技术理解上的差距影响着项目和课程发展，影响着学校教育和信息技术的投入和购买决策，以及职前和在职教师的专业学习。"② 受此政策影响，两个与之相关的项目得以实施。一是关于 STEM（即科学、技术、工程和数学）教学，要求从事 STEM 教学的教师，在教学中促进学生在解决复杂问题的过程中理解知识内容。二是教师教育改革倡议（TEI）。在全国技术领导同盟（NTLC）和微软公司的资助下，出台了"为明天培养能够使用技术的教师"（PT3），项目每年投入 5 亿美元，资助全球教师在中小学校使用信息技术。

联邦通讯委员会 2010 年的一份调查报告显示，一半以上的受访教师认为缓慢的网速或不可靠的互联网接入妨碍了他们在教室中有效利用

---

① Leslie D. hall, Clint Fisher, Sandra Musanti & Don Halquist, "What Can We learn from PT3?", *Tech Trends*, Vol. 50, No. 3, (2006), pp. 25 – 31.

② U. S. Department of Education, *Transforming American Education: Learning Powered by Technology*, Washington, DC: Department of Education , 2010, p. 10.

技术。① 教师没有高速互联网设施，就不能参加全球性在线专业会议，不能与同行在线分享他们的教学视频，或者在上课时间内通过多媒体开展基于网络的探究学习，以及给予学生及时的反馈。

2. "连接教育"框架下教师数字化能力培养

"连接教育"项目启动后，美国教育部技术办公室（Office of Education Technology，简称 OET）发起了一项以提升中小学教师信息技术应用能力为目标的"连接教育者项目"（Connected Educator），最开始命名为"在线实践社区项目"（Online Communities of Practice），由世界著名的行为与社会科学研究评估组织美国研究所（the American Institutes for Research，简称 AIR）联合其他机构协调管理，并由国际知名专家组成的技术工作组指导实施。作为 PT3 项目和"技术创新挑战基金"（Technology Innovation Challenge Grants，简称 TICG）等项目的延续，该项目主要为培养适应数字化教育需要的合格师资，联邦政府主要通过资金投入、提供资源、技术指导以及项目研发等方式进行。除了要求各州根据《初等和中等教育法》为教师培训投入资金外，还设立专项经费资助这一项目。在2015—2016 财年的教育预算中，联邦政府投入 2 亿美元用于实施"连接教育者项目"，为所有学校的领导和教师提供设备和相关培训，帮助教育者掌握最新教学技术和数据化学习工具。②

一是为教师信息能力提升提供系统化政策支持。具体而言，"连接教育者项目"提供竞争性资金给地方教育机构，帮助教育者掌握个性化学习技术和数据使用技能，并优先资助设施水平低的地方教育机构。资金的提供根据需要灵活安排，包括培训教育工作者如何选择和使用高品

① Federal Communications Commission, *2010 E – Rate Program and Broadband Usage Survey: Report*, 2017 – 02 – 28, See: http://transition. fcc. gov/010511_ Erate report. pdf.

② U. S. Department of Education, *Fiscal Year 2015 Budget Summary and Background Information*, 2017 – 03 – 15, See: http://www2. ed. gov/about/overview/budget/budget15/summary/15summary. pdf.

质的数字内容；建立网络交流社区，强化家长、教师和专业网络间的合作，加强同行间的沟通；开发管理与反馈系统，为创新学生的评价方式开发新途径；为难以招到优秀教师的偏远学校，以及缺乏高水平课程的学校提供在线学习资源，让这些学校的学生有机会接受高水平专家的教学指导。为帮助教师有效利用学习资源，联邦教育部教育技术办公室开发了《为未来学习做准备：通过专业学习赋予教育者能力》工具包，指导教师如何使用在线社区和资源。

二是面向教育者设计网络学习空间作为交流平台。信息技术素养已被列为当前每一位学生的基本素养，而提高学生信息素养离不开教师的指导，教育者信息素养的高低直接影响着学校的信息技术教育质量。为提升教育者的信息技术整合教学应用能力，连接教育者项目采取了为各级各类学校教师提供获得技术支持、资源共享以及专家指导的网络空间学习方式，其中最具代表性的就是由美国国家科学基金会（NSF）资助成立的"服务所有教师的计算机科学"（Computer Science for All Teachers，简称CSAT）社区，由美国研究所（AIR）管理，为所有参与连接教育者项目的教师，以及致力于中小学计算机科学教育的群体，按照参与者关注主题与兴趣组成讨论组，并最终形成的虚拟网络学习空间。

CSAT 社区为教师提供能互相连接的虚拟网页，以及教师在课堂上有效运用信息技术所需的资源和专业知识。在专家团队和计算机专业人员的支持指导下，教师可以在帮助页面获得需要解决问题的答案，再小组分享经验，参与在线资源搜索活动，以及从同行中了解学习新的教学策略。社区为不同层级学校的教育者定制不同的学习方式。如在小学组和中学组，社区为在6—8年级任教的中小学教师提供论坛，讨论在课堂教学中整合运用计算机技术的创新方法；为在高校从事计算机科学与技术等课程的教师提供实践指导机会。为增强网络学习空间的参与度，专门针对女性、有色人种学生以及残疾人设计特殊问题以开展研讨交流活动。

　　三是通过 "连接教育者月活动" 支持教育者实践运用。为了扩大教育者参与面，增强在线专业体验，美国教育部实施了 "连接教育者月活动"（Connected Educator Month，简称 CEM），为教育者形成信息技术实践能力提供实作机会，让教育工作者深度参与链接学习，激发和支持团队协作式专业发展。联邦教育技术办公室主任理查德·库拉特（Richard Culatta）说："CEM 为全国所有教育工作者提供了一个加入充满活力的教师和领导者社区，使用科技重新思考教学的机会。"① CEM 以长达一个月的在线会议开始，包括集中指导、项目活动，以及记载活动过程的日历。活动包括在线研讨会、微博聊天、论坛讨论以及基于个人需要和兴趣的博客讨论活动。在 2012 年 8 月启动的首次 CEM 活动中，有 170 多个教育组织参与，举办了 450 余项活动，教育工作者在一个月内完成了约 9 万小时的专业学习，每天有 140 万次的浏览量，网站点击率超过 25 万次。②

　　为了让新加入的教育者更好地参与相关活动，消除新手教师对技术、活动以及项目的不适应，CEM 项目还实施了一些专题项目，为教育者参与活动和社区实践提供支持。如 "连接教育者书籍俱乐部" 旨在为参与网络学习较少的教育工作者提供丰富的网络学习经验，并让他们在一起讨论。"链接学习联盟" 则通过在线研讨会、实时聊天、课堂开放日、教学比赛、设立专门奖项等方式，研讨学生创造性学习的策略，分享全球移动学习的最新动向。CEM 为在不同教育层次、学习环境、学科内容、地理环境中工作的教育者提供了相互分享和学习的机会，帮助他们获得最新信息与可借鉴的案例。CEM 的配套实施，使连

---

① ConnectED, *Office of Career, Technical, and Adult Education*, 2016 – 11 – 21, See: https://sites.ed.gov/octae/tag/connected/.

② Office of Educational Technology, *ConnectEDucator Month Report: Learning With Connected and Inspired Educators*, 2017 – 05 – 11, See: http://ConnectEDucators.org/wp – content/uploads/2013/02/Connected – Educator – Month – Report – 2012.pdf.

接教育者项目能具体落实到教育者的日常工作中，为教育者提升信息技术与教学整合能力提供持续支持。

3. 引入专业机构支持教师提升"互联网＋"条件下的教学技能

美国各类营利与非营利组织积极参与，帮助教师提高"互联网＋"时代的教学技能。"K－12在线学习国际协会"（International Association for K－12 Online Learning，简称 iNACOL）对于在线教师的专业发展制定了专业的培训计划，并在培训结束后评估其性能。"全国虚拟高中联盟"（Virtual High School Global Consortium）要求全国范围内新任职的在线教师，必须完成一个为期十周的关于怎样进行网络教学的研究生课程，课程包括如下模块：教师如何理解每个学习者；教师与学生的互动交流技巧；教师 web2.0 和 21 世纪技能；如何修改互动课程，以便满足每个学生的需求；教师与学生发邮件沟通的技能；网上授课时间管理技能等。[①]

为响应联邦政府号召，苹果公司于 2016 年 9 月发起了"苹果教师项目"（Apple Teacher）。根据教师的专业和技能水平，为教师设计个性化专业发展方案。在指导者的引领下，教师可以独立使用苹果网站上的教育资源，教师可以在网站上学习使用 Mac 和 iOS 工具，指导教师将这些技术工具运用到课程教学中。培生教育出版集团（Pearson）则为教师提供了一个名为"助力教师"（Power Teacher）的课堂管理软件，目前全球已有超过百万的教师在使用。此外，培生教育出版集团的技术整合职业发展项目专门为教师提供培训，旨在培养丰富技术环境下教师的教学设计和课堂管理能力，提高教师使用交互白板促进跨年级和跨学科领域的教学实践能力，提高学生的参与度，改善学习效果，促使教师应用其所学到的课程活动和数字化工具。

---

① INACOL, *Management and Operations of Online Programs*, 2015 – 6 – 1, See: http://files. eric. ed. gov/fulltext/ED509622. pdf.

（三）引导企业参与，全方位开发数字化教育资源

奥巴马总统在 2013 年发表 ConnectED 项目启动宣言时，就鼓励和呼吁更多的教育技术公司研发 K - 12 数字化教育产品，为所有学生提供一流的学习设备和高质量的学习内容，为美国学生的未来教育做准备。行业企业的参与主要体现在教育设备、新技术指导以及支持数字化教育内容等方面，为开展个性化学习奠定资源基础。其中，教育设备的研发以学生的需求为主，功能丰富且比传统教材更具有价格竞争力；新技术的指导能让学生在数字化时代获得新的学习资源，自主查阅世界各国或者美国的顶尖教育资源，最终获得全球范围内的发展机遇；而提供符合美国各州学业标准的数字教育内容，则为学生上传和及时更新教育内容提供机会，不仅有助于提高学生的知识应用能力，还为美国的就业以及教育产品的出口提供了机会。企业强大的教育软件市场能够激发教育的潜力，主要任务在于帮助学校开发适合学生学习需求和教师教学需求的教育软件。

很多企业以实际行动支持了奥巴马政府的 ConnectED 项目。教育设备支持方面，美国著名通讯公司 Sprint 在 2014 年承诺，将为美国 5 万名 K - 12 学生提供移动宽带以帮助他们享受无线服务，随后为家中没有互联网设备的一百万高中学生提供新型数字化设备和配备四年的移动宽带连接。技术指导方面，著名电脑软件公司欧特克（Autodesk）向美国的所有中学免费提供价值超过 2.5 亿美元的 3D 设计项目"设计未来"；美国在线教育龙头公司的 Coursera 在 2015 到 2016 年，为在职教师提供免费在线专业发展培训，包括帮助教师获得 Coursera 证书的机会，而获得该证书是在该公司从事在线教育的必备条件。数字教育内容方面，美国电子签名创业公司 EchoSign 为学校和教师培训提供培训资源，欧莱礼媒体公司（O' Reilly Media）则与 Safari 图书在线合作，为美国各学校免费提供超过 1 亿美元的数字化学习内容和工具。

　　"甲骨文教育基金会"（Oracle Education Foundation）设计了"思考探索"（Think Quest）在线学习平台。平台由项目、信息、资料库三部分内容组成，当申请加入某一项目后，就可以自由加入某一具体项目团队或自己邀请别人组成团队，然后共同实现创意、设计，最终的成果是开发一个教育网站，形成网络学习资源库。该平台是以学生为中心、以网络为基础、基于项目的学习，目前100多个国家的10万多名学生和教育工作者参与了该项活动，让教师熟悉并实践基于互联网的创意教学。

　　福特公司开发的"高级研究伙伴"（Partnership for Advanced Studies）课程是一项跨学科的、职业导向的课程，课程以项目为基础，在学术性教学中融入职业规划与技术教育内容，包括教育产品设计与开发、全球教育动态、世界经济、商业计划、个人财务等20多个模块，以帮助教师掌握新的教学技巧，以适应未来工作需要。

三、"连接教育"（ConnectED）项目的运行机制

　　ConnectED项目实施过程中采取政府顶层设计、私营企业运营以及地方学区支持的运行模式，并在项目实施过程中成立管理机构、搭建交流平台、落实学校责任等方式，保障项目顺利实施。

（一）政府统筹：保障经费与政策跟进

　　"连接教育"项目的实施，是教育系统数据驱动文化构建的过程，实质上是一个新的教学文化实施的路径选择问题，需要政府在基础设施建设、经费保障以及政策规范上跟进。

　　1. "连接教育"项目实施的基础保障

　　早在克林顿政府时期时，联邦政府就提出通过"高速公路"战略实现教育信息化的发展目标。美国教育部相继颁布的五个国家教育技术计划也一直在致力于依托信息技术变革美国教育。1996年，美国联邦

通讯委员会（FCC）在 "普通服务基金"（Universal Service Fund）资助下启动了 "学校和图书馆项目"（Schools and Libraries Program），也就是广为人知的 "教育折扣项目"（E – rate），这个政府项目为美国大学和图书馆提供电子通讯设备和互联网接入服务，保证了美国 97% 的学校和图书馆接入了互联网，E – rate 项目为图书馆和学校接入的宽带网速和普通家庭一样，而学校的用网人数大约是家庭的 200 倍。[①] E – rate 项目提高了学校的整体技术能力，但不能解决教学中如何运用信息技术的问题，也不能承受移动设备、无线系统和在线考试的激增带来的压力，满足不了美国未来教育的需求。基于此，奥巴马政府启动了 ConnectED 项目，并将提高网络宽带水平、提升教师信息技术运用能力、推进信息技术与教学融合设定为项目核心目标。

2. "连接教育" 项目实施的经费保障

在资金投入面，联邦通讯委员会（FCC）在 2014 年 7 月将 "E – Rate" 项目更名为 "E – rate 现代化序列"（Modernization Order），置于 ConnectED 项目之下，着力改善图书馆和学校的无线网络连接。时任总统奥巴马在 2014 年 2 月发表讲话，宣布已经有超过 100 亿美元投资于该项目，以改革美国的教育。联邦通讯委员会决定，为学校宽带建设投入双倍资金，每年投入 15 亿美元作为年度基金，并在 2014 年和 2015 年专项增加 20 亿美元的投入，这项措施将使 1.5 万所学校改善数字化教学水平，2000 万名学生拥有无线网络并享受数字学习。[②] 与此同时，联邦教育部还与专业协会合作，指导各地推进教育信息化工作。2015 年，教育部与 "卓越教育联盟" 合作，在全国举办了 12 次区域教育峰

---

① The White House, *Obama's ConnectED: Training Students to Meet the Needs of Corporations*, 2017 – 02 – 22, See: https://www. whitehouse. gov/issues/education/K – 12/connected.

② The White House, *Obama's ConnectED: Training Students to Meet the Needs of Corporations*, 2017 – 02 – 22, See: https://www. whitehouse. gov/issues/education/K – 12/connected.

会，指导地方教育部门实施 ConnectED 项目。美国教育部下属教育技术办公室颁布了《未来学习的准备——重新设想技术在教育中的作用》和《为未来的学校做准备：为学习增加技术基础设备》等指导文件，指导地方学区和学校有效推进数字化学习。

2016 年，美国联邦政府投入 2 亿美元国家教育补助金，资助"连接教育"（ConnectED）计划。基金将支持教育工作者提供高质量的、开放的数字化学习资源和内容；使用广泛的设备和数字工具，包括那些有关新型评估方式的工具；使用实时数据个性化学习；利用技术来提高家庭和教师的参与度，并向在农村地区或其他落后地方工作的教师提供相关专业科目培训。①

3. "连接教育"项目实施的政策保障

通过为师生提供软硬件资源，允许学生学习经认可的教育机构提供的单一或系列课程，促进个性化整合等方式，推广基于"互联网 +"的新型教学方式，是近年来美国联邦和州政府的政策重点。如 2012 年出台的《阿拉巴马领先法案》（HB165）规定，州内所有公立学校需要为 9—12 年级师生提供电子教材和平板电脑，而亚利桑那州、明尼苏达州、佐治亚州、堪萨斯州等四州都相继出台法规，鼓励辖区内学生广泛参与新型数字化学习。其他如佛罗里达州等亦建设有相应的课程选择项目，以允许学生从州认可的多个在线课程供应机构中选择课程供应商来扩大在线学习选择，而这种面向学生个人的，以课程为基础的数字化学习个性化整合选择是当前美国基础教育发展与改革中的突出特点。表 3.1 概括了当前代表性政策对推动"互联网 +"时代教学创新有重要影响的代表性政策。

---

① Office of Education Technology, *Enhancing Education Through Technology (EETT): Supporting Teachers in Creating Future Ready Classrooms*, 2015 – 06 – 03, See: http://tech. ed. gov/eett/.

表 3.1 当前代表性政策及其对"互联网＋"时代学习创新的影响

代表性政策	政策性质	政策实施情况	对在线学习的影响
初等与中等教育法案（ESRA）	联邦层面政策，被重新授权	国会正审查议案，是否通过前景不明朗	ESRA 明确了各州对学校的责任，部分州基于 NCLB 获得联邦资助，法案的重新授权将强化责任制、灵活性和创新性等要求
共同核心州立标准（CCSS）	部分州发起，联邦教育部鼓励	42 个州引入这标准，一些州考虑改变或否定	推动各州开发和使用在线课程，许多州实施大量专业发展时间以理解标准，在有限的时间内帮助教师掌握在线学习指导技巧
共同核心联合测试（Common Core‒aligned Assessments）	两个在线教育联合体发起，联邦资助	截至 2015 年夏季，42%的在线学生来自联合体成员州	各州开展的测试进一步强化了州对责任制的强化。除了州对于责任制的强化外，一些家长联合抵制州测试，弱化了测试的影响，以及州和联邦对学校的监管作用
教学资格证书（Teaching Certifications）	州政策	多数州要求教师具备在线指导资格	向一些州提供课程和教师的供应方必须同州合作，满足各州的要求。这很费时间，也会减少学生的在线课程选择权
数据隐私（Data privacy）	州和联邦政策	46 个州引入了 182 项法规文件，15 个州通过相关立法	虽然多数法规文件对在线学习没有负面影响，一些关于数学分享的条款很难在在线学习环境下师生。另外，对数据隐私问题越来越强调

（二）企业支持：保障产品与资源供给

奥巴马政府在启动 ConnectED 项目时，呼吁私营部门通过公私伙伴关系提供援助和开展师资培训。教师、地方学校官员、国家教育领导人、数字化学习专家和来自全国各地的企业认可了奥巴马总统的愿景。截至 2015 年底，私营公司累计为学校和图书馆提供了超过 20 亿美元的商品和服务，用于支持 ConnectED 项目。这些资金极大改善了美国学校和图书馆的网络连接水平，超过 2000 万学生将享用新一代宽带和无线网服务。①

1. 开发数字化教育资源

在数字化产品开发与服务方面，K12 公司和培生教育集团是当前美国的两大代表。K12 公司通过国际在线教育平台为用户提供 K – 12 课程和教育服务。该公司在国际在线教育上的投资已超过 1.8 亿美元，用以完善课件、技术和系统，并保持其可升级。截至 2016 年 8 月，K12 公司为全美 29 个州和哥伦比亚特区公立学校学生提供在线教育服务。就全球范围来讲，目前有 70 多个国家超过 11.8 万名全日制和非全日制的学生在 K12Inc. 平台上注册学习。②

培生教育出版集团是目前全球最大的数字化教育资源提供商，公司开发了数字化教育课程和学习管理系统，为小学、初中、高中以及职业教育的学习者提供个性化的学习资源，追踪每一位学习者的学习进度，诊断学习者在学习过程中存在的问题，并为其提供进一步的服务。培生教育出版集团提供的数字化学习支持服务包括：数字化教学、学习管理系统、核心课程产品（包括阅读/语言艺术、数学、科学、社会学、世界语言等 5 类课程）、补充性课程（包括大学预修课程、艺术、音乐、职业和技术教育、大学和职业准备等 5 类课程）、混合和虚拟学习、电子书、教学工具、教师培训和教学支持、K – 12 互操作性服务支持等。在培生教育出版集团所提供的课程中，高中阶段的课程占绝大多数，其开发的电子书主要为 9 – 12 年级的学生设计，采用 iBook 格式。目前，培生教育出版集团已经支持了全美 20 多所虚拟学校，这些学校运营状

① The White House, *ConnectED*, 2017 – 03 – 08, See: https://obama. whitehouse. archives. gov/issues/education/K – 12/connected.
② K12Inc, *2016 K – 12 ACADEMIC REPORT*, 2017 – 08 – 05, See: http://www. k12. com/sites/default/files/pdf/K12 – Academic – Report – 2016 – 111516. pdf.

况良好。

其他一些在线教育公司或非营利性组织也积极开发相关数字化产品。以 EdX 为例，2015 年 9 月，EdX 向高中生公布了 20 多门慕课课程，计划提供 40 多门高中和大学预科课程，包括一门名为"大学录取选择之路"的学业指导课程。另一家营利性公司 Instructure 在 2015 年 8 月为幼儿园到高三学生以及教师提供了 10 门课程，并将此平台称之为帆布网络（Canvas Network）。其中"火星：下一个科技前沿"课程是为 14 岁到 18 岁的学生设计的，还包括"内战时代""镀金时代到咆哮的 20 世纪"以及"大萧条到反恐战争"等历史课程。

2. 提升教师信息与数据素养

私营企业除了提供硬件设备、服务软件外，还投入资金用于教师信息技术培训，培养适应数字化学习需要的高质量教师。如 Adobe 公司在 2014 年开始向教师和学生提供超过 3 亿美元的免费软件，包括 Photoshop 和用于创新项目的视频编辑软件 Premiere Elements，到 2016 年时已经为 1450 多所学校超过 95 万名学生和教师提供了具有创意的电子学习软件，并向超过 20 个学区推出了 Adobe&ConnectED 计划，将继续寻求新的方式来帮助教育工作者。苹果公司在 2014 年投入 1 亿美元开发电子教材和学习软件，2016 年苹果公司的 ConnectED 帮助了 29 个州的 114 所学校教师和学生学习使用 Ipad 等苹果硬件，涉及 4000 多名教师和 5 万多名学生。美国环境系统研究所公司（Esri）在 2014 年时面向全美 K - 12 学校提供了免费使用该公司开发的地理信息系统测绘技术 ArcGIS，供学生类聚和分析数据使用。2016 年，Esri 的 ConnectED 计划使超过 4000 个学校的 20 多万学生可以使用专业的在线 GIS 系统来做项目，并将提供更多工具和学习材料支持 ConnectED 项目实施。①

---

① Charlie Fitzpatrick, *Success in the First Year of ConnectED*, 2017 - 02 - 23, See: http://www. esri. com/ ~/media/Files/Pdfs/news/arcuser/0615/success - in - the - first - year - of - connected. pdf.

（三）学校推动：保障项目与措施落地

学校是有计划、有组织、有系统地进行教育教学活动的重要场所，是现代社会中最普遍的组织形式。[①]"连接教育"项目是一项复杂且需要实际运用的项目，学校所拥有的独特优势及其责任赋予了项目实施保障与落地角色。

1. 签署支持项目开展的承诺

2014 年 11 月，奥巴马总统主持召开"ConnectED 对未来教育作用"的峰会，与会者有地方教育行政负责人、学校校长和其他教育工作者，他们将肩负起推动所在学校和地区向数字化学习过渡的责任。与会学校共同签署了"为未来做好准备的学区承诺书"，要求学校在以下方面做出承诺：学校领导致力于学校数字化学习；帮助学校和家庭获得高速网络连接；为教师提供信息技术的专业学习机会；为学生提供高质量的学习设备；指导其他学区并帮助适应数字化学习。着眼未来教育的 ConnectED 项目由此进入到学校实施层面。

签署"为未来做好准备的学区承诺"，就是要求各地方学区和学校为 ConnectED 项目的实施提供支持。通过签署这一承诺，管理者认识到有效使用增加连接和新设备对改革教学和学习的迫切性，以及学校与地区培养师资的重要性。为指导学区和地方落实峰会成果，联邦教育部牵头开通了专门官方网站，出版了《为未来学校做准备：通过专业学习赋予教育者》工具包和《为未来学校做准备：为学习增加基础设施》的技术援助指南。工具包侧重于指导学区如何使用技术来提升教育工作者专业素养，并为学生提供适合他们自己的专业学习体验；技术援助指南则提供了学校改进技术基础设施的成功案例。签署承诺的学校将定期组织峰会对教育工作者进行培训和讨论交流，保障 ConnectED 项目在学校

---

① 劳凯生：《重新界定学校的功能》，《教育研究》2000 年第 8 期。

层面产生实效。

2. 与在线教育机构构建合作关系

美国目前多数州有地区和州级的教育机构作为数字化学习服务提供方，提供在线课程、专业发展、技术工具和教学设计支持等服务。在没有虚拟学校的州，地区性服务机构扮演了重要角色。在纽约州，教育服务合作委员会（Boards of Cooperative Educational Services，简称 BOCES）与州教育局合作，提供在线课程与服务。纽约州远程学习联盟（New York Distance Learning Consortium）目前共有 29 个 BOCES，其中"维恩手指湖"（Wayne Finger Lakes）和"南部层级"（Greater Southern Tier）是纽约州主要的在线教育提供方。印第安纳州则有好几个数字化教育提供机构，其中印第安纳在线学院（Indiana Online Academy）是最大的在线教育提供方，2014 年夏季到 2015 年春季，来自 166 所各类学校的学生共注册了 18896 门在线课程。印第安纳学院自己组织学科专家和技术人员，按照"质量问题体系"的 8 个标准开发在线课程。在明尼苏达州，"北部明星在线"（Northern Star Online）包括 15 个独立学区和 4 个地区性服务机构，2014—2015 学年该州 2000 名高中学生在线注册了4000 门在线课程。[①]

美国雪城大学（Syracuse University）开发的"进步项目"（Project Advance），理海大学（Lehigh University）推出的"点击者项目"（Clipper Project），学生可以通过网络学习获得进入大学的学分。阿普斯学习公司（Apex Learning Inc.）、柏拉图学习公司（Plato Learning Inc.）、佛罗里达虚拟学校（Florida Virtual School）、佐治亚虚拟学校（Georgia Virtual School）提供网上学习课程，基于 ICT 技术提供教育服务成为"互联网＋"时代教育创新的发展趋势。

承担数字化教学任务的教育机构也积极构建与家庭、学校间的良好

---

① Evergreen Education Group, *Keeping Pace with 12 Digital Learning: An Annual Review of Policy and Practice*, Washington, DC: Evergreen Education Group, 2015, p. 87.

合作关系。"佐治亚网络学院"（Georgia Cyber Academy，简称 GCA）为减少学生中途辍学率，成立了一个一个的"家庭学术支持团队"（Family Academic Support Team），充当学生、家长、教师、学校管理者之间的沟通。在佐治亚州立法会的支持下，GCA 实施了"双入学项目"（Dual Enrollment Program），在线学习的学生可以免费参加这一项目，由于这一项目可以更灵活地安排以后的大学课程学习，因此受到了学生的热烈欢迎。

3. 探索"互联网＋"背景下的新型教学

各学校与地方教育当局和专业机构合作，探索"互联网＋"背景下的新型教学。2009 年，纽约市教育局发起了"个人化学校"（School of One）实验项目，项目以信息技术为依托为学生创造个性化的学习环境，为每个学生基于个性特长制定课程与学习计划。项目包括纽约布鲁克林、曼哈顿地区的 6 所学校，被时代杂志评为"2009 年度 100 大创新事件之一"。对参与该实验的学生的测评显示，他们相比没有参与该实验的学生取得了更好的成绩。① 华盛顿州为辖区内公立学校引入了"菲斯创新"（Facet Innovations）开发的自动化学业测试（Diagnoser）系统。系统目前开发了数学和科学两个学科，学生在电脑上完成测试题目后，系统自动收集学生的测试结果，教师据此了解学生的学业状况并进行有针对性的教学。

一些非营利性教育机构也在积极推动学校教学创新，包括新技术网络（New Tech Network）、波士顿艺术学会（Boston Arts Academy）、费城科学领导学会（Science Leadership Academy in Philadelphia，简称 SLA）等机构开展了"数字化作品集"（Digital Portfolio）试验，学生在学校网页上提交个人作品或设计，记录并评价学生的学习表现。其中，费城科学领导学会（SLA）向学生提供全程的中学网络学习。当学生在

---

① Charles Linn, *School of One, Architectural Record Schools of the 21st Century*, 2014 – 09 – 25, See: https://www.ambico.com/21st – century – ambico/.

这所学校注册后，将会获得一名专业的指导者。9 年级时重点是高中学习的转换，10 年级和 11 年级是高中阶段课程学习，12 年级时将围绕大学准备和申请开展。学生和指导者每周两天进行面对面教学，其余时间通过网络学习，随时随地与指导者进行沟通。

四、“连接教育”项目的成效与挑战

ConnectED 项目启动实施以来，在各部门的支持下基本实现了奥巴马政府让美国学生进入数字化学习时代的目标，但数字鸿沟、教育公平等世界性教育问题仍然存在。

（一）“连接教育”项目取得的成效

ConnectED 项目在政府扶持、私营企业资助和学区支持的三环一体运行模式下取得了瞩目的成效。2016 年 12 月，白宫发表的《链接：实现了数字学习的诺言》报告，从网络连接升级、教师培训和私营企业的创新以及成功案例四个方面介绍了 ConnectED 项目取得的阶段性成效。[①]

一是网络连接升级。项目提高了高速互联网在教室和图书馆的比例，缩短了数字鸿沟。亚利桑那州、加利福利亚州、特拉华州等 19 个州推出了相应的实施计划，支持和引导各地区使用高质量教育资源。2015 年美国的国家高速公路报告显示，“连接教育”项目自 2013 年实施开始已经有超过 20 亿学生和 1.4 亿的教师能够获得高速宽带进行学习和工作。经济顾问委员会 2016 年 2 月向国会提交的美国总统年度报告中提出，奥巴马政府启动的“连接教育”项目在弥合数字鸿沟的同时增加了美国的就业率，提高了美国的经济水平和国际综合地位。截至

---

① The White House, *ConnectED: Realizing the Promise of Digital Learning*, 2017 – 02 – 21, See: https://obamawhitehouse. archives. gov/sites/default/files/docs/fact – sheet _ connected_ realizing – the – promise – of – digital – learning. pdf.

2015年6月，高速宽带在学校教室中所占比例从30%增加到77%，惠及2000多万学生，专门用于全美1万多所学校和500多家图书馆的无线网络和高速宽带建设的资金达4.7亿美元。在图书馆建设方面，非营利组织和图书馆已与出版商合作，为低收入学生提供超过2.5亿美元的电子书阅读材料。[①]

二是教师培训。美国教育部教育技术办公室开通了面向未来教育工作者的个性化专业学习网站，旨在分享创新方法，促进技术与教育的整合性支持学习。截至2015年12月，全美有3100名学区负责人、超过19万名学生代表签署了支持教师开展数字化学习的承诺，25个州和华盛顿特区推出了教师信息技术能力培养专项计划。

三是私营企业的创新。包括微软、苹果、Adobe、Coursera等知名公司面向全美学生提供了数十亿美元的硬件、软件和教育产品，超过500万名学生从中受益。

四是成功案例。威斯康辛州的凯特学区（Kettle Moraine）为教师提供了专业化学习机会，纽约市布鲁克林实验室章程学校（LAB）在开发个性化学习平台等方面，均取得了非常突出的成绩。美国环境系统研究所公司（Esri）开发了地理信息系统（Geographic Information System，简称GIS）软件，指导、帮助教师和学生注册并使用软件，受到广大师生的欢迎。

总体而言，教师、学生、教育管理者、社会管理者等群体都从该计划中获益。教师能够获取更加全面、丰富的数据信息，能够了解何种教育方法对学生最有效，学生可能在哪些方面需要额外帮助。在数据的基础上，教师能够根据不同孩子的需求和学习风格来设计个性化的教学，

---

① The White House, *FACT SHEET: ConnectED: Two Years of Delivering Opportunity to K–12 Schools & Libraries*, 2016–11–26, See: https://www.whitehouse.gov/the – press – office/2015/06/25/fact – sheet – connected – two – years – delivering – op-portunity – K – 12 – schools.

将学习变成个性化行为，更好地满足每个学生的需求，促进每个学生的学习。学生则可以得到教师更好的指导和支持，进而提高学业成绩。对于管理者来说，这一计划大大提高了他们的工作效率，他们只需要通过互联网就能很快地获取学生和教师记录，从而更快、更有效地与新学生建立联系，帮助新教师适应新的教学环境。而对于社会管理的研究者和政策制定者来说，他们则能够通过该计划了解到学生的学习趋势和结果，从而形成对基础教育的科学认识，最终达到改进公共政策、增加政策透明度的目的。

（二）"连接教育"项目面临的挑战

尽管取得了不俗成绩，但 ConnectED 项目仍然存在诸多局限，未来也将面临诸多挑战。弗兰克（Frank Smith）从费用、效率、信效度、日益增长的数字需求、基础设施、无线网连接以及校外互联网设备等七个方面详细指出项目面临的挑战与不足。[①] 概况而言，主要包括以下方面：

一是数字鸿沟仍然存在。项目目前着力解决的是不同地区和学校间互联网设备和网络接入情况等方面的硬件差距，但是在有效使用信息技术构建数字化教育方面的软件差距仍然存在。ConnectED 项目在网速、电子设备上着力为美国学生提供保障，但是对残疾学生、母语为非英语学生、处境不利家庭学生、农村偏远地区学生等弱势群体尚缺乏有针对性的支持措施。随着数字内容变得越来越重要，联邦用于基础建设的资金现在也要用来支持教学和学习。因此，资金的获得变得越来有竞争性，目前竞争性经费的比例已经超过总数的 50%，这将人为造成学校

---

① Frank Smith, *7 Challenges in Meeting ConnectED Goals*, 2016 – 12 – 23, See: https://edtechmagazine.com/k12/article/2014/11/7 – challenges – meeting – connected – goals.

间差距。①

二是教育质量改进不明显问题。以学生学业成就为例，托马斯（Thomas Hazlett）研究发现，全美现在的学校和图书馆几乎都已经接入了互联网，因此继续投资互联网接入对改善提高学生的学业成就是没有帮助的。通过对北卡罗来纳州学生学业成就的实证研究表明，教育折扣项目（E - rate）虽然提供了基础设施，但对学生的学业成就贡献不大。因此，研究者认为奥巴马总统的连接教育项目在高速宽带上的投资不能够帮助美国学生改进学业成就，也不能实现使每个学生获得世界级学习水平的愿景。②

三是数据隐私问题日益严峻。项目为学生利用信息技术开展个性化学习提供了空间，但学生在开展数字化学习过程中，也会带来相应的学生数据泄露和隐私侵犯问题。除了提供资金保障、技术支持和教育资源外，在学生数据隐私保护方面还面临着系列挑战。2016 年 2 月，白宫发布《网络安全国家行动计划》（Cybersecurity National Action Plan，简称 CNAP），提高联邦政府内部乃至整个美国的网络安全，主要措施包括成立"国家网络安全促进委员会"（Commission on Enhancing National Cybersecurity），升级已过时或难以维护的政府 IT 和网络安全管理基础设施，设立联邦首席信息安全官等措施，可看作是联邦层面对学生隐私保护和网络安全的部分回应。

四是政策延续性问题。ConnectED 项目是奥巴马政府着力推动的联邦项目，随着特朗普总统的上台，该项目能否长期实施目前尚不明晰，私营企业能否持续投资与支持也是一个未知数。

---

① J. Frechette, *Media Education for a Digital Generation*, New York: Routledge, 2015, p. 23.

② Thomas Hazlett, *Obama's Misguided Plan to Connect Schools to the Internet*, 2016 – 08 – 23, See: http://www. politico. com/agenda/story/2016/08/stop – spending – money – connecting – schools – to – the – internet – 000191.

　　ConnectED 项目在政府领导、企业参与和学校支持三环一体的保障下获得了初步成功，为美国学生适应未来的数字化教育奠定了基础。学校高速宽带的获得，给学生创造了协作远程学习的机会，无论学校学生规模大小或者学校所在区域多远，所有学生都将能获得高水平专家指导与优质教育资源的机会。依托信息技术，师生之间能够更有效进行学习互动，教师能即时诊断学生学习情况并调整教学策略，最终根据大数据分析为学生定制个性化学习方案，父母也能即时了解学生学习状况并参与教育过程。但正如奥巴马总统所说："技术并不是一个万能良方，我们只是把它作为一种有价值的工具，来帮助我们思考和解决教育问题"，项目实施过程中也存在着诸多有待完善与解决的问题。总体而言，当前美国实施的 ConnectED 项目对我国缩小教育数字鸿沟、促进优质教育资源共享、推进信息技术与教学融合等方面具有较强参考价值。

第四章

创新形式：在基础教育阶段推行在线学习

　　"在线学习"（Online Learning）是伴随着互联网技术的飞速发展，在传统学校面对面教学之外兴起的一种新型远程教育方式。在线学习因其在推进信息技术与教学融合、培养学生信息化环境下的自主学习能力等创新，受到国内外的热情关注，是科技发展支持教育变革的又一体现。本章以美国 K – 12（从幼儿园到 12 年级）在线学习为对象，梳理美国在线学习的政策与实践经验，以期对引导我国在线学习的发展有所助益。

一、在线学习内涵与基本模式

　　在线学习作为新兴发展的教育形式，不仅仅是一个静态的概念，它不仅融合了网络和信息技术，还将社会文化、意识形态、价值取向、社会交往等因素考虑到在线学习理论研究的范畴之内。①

（一）在线学习的内涵与理论基础

　　基于建构主义学习理论的基础，许多学者对于在线学习的内涵进行了建构，如熊藤（GwoHsiung, Tzeng）等人认为，在线学习是将教育与互联网技术相结合，以实现增大知识量、加速信息传递、提升知识转换

---

① N. Vargas, Tian Xuemei, "E – Learning: Much More Than a Matter of Technology", *International Journal of E – Education, E – Business, E – Management and E – Learning*, Vol. 3, No. 3, (2013), pp. 277 – 275.

和交换效率的目的，并最终产生和建构新的知识。孙（P. C. Sun）认为在线学习充分发挥了学习在现代社会中的作用，在知识的创造过程中，学生、课程、教师、技术、网络系统和网络环境是 6 大关键因素。麦格雷戈（G. Macgregor）等人认为在线学习是借助互联网传播和提供一整套知识解决方案，从而达到创造知识并提高知识所带来的绩效的过程。①

基于行为与认知理论，鲁伊兹（J. G. Ruiz）认为在线学习可以帮助学习者控制学习内容、学习顺序、学习进度和学习时间，并能够按照他们自己的经验，来达成个人的学习目标。② 而博兹（A. Boedes）则强调计算机的广泛应用大大提升了人们的复杂计算能力，在线学习的方式将赋予我们更大的行动空间和更广泛的思维空间，并大大提升我们的认知能力。舒胜（Liaw, ShuSheng）将自我效能感作为影响在线学习者满意度的一个关键因素，认为感知有用性和感知的满意度都将影响学习者使用在线学习系统的意愿。

另一种技术倾向的在线学习学派将技术作为其理论基础。亨利（P. Henry）认为在线学习是互联网应用程序支持的学习，其知识和技能的触底并不局限于任何一种全面的特定课程、技术或者基础设施。麦康奈尔（D. McConnell）认为在线学习是指能够在不同的地理位置和网络基础设施环境中，以集成直观的方式和吸引人的用户界面，支持人们个性化和定制化学习的能力。菲尔德（R. M. Fellder）和司伟曼（L. K. Silverman）认为一个有效的在线学习系统，可以根据与学习者相适应的

---

① 龙三平、张敏：《在线学习理论研究的现状与趋势——基于 SSCI 数据库（1994—2013 年）的科学计量分析》，《远程教育研究》2014 年第 3 期。

② J. G. Ruiz, et al, "The Impact of E – learning in Medical Education", *Academic Medicine*, Vol. 81, No. 3, (2006), pp. 207–212.

分类尺度，来决定或适时调整他们接收适合信息传递的方法与过程。①

美国教育部的规划、评估和政策发展研究服务中心（Office of Planning, Evaluation, and Policy Development Policy and Program Studies Service）在 2010 年的一份报告中指出，在线学习这一术语不包括以印刷为基础的函授教育、广播电视或者收音机、录影带和没有显著独立基于互联网的教育教学程序软件。② 美国教育部在 2000 年度《教育技术白皮书》中对在线学习进行了清晰界定：（1）一种受教育方式，基于计算机而产生的新的沟通机制和人与人之间的交互作用；（2）通过互联网进行的教育教学活动以及相关的服务；（3）在线学习工具不受地域限制，并且加大了终身学习的可能性；（4）全新的学习方式；（5）改变教师的作用以及师生关系；（6）提高学生批判思维和分析能力的重要途径；（7）不能替代传统教学，但能实现传统教师实现不了的某些教育目标；（8）不能取代学校教育的地位，很大程度上改变了教学的目的和功能。③

北京师范大学何克抗教授认为，在线学习是指主要通过互联网进行的教与学的活动，它充分利用现代信息技术所提供的全新沟通机制与丰富的学习环境，它将改变传统教学中教学者的作用和师生之间的关系，从而从根本上改变教学结构和教育本质。④

---

① A. G. Denis, et al, "Is There Conceptual Convergence in Entrepreneurship Research: A Co – citation Analysis of Frontiers of Entrepreneurship Research, 1981 – 2004", *Entrepreneurship: Theory and Practice*, Vol. 30, No. 5, (2010), pp. 333 – 366.

② Office of Planning, Evaluation, and Policy Development Policy and Program Studies Service, *Evaluation of Evidence – Based Practices in Online Learning: A Meta – Analysis and Review of Online Learning Studies*, 2014 – 12 – 23, See: http://www2. ed. gov/rschstat/eval/tech/evidence – based – practices/finalreport. pdf.

③ 上海市教科院智力开发研究所：《美国教育部教育技术白皮书》，上海教育出版社 2001 年版，第 21 页。

④ 何克抗：《E – learning 的本质——信息技术与学科课程的整合》，《电化教育研究》2002 年第 1 期。

（二）在线学习课程实施与开发

美国教育技术首席执行官论坛的第 3 个年度报告指出："数字化学习的关键是将数字化内容整合的范围日益增加，直至整合于全课程，并应用于课堂教学。当具有明确教育目标且训练有素的教师把具有动态性质的数字内容运用于教学的时候，它将提高学生探索与研究的水平，从而有可能达到数字化学习的目标。"① 罗布里尔（M. D. Roblyer）于 2003 年出版的专著《教育技术整合于教学》对于如何有效实施信息技术与课程整合进行了研究，作者首先分析各种教与学理论（包括支持教师"讲授为主"的教与学理论，支持学生"自主探究为主"的教与学理论等）对信息技术与各学科教学相整合的意义与作用；接着介绍并分析了不同教育思想指引下的三种主要整合模式（以教师讲授为主的"主导型模式"、以学生自主探究和自主建构为主的"建构型模式"，以及教师讲授与学生探究相结合的"混合型模式"）所使用的原则与策略；最后再给出不同学科运用各种原则与策略实施有效整合的具体案例。②

（三）"互联网＋"时代在线学习的独特价值

教育对象的发展包括个性化发展、全面发展与全员发展，其中网络教育被视作可以为更多 K－12 学生提供个性化发展与全面发展的资源与支持、促进 K－12 教育改革的重要教育方式。比如，网络教育可以为 K－12 学生提供更多、更新的学习机会，可以避免课程时间冲突，优化在校学生已有的课程学习、拓展学生的课外学习从而扩展学生的学习经

---

① CEO Forum on Education & Technology, *The Power of Digital Learning: Integrating Digital Content*, Washington, DC: CEO Forum on Education & Technology, 2012, p.14.
② 何克抗：《信息技术与课程深层次整合理论》，北京师范大学出版社 2008 年版，第 34—39 页。

验与知识视野，也可以帮助学生提前了解大学生活，进行实用技能准备等。①

　　在线学习作为一种新型的教育模式，相比于传统的教育模式，它突破固有校舍、教师和教学资源的束缚，让学习变得更为便捷，学生不仅可以选择全日制的在线学习，同时还可以选择补充性在线课程，选择AP 先修课程等多种形式。正如美国学者琳达所言："当技术使得我们的工作场所被重新定义的时候，网络也正在重塑教育，尤其是以这样一种方式学习的时候，即我们使教室变得开放以便获取来自遥远地方的资源。"②

　　但是教育是一种需要人面对面进行交流和沟通的活动，当科技作为一种载体，打破这种当面交流的局面，也会衍生出许多新的问题。美国教育学者巴格里认为，在如今的信息科技时代，任何领域的改革都或多或少地受到现代技术的影响，在对学校体制进行改革时，必须把现代教学技术的应用与学校、教学的改革协调起来进行。这种协调关系要求教育者必须重新思考四个方面的关系：学与教、学生和教师的地位、教师学生的关系、学生与教师在教学过程中的相互作用方式。③ 沙果拉认为，在现代社会中，教育者在考虑学校改革时，应该从更广泛更宏观的角度来进行。现代教育技术可以当作变革学校的一个基本方法，但应该防止出现"唯技术论"的倾向，不要把教育技术的革新当作学校改革的唯一答案。关键的问题在于，教育者是否真正理解了改革所涉及的各种因素之间的相互联系，是否用全面、系统和综合的观点来看待这场教

---

①　A. G. Picciano, J. Seaman, *Class Connections: High School Reform and the Role of Online Learning*, 2015 – 08 – 22, See: http://www. onlinelearningsurvey. com/reports/class – connections. pdf.

②　Linda O. Hammonds, "The Virtual High School", *The Clearing House*, Vol. 71, No. 6, (1998), pp. 324 – 325.

③　Carole Bagely, Barbra Hunter, "Restructuring, Constructism and Technology: Forging an New Relationship", *Education Technology*, Vol. 32, No. 7, (1992), pp. 22 – 26.

育上的巨大变革。①

二、美国 K－12 在线学习发展历程与现状

在线学习是指在非实体性教室的虚拟环境中，通过应用互联网技术、人工智能、多媒体等现代信息技术进行的个性化学习或训练活动。② 20 世纪中叶特别是 90 代以来计算机和互联网技术的蓬勃发展，奠定了美国 K－12 在线学习的基础。

（一）美国 K－12 在线学习发展历程

1. 以电脑辅助教学为代表的在线学习萌芽阶段

科技与学科教学的融合可以追溯至 20 世纪早期，随着影像资料、照片、幻灯片等技术在学校中的应用而为人瞩目。1913 年，著名发明家爱迪生宣称，"书籍将在学校被淘汰……，我们完全可以用电影的方式向学生传授所有人类知识。"③ 爱迪生的预言到今天也没有发生，技术在教学中得到广泛运用还是 20 世纪 50 年代后电脑辅助教学的兴起。1960 年，伊利诺伊大学香槟分校发起了"柏拉图计划"（PLATO Project），被广泛视为电脑辅助教学的源头。项目为"全国证券交易所"（NASD）等机构开发员工能力测试系统，并逐步开发了外语学习、职业训练、军事训练等辅助教学系统。20 世纪 70 年代，"控制数据公司"（Control Data Corporation）接管了这一项目，逐步提出了论坛交流、在线测试、聊天室、即时信息传送、远程视频分享等创新理念，成为今天

---

① K. Sheigola, *Restructuring for Learning with Technology*, New York: The Center for Technology in Education, 1990, p. 23.
② 王正青：《美国 K－12 在线学习的类型、运行与质量保障》，《现代远程教育研究》2017 年第 5 期。
③ Robert A. Reiser, John V. Dempsey, *Trends and Issues in Instructional Design and Technology(3rd)*, New York: Person, 2011, p. 2.

在线学习的重要源头。

2. 作为传统课堂教学搬家的在线学习 1.0 阶段

20 世纪 90 年代，在线学习随着互联网技术的发展和个人电脑的普及进入学校。1991 年，劳雷尔斯普林斯（Laurel Springs）作为第一家在线私立学校成立。1996 年，佛罗里达州成立了全美第一所公立虚拟学校——佛罗里达虚拟学校（FLVS），该校于 2000 年通过州立法认可后成为完全独立的教育实体，从而具备招收全日制在线学生的资质。1997 年，科罗拉多州成立了蒙特维斯塔在线学院（MVOA）。世纪之交时，"K12 国际教育公司"（K12 Inc.）和"链接学院"（Connections Academy）两大在线教育公司相继成立，开始向学校提供在线课程服务。与 Web1.0 时代互联网主要是单向信息发布对应的是，这一时期的在线学习主要面向行动不便学生和职业教育培训服务，主要通过印刷材料、CD、录像等方式进行教学，以远程方式提供一门课程内容，作为传统课堂教学的翻版而存在。

3. 重视学习者个性化需要的在线学习 2.0 阶段

经历了 21 世纪初的短暂泡沫后，互联网进入到以实时交互和用户生成内容为特征的 Web2.0 时代，在线学习也转型为服务学习者主动学习与个性化需要的新阶段，带来了在线学习的腾飞。2000 年，佛罗里达虚拟学校（FLVS）获得州立法认可，成为完全独立的教育实体，家长可以选择 FLVS 作为子女就读学校，州根据学生的课程完成情况和学业表现进行拨款，而不是按照学生网上学习时间拨款。2005 年，亚利桑那、佛罗里达、犹他、华盛顿、威斯康辛允许 K–12 学生选择完全在线和补充性在线学习。

2006 年，密歇根州通过法案，要求州内公立学校高中学生必须完成至少 20 小时的在线学习，成为美国第一个强制要求学生参与在线学习的州。阿拉巴马、阿肯色、佛罗里达和弗吉尼亚等州相继出台法规，提出了学生在线学习学分要求。到 2007 年 9 月，美国共有 42 个州实施了在线学习项目，学生在参加学校学习的同时，至少参加了一项在线课程学习，或者是全部通过网上学习。作为美国最大的在线教育提供商K12公司，2005学年时共有1.1万名学生，到2007年增长到2.7万名，年增长率为35%。①

随着美国"共同核心州立标准运动"（CCSS）的兴起，特别是2010年国家教育技术计划（NETP）的颁布，美国K-12在线学习进入到快速发展阶段。2014—2015学年，全美25个州设立了州虚拟学校，共有46.2万名学生登记进行在线课程学习。加上私立学校和学校联合体等其他在线学习，当年全美共有220万名K-12阶段学生完成了380万门在线课程。②作为全美公认的K-12在线学习的引领者，2015—2016年度，佛罗里达虚拟学校（FLVS）完成了39.4万门在线课程学习任务，另有11.3万名学生在佛罗里达全日制虚拟学校（FLVS FT）、虚拟特许学校等学校参加完全在线或部分在线课程学习。③

从图4.1可以发现，截至2014年，美国共有华盛顿等20个州立法认可全日制在线学校，俄勒冈等9个州部分认可全日制在线学校。其中，亚利桑那州共登记有全日制在线学生48358人，占整个K-12阶段学生总数的4.48%，是全美全日制在线学习比例最大的州。

（二）当前美国K-12在线学习类型与存在形态

美国K-12在线学习主要以项目方式开展。从项目功能定位、在线学

---

① Evergreen Education Group, *Keeping Pace with K-12 Digital Learning: An Annual Review of Policy and Practice*, Washington, DC: Evergreen Education Group, 2015, p. 13.

② Evergreen Education Group, *Keeping Pace with K-12 Digital Learning: An Annual Review of Policy and Practice*, Washington, DC: Evergreen Education Group, 2015, p. 16.

③ Reyes, Maria E. Hutchinson, Cynthia J. Little, Mary, "Preparing Educators to Teach Effectively in Inclusive Settings", *SRATE Journal*, Vol. 26, No. 1, (2017), pp. 121 - 129.

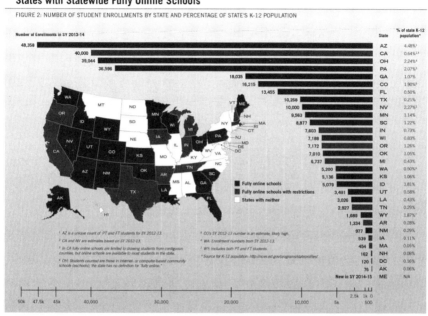

图 4.1　截至 2014 年美国各州全日制在线学习发展情况

习时长、项目覆盖区域、参与项目学生特征等不同维度看，美国在线学习有多种类型与存在形态，汇聚形成当前美国在线学习的多元化体系。

1. 从功能定位上分为补充性在线学习与选择性在线学习

补充性（Supplemental）在线学习主要是面向存在学习困难的学生提供在线学习辅导，或者针对已离开学校但没有获得毕业证书的学生而开设的学分补救（Credit Recovery）课程。补充性在线学习是各州在线学习的主体，占所有在线学习项目课程登记的一半以上。选择性（Selective）在线学习通常与大学入学有关，属于为发挥个人特长或满足个人兴趣的提高性课程，这类课程通常由大学下属在线高中提供。如 2006 年成立的斯坦福大学在线高中，就面向 7—12 年级的天才学生提供全日制或混合式在线课程；约翰霍普金斯大学的天才青年中心（Center for Talented Youth）为来自 60 个国家的 K–12 学生提供教学服务，由个人决定学习速度、特定周期或固定学习进度等不同方式；爱荷华州的"高中个人专业促进项目"（IAPATH）提供大学学分和企业认证课程。据调查，选择补充性在线课程的主要是9—12年级学生，其中11和12年级的高中学生占总数的65%，9—12年级占在线课程学习学生总数的85%。小学阶段的在线课程，主要是在课堂教学中融合在线内容。①

2. 从在线学习时长上分为全日制在线学习与混合式在线学习

全日制在线学习（Full－time Online）是指学生不在传统的实体性学校注册，所学课程主要通过在线的方式完成，主要由州或学区的虚拟特许学校承担。与传统学校主要依据学生的年龄进行年级划分不同，全日制在线学校是基于电子档案所记录的学生学业表现而进行课程的年级划分。2014—2015学年，全美共27.5万名学生注册在全日制学校学习，亚利桑那、佐治亚、俄亥俄和宾夕法尼亚是全日制在线学生较多的州。② 混合式在线学习除了各类补充性课程外，备受关注的就是传统学校利用在线课程和技术平台，为提高教学质量而进行的融在线学习于课堂的混合式学习。如爱荷华州"数字化学习中心"（LDL）、新墨西哥州"创造性数字化教育和学习中心"（IDEL）、阿拉巴马州的"链接全州教室、教师和学生网"（ACCESS），都面向辖区内学校开放，提供在线课程及学习工具。

3. 从项目覆盖区域上分为单学区、跨学区与跨州在线学习

单学区在线学习主要在本学区内招生，由该学区的公共教育基金提供资助。如宾夕法尼亚州的魁克顿学区（Quakertown），该学区学生就

---

① Evergreen Education Group, *Keeping Pace with K－12 Digital Learning: An Annual Review of Policy and Practice*, Washington, DC: Evergreen Education Group, 2015, p. 30.

② Evergreen Education Group, *Keeping Pace with K－12 Digital Learning: An Annual Review of Policy and Practice*, Washington, DC: Evergreen Education Group, 2015, p. 19.

在学区创办的"网络学习室"进行在线学习。其次是州域内跨学区学习，主要有两类承办学校，一是跨学区的在线学习联合体，如"超级网络"（SUPERNet）面向德克萨斯州东部的 17 个农村学区，"扩大学习机会"（ELO）面向芝加哥 3 个郊区学区；另一类主要由全日制在线特许学校承办，比如"佐治亚网络学院"（GCA）、"宾夕法尼亚网络特许学校"（PCCS）就面向全州学生招生。其三是跨州在线学习，少数知名在线学习供应方，如佛罗里达虚拟学校（FLVS）就面向全美招生，尤其服务于那些迁移率较高的学生。"虚拟高中"（VHS）除了面向马赛诸塞州的 200 所中学外，还向全美其他 40 个州和 33 个国家的学生提供在线学习服务。

4. 参与在线学习项目的学生主要集中在基础教育高段且原因多样

在线学习主要向学习成绩较差需要辅导的学生、农村和偏远地区缺乏学习资源的学生、有特殊才能但普通学校无法满足需要的学生，以及运动员等日程安排冲突、残疾等行动不便学生提供在线学习服务。以华盛顿州为例，该州 2014 年选择参加在线学习的 72787 名学生中，26% 的学生是因为所在学校无法提供感兴趣的课程，另有 26% 是为了毕业而学习补修课程，16% 是因为喜欢在线学习环境，15% 是因为学业不佳而进行的补充性学习，9% 是因为时间上方便，剩下 8% 则是其他各种理由。[①] 从学生入学年级看，在全美各虚拟学校注册的 K - 5 年级、6 - 8 年级、9—12 年级学生中，参加补充性在线学习的比例分别为 2%、14% 和 84%；参加全日制在线学习的比例分别为 26%、28% 和 46%，说明基础教育高段学生是在线学习的主体。[②]

[①]　Evergreen Education Group, *Keeping Pace with K - 12 Digital Learning: An Annual Review of Policy and Practice,* Washington, DC: Evergreen Education Group, 2015, p. 27.

[②]　Evergreen Education Group, *Keeping Pace with K - 12 Digital Learning: An Annual Review of Policy and Practice,* Washington, DC: Evergreen Education Group, 2015, p. 20.

5. 不同类型在线学习项目中核心课程是登记课程的主要部分

尽管不同类型在线学习项目学科分布存在差异，但核心课程一直是在线学习的主体。以佐治亚州格威纳特在线校园（Gwinnett Online Campus）为例，该校 2014—2015 学年 5124 门登记的在线课程中，数学、英语、科学和社会研究等核心课程的比例占 65.3%。[①] "常青藤教育集团"（Evergreen Education Group）汇总 300 余万门登记的在线课程发现，选择英语语言艺术、数学、科学、社会研究等核心课程的学生占在线课程总数的 73.9%，选择体育、世界语言、艺术等其他选修课程共占 26.1%。[②] 在各州虚拟学校的在线学习课程中，选修课程的比例比其他在线学习项目更高，核心课程与选修课程的比例分别为 55.8% 和 44.2%。[③] 表 4.1 即为 2014—2015 学年美国 K–12 在线学习的课程分布情况。

表 4.1　2014—2015 学年美国 K–12 在线学习课程分布

课程类型	学科	在线完成课程总数	比例%
核心课程 总占比73.9%	语言艺术	863418	23.1
	数学	850335	22.7
	科学	526251	14.1
	社会研究	523550	14.0

---

① Evergreen Education Group, *Keeping Pace with K – 12 Digital Learning: An Annual Review of Policy and Practice,* Washington, DC: Evergreen Education Group, 2015, p. 36.

② Evergreen Education Group, *Keeping Pace with K – 12 Digital Learning: An Annual Review of Policy and Practice,* Washington, DC: Evergreen Education Group, 2015, p. 17.

③ Evergreen Education Group, *Keeping Pace with K – 12 Digital Learning: An Annual Review of Policy and Practice,* Washington, DC: Evergreen Education Group, 2015, p. 79.

续表

课程类型	学科	在线完成课程总数	比例%
选修课程 总占比 26.1%	卫生/ 体育	108012	2.9
	世界语言	91993	2.5
	艺术	26673	0.7
	其他选修课	749751	20.0

三、美国 K－12 在线学习参与主体与协同运行

美国 K－12 在线学习涉及多个主体，包括开发在线课程与工具的供应商、组织在线学习的中间服务提供方，以及作为在线学习最终实施者的学校和作为监管方的政府。

（一）在线学习资源开发者：开发在线课程与学习工具

在线学习的资源开发者是为 K－12 教育行业提供数字化学习服务的各种公司或组织，如出版数字化教材、开发学习工具与学校管理平台等。由于在线学习主要通过网络媒介完成，在线学习有效运行离不开各种数字化资源的支持，履行如图 4.2 所示的诸多职能。

1. 数字化课程资源开发商

数字化课程资源开发商专指向 K－12 教育机构从事教学内容制作、提供数字化学习内容的经营实体，包括培生（Pearson）教育集团、HMH 出版社、麦克劳希尔（McGraw－Hill）集团等大型出版机构，以及提供在线语言障碍矫正、健康和体育教育、驾校培训等在线课程资源的专业机构。部分公司为了打包销售数字化资源，还开发了嵌入课程内容的学习平台和自适应学习软件。

以美国在线学习发展最具代表性的佛罗里达州为例，2015—2016学年，佛罗里达州教育局审核筛选出以下 7 个数字化课程供应商，以满

教学管理与追踪服务	教学内容开发与提供
学习管理系统	全日制或混合式课程开发
学习平台	个性化课程
适应性学习	习题设计
数据分析	学业测试
相关支持服务	在线学习管理软件
教师专业发展	学生信息系统
在线课程指导教师	课堂管理
适应个性化需要	注册系统
组织在线学习	

图 4.2 K - 12 在线学习资源开发者的主要职能

足本州学生的不同需求。（1）"教育独创"（Edgenuity）。该公司成立于
1998 年，主要为美国 6 - 12 年级学生提供在线课程与教学服务，最大
的特色是能够通过后台检测系统分析学生学习的行为与状态，帮助学生
设计最适合的在线课程。（2）佛罗里达连接学院（Florida Connections
Academy，简称 FCA）。该机构提供的课程包括数百个选修课程和课外
活动，特色在于灵活的时间安排方便学生学习。（3）K12 公司（K12
Inc.）。作为一家公开上市的营利性在线教育公司，K12 为佛罗里达州
学生提供在线课程和学习材料，课程涵盖不同年级的核心课程，以及世
界语言、新闻编辑、网页设计、美术等选修课程。（4）大师虚拟学院
（Mater Virtual Academy，MVA）。主要提供语言艺术、数学、代数、综
合科学、美国历史、世界历史、摄影等课程，每年都有专门的评估咨询
公司对其教师、管理员、教学团队领导进行调查评估。（5）萨默塞特虚
拟学院（Somerset Virtual Academy，SVA）。学院为佛罗里达州的学生提供
代数 II 第 10 版、生物学第 15 课、经济学第 9 版、几何和美国历史等多门
课程。（6）Edmentum。该公司源于 1960 年成立的美国第一个计算机辅助
教学系统公司"柏拉图"（PLATO），目前以《国家共同核心标准》为指

导为 K - 12 学生设计课程。（7）奥德赛维尔学院（Odysseyware）。学院是通过认证的世界上最大的教育社区，为超过 32000 个公立和私立学校服务，面向 3—12 年级的学生提供在线数学、语言艺术、历史和社会研究等科学课程，还有西班牙语和法语语言等选修课程。

2. 学习平台和工具开发商

随着在线学习的不断革新，在线学习者主要通过个人 PC 端来进行自主学习，需要为学习者提供一个集成的在线学习平台以支持学习者的学习。以佛罗里达州为例，除了佛罗里达州教育局批准的上述课程供应商们所自带的学习平台外，佛罗里达州立大学的科研团队与佛罗里达州教育局联合开发了一个专业的在线学习平台"远程学习管理系统"（CPALMS）。该平台由美国联邦教育部、佛罗里达教育局、美国国家科学基金会、佛罗里达州立大学 STEM 研究中心共同提供资金，主要致力于为 K - 12 年级的学生、家长、教师等提供高质量的、免费的教育教学资源，包括制定教学计划与教学评估方案、播放视频、提供学习游戏等。

CPALMS 由 8 个开放的传播优质资源和工作的平台构成，最具代表性的是 iCPALMS 冠军网络和"数学形成性评价系统"（Mathematics Formative Assessment System，简称 MFAS）。iCPALMS 是一个免费的 web 2.0 平台，具备嵌入式 web 应用程序、服务、内容和专业开发等功能，通过协作和个性化用户的定制，帮助教育者制定标准、设计课程与教学、开展学习评估，学习者则能够在平台界面进行自定义布局，以获得个性化的相关学习资源。MFAS 系统是为教师设计的学习管理平台，教师利用 MFAS 给学生布置学习任务，可以清晰地看到学生的推理和证明过程，然后根据学生的表现给予不同的学习指导，区别于以往单纯依赖标准答案对学生进行评价的模式。

3. 在线学习管理和信息系统服务提供商

在线学习是通过使用计算机和通信技术组织教学活动，这就需要有相应的学习管理系统与信息管理系统。学习管理系统（Learning Management System，简称 LMS）是一种用于教育、培训自动化管理的软件，负责用户的登记、跟踪目录列表中的课件、记录学习者的学习数据，然后向管理员提交，并最终整理成报告。典型的 LMS 可同时处理多个任务，主要是提供课件的管理。而课程管理系统（Course Management System，简称 CMS）是一种能够实现促进师生之间交流，组织、管理和评价课程内容与教学活动之间关系的多功能网络系统，它能帮助教师利用信息技术支持课程教学，建构促进有效教学的信息化环境。[①]

近年来为美国各州 K－12 在线学习提供管理系统、教学平台和相关课程产品的教学软件公司发展迅猛，最具代表性的即 K12 公司（K12 Inc.）和培生教育旗下的"连接教育"（Connections Education）。在佛罗里达州，除了学习管理和信息管理系统外，还委托 Haystax 技术公司负责学生的数据隐私保护。该公司是一家专注于数据安全维护的科技公司，从联邦政府机构到大型企业以至学校等许多机构都依靠它们的安全分析平台。从 2013 年起，Haystax 技术公司与佛罗里达州教育局合作，协助公立和特许学校解决学校的网络安全问题，设计了佛罗里达学校安全管理评估系统（FSSAT），提供应对学校紧急危机、安装预防犯罪和暴力的程序、设计学校考试安全与应急计划、审核在线门户网站安全等服务。

（二）在线学习活动组织者：提供在线课程与指导服务

在线学习的活动组织者主要是向州内学校提供在线学习组织与指导服务的机构。K－12 在线学习主要有州层次的在线学习项目、学区项目以及私立在线学习三种教育形式，具体的活动组织者包括州虚拟学校、在线学习区域性教育机构、跨地区在线学习联合体等。

1. 作为在线学习主要实施机构的州虚拟学校

[①] J. H. Li and Y. Zhao, "How to Choose Your Own CMS", *Modern Educational Technology*, Vol. 18, No. 9, (2008), pp. 64 – 71.

　　虚拟学校（Virtual School）是通过在线学习管理系统，教师和学生可以在家里或者任何一个地方进行互联网连接进行学习的教育机构。1994 年，美国教育部发表了"时间囚徒"（Prisoners of Time）的报告，强调时间限制是不利于学生学习和成就的一个因素，提出要让学生不受时间限制，延长学校的开放时间。1996 年，佛罗里达州奥里吉（Orange）县开设了一个"网络学校"，佛罗里达州教育局（Florida Department of Education，简称 FLODE）提供了 20 万美元的资金支持，由奥里吉和阿拉初（Alachua）两县合作帮助佛罗里达高中（Florida High School，简称 FHS）开发一个名为"打破模型"（Break the Mold）的项目。① 经过六个月密集的开发和规划，佛罗里达虚拟学校（Florida Virtual School，简称 FLVS）于 1997 年 8 月正式诞生。

　　州虚拟学校通常由州立法会或教育局等机构批准成立，有的隶属于州教育行政部门，有的则是独立的非政府组织、特许学校、高等教育机构或区域服务机构。比如佐治亚虚拟学校（Georgia Virtual School）、南卡虚拟学校（Virtual SC）、弗吉尼亚虚拟学校（Virtual Virginia）是州教育局的下属机构；爱达荷州数字学习中心（Idaho Digital Learning）是由州立法会批准设立的政府性机构；蒙大拿州数字学院（Montana Digital Academy）和阿拉斯加学习网络（Alaska Learning Network）则是由州大学系统管理；密歇根虚拟学校虽然接受立法资助，但是是一个独立的非营利组织；伊利诺伊州虚拟学校由州教育委员会授权皮奥里亚县地区教育办公室（Peoria County Regional Office of Education）管理；新罕布什尔州的虚拟学习特许学校，则按照特许学校的原则进行管理。表 4.2 梳理了当前美国各州虚拟学校的基本情况。

---

① R. Greenway, G. Vanourek, "The Virtual Revolution: Understanding Online Schools", *Education Next*, Vol. 6, No. 2, (2006), pp. 34 – 44.

表4.2　美国各州虚拟学校在线学习情况①

州	州虚拟学校	成立年份	职工	年度预算	服务年级	服务学校	注册课程
阿拉巴马	ACCESS Alabama	2004	41	1880	7－12	403	41578
阿拉斯加	Alaska Learning Network	2011	4	62.5	9－12	76	921
阿肯色	Virtual Arkansas	2013	10	425.4	K－12	258	29728
科罗拉多	Colorado Online Learning	2002	4	86.7	6－12	73	705
佛罗里达	Florida Virtual School	1997	447	17774.5	K－12	2650	394712
佐治亚	Georgia Virtual School	2005	39	320	6－12	595	52290
夏威夷	Hawaii Virtual Learning Network	2007			7－12		1358
爱达荷	Idaho Digital Learning Academy	2001	67	816.7	5－12	285	229554
伊利诺伊	Illinois Virtual School	2003	8	206.5	5－12	230	4681
爱荷华	Iowa Learning Online	2004	8	125	9－12	166	1294
密歇根	Michigan Virtual School	2001	59	840	6－12	512	23716
密西西比	Mississippi Virtual Public School	2006	24	50	9－12	132	2262
密苏里	Missouri Virtual Instructional Program	2007	6	39	K－12		623
蒙大拿	Montana Digital Academy	2010	6	223.2	6－12	179	7111
新罕布什尔	Virtual Learning Academy Charter School	2007	39	656.9	6－12	396	22731
新墨西哥	IDEAL－New Mexico	2008	7	87	6－12	68	2199

---

① Evergreen Education Group, *Keeping Pace with K－12 Digital Learning: An Annual Review of Policy and Practice*, Washington, DC: Evergreen Education Group, 2015, p. 73.

续表

州	州虚拟学校	成立年份	职工	年度预算	服务年级	服务学校	注册课程
北卡罗莱	North Carolina Virtual Public School	2007	31	2268.3	6－12	940	111634
北达科他	North Dakota Center Distance Learning	1996		623	6－12	282	5414
南卡罗莱	Virtual South Carolina	2006	16	509.1	6－12	447	40363
犹他	Utah Electronic High School	2004	3	99.8	6－12	234	6965
佛蒙特	Vermont Virtual Learning Co-operative	2010	4	39.8	7－12	67	1693
弗吉尼亚	Virtual Virginia	2002		430	6－12		24611
西弗吉尼亚	West Virginia Virtual School	2000	2		6－12	720	10428
威斯康辛	Wisconsin Virtual School	2000	5	171	6－12	239	5511

注：（1）预算单位为万美元。（2）相关统计为 2014－2015 学年数据。

　　以佛罗里达州为例，佛罗里达虚拟学校（FLVS）是该州开展在线学习的重要载体。2003—2004 学年，FLVS 纳入佛罗里达州教育财政计划（FEFP），享受全额公立资助，成为全美第一个由政府教育财政全额拨款的虚拟学校。2007 年，佛罗里达州立法机构成立了 FLVS 理事会，标志着 FLVS 成为佛罗里达州获得认可、具备独立法人资格的在线公立学校。截至 2015 年 12 月，FLVS 的服务范围涵盖佛罗里达州 67 个学区、美国其余 49 个州以及 65 个国家，为学生提供 120 余种核心课程、选修课程、恢复学分课程、世界语言、AP 课程等教学服务。[①] 与其他州立虚拟学校一样，FLVS 履行如下职能：（1）为学校提供在线产品和服务，更新产品与服务。（2）通过现场协调员与学校的协调，进行招生

① Florida Virtual School, *Legislative Report 2014－15*, 2017－05－11, See: https://www.flvs.net/about/legislative－report.

与授课活动。（3）聘用通过认证的在线教师。（4）为在线课程的顺利传输和实现平台管理功能提供必要的技术支持。（5）与学校的工作人员协同管理在线学习的其他方面。

2. 在线学习区域性教育机构

从在线学习服务覆盖的范围看，当前美国 K - 12 在线学习主要有六类。一是单学区在线项目，由学区创建并为本学区的学生服务。二是多学区在线学校，即允许学生跨学区注册学习。三是在线联盟项目。一般由多个学区或多所学校组成在线学习联盟，并为联盟中的成员学校提供服务。四是州虚拟学校，面向该州学生提供在线学习服务。五是区域性的在线学习机构，服务范围通常是临近几个州。六是跨地区的在线学习联合体，面向全国乃至全球提供在线学习服务。①

目前美国的在线学习主要依托一些在线学习联合体进行，在没有虚拟学校的州，地区性服务机构扮演着重要角色。在纽约州，"教育服务合作委员会"（BOCES）提供在线课程与服务；在印第安纳州，"印第安纳在线学院"（IOA）是最大的在线教育提供方；在明尼苏达州，"北部明星在线"（NSO）是该州最大的地区性服务机构。

在佛罗里达州，混合和在线学习研究联盟（BOLRA）和美国南部地区教育委员会（SREB）是为佛罗里达州提供在线学习的代表性区域教育机构。BOLRA 由佛罗里达教育局和南卡罗来纳州教育局联合成立，目标是提高两地学生的课程完成率，减少学生流失，改善农村地区的混合和在线学习条件等。SREB 则是一个非盈利组织，致力于提高南部各州教育质量。SREB 旗下的教育技术协会（CCSIT）与美国南部 13 个州进行了长达十多年的合作，主要是为各州提供最新的虚拟学校信息，帮助各州不断提升和丰富在线教学领域的信息技术、网络安全技术等，分析各州在线学习的政策和需求之间的差距，并为虚拟学校得到充足稳定

---

① 石小岑：《美国 K - 12 混合式学习模式变革的多元化路径》，《远程教育杂志》2016 年第 1 期。

的资金提供建议。

俄亥俄州成立了一些在线和混合学习联盟。其中，"21 世纪学习"（Learn 21）由 18 个学区组成，向所有成员提供专业发展、数字化课程设计、数据整合及其他在线学习服务。斯坦克 – 波蒂奇地区计算机联盟（Stark – Portage Area Computer Consortium）向该州斯塔克（Stark）、波蒂奇（Portage）和卡罗尔（Carroll）三个县提供在线课程，是俄亥俄 22 个信息技术中心之一，主要向佛罗里达虚拟学校集中购买在线课程资源。①"俄亥俄混合学习网络"（Ohio Blended Learning Network）在非营利组织"智能学校"（Smarter Schools）资助下，为 23 个学区提供在线教学。

威斯康辛在线学校网络（Wisconsin eSchool Network，简称 WEN）是该州最大的在线学习联合体之一，由 25 个学区组成。2014—2015 学年共登记 17519 门课程，包括 800 门 AP 课程。2012 年，州议会通过法案，将 WEN 明确为非营利组织。WEN 有两种成员结构。一是对 WEN 成立投入更多经费的成员，可以以更低的价格使用课程，同时获得无限注册和人力支持。另一类是附属成员资格，可以获得 WEN 课程目录、专业发展资源和师资服务。

3. 跨地区在线学习联合体

随着各州在线学习的兴起，一些跨地区的在线学习联合体也竞相诞生，面向全美乃至全球提供在线学习资源与指导服务。其中，虚拟高中全球联盟（Virtual High School Global Consortium，简称 VHS）是一个全国性的联盟，联盟成员共享在线教学资源，以及 VHS 提供的在线课程开发、技术支持、教师专业发展和其他在线学习服务。据统计，2014—2015 学年，有 10525 名学生参与 VHS 的在线学习，共完成 17273 门在

---

① Evergreen Education Group, *Keeping Pace with K – 12 Digital Learning: An Annual Review of Policy and Practice,* Washington, DC: Evergreen Education Group, 2015, p. 23.

线课程。截至 2016 年 12 月，VHS 的服务范围涵盖美国 29 个州和全球 34 个国家，已经开发了超过 200 门原创在线课程。其中，VHS 开发的科学体验课程——空间站学院（Space Station Academy），为学生提供一个了到达国际空间站的虚拟之旅，让学生获得真实的宇航员体验。

国际 K－12 在线学习协会（iNACOL）是另一个代表性跨地区在线教育机构。2000 年 10 月，佛罗里达州和肯塔基州联合召开了一个名为"建立和发展你的在线学校"的全国虚拟高中研讨会，国家学校董事会协会（NSBA）也于当年同月召开了一个主要由虚拟高中领导人参加的"教学与学习会议"，围绕 K－12 阶段在线学习和虚拟学校的发展进行讨论。经过两年多的策划组织，于 2003 年成立了北美在线学习委员会（NACOL），致力于为教师、管理者和公共决策者提供有关在线学习的咨询服务。2008 年 10 月，鉴于该组织在国际上的影响力越来越大，更名为国际 K－12 在线学习协会（International Association for K－12 Online Learning，简称 iNACOL），主要目标是推动向以学生为中心的 K－12 下一代学习转型。iNACOL 通过召开研讨会议，发布在线课程、学校和项目的国家质量标准，发布混合学习教师能力框架，倡导个性化教学等方式，为规范包括佛罗里达在内的在线学习发挥了积极作用。

在线学习活动组织者主要提供在线学习组织与指导服务。一是整合在线学习内容与呈现方式，聘用工作人员维护在线学习正常运行。二是同学校合作登记学生入学，监控学生课程学习情况。三是聘用和培训高素质的在线指导教师，这些教师通常要具备州认可的在线教师资格，提供在线学习指导服务。四是提供必需的技术条件，承担在线学习课程教学和平台管理功能。五是同学校和学区管理人员合作，处理在线学习过程中的突发问题。

（三）在线学习合作参与者：公私立中小学与家庭

美国 K－12 在线学习的合作参与者主要指公私立中小学、家长或监护人以及其他民间专业组织。公私立中小学是在线学习的主要合作参与者，家长和监护人除了监督学生的学习，有时也需要参与学生的学习活动。而其他民间专业组织则致力于为 K – 12 在线学习提供专业性指导或者教学支持。

1. 公私立中小学校

地方学区是美国负责管理中小学公共教育的基本行政单位。美国多数学区都设置了数字化学习管理员，主要负责所在学区内学校的硬件设施、购买数字化学习资源、优化在线资源的配置、开展教师专业发展活动、制定和监督相应在线学习质量评价标准等。在学区的统筹领导下，各州 K – 12 阶段的公立学校、特许学校和私立学校，以及独立的研究院和招收学生的非传统学校，也在积极参与并履行在线学习活动中的相关职责。

美国中小学生可以选择公立学校、特许学校、私立学校、大学附属学校和在家上学等多种方式学习。其中，公立学校是美国 K – 12 阶段主体，美国 5500 万 K – 12 学生中，大约 4700 万学生在公立学校就读，分布在全国 13500 个学区中。其次是特许学校。美国目前共有 42 个州和哥伦比亚特区签署了特许学校法，全国 6700 余所特许学校共有 290 万学生，占全国 K – 12 中小学学生总数的 5.8%。[1] 随着在线学习的发展，美国近年来涌现了以"佐治亚网络学院"（GCA）"宾夕法尼亚网络特许学校"（PCCS）为代表的虚拟特许学校，以及福莱克斯学院（Flex Academies）等混合式特许学校。[2] 三是天主教学校、犹太学校等私立教会学校，由

---

[1] Evergreen Education Group, *Keeping Pace with K – 12 Digital Learning: An Annual Review of Policy and Practice*, Washington, DC: Evergreen Education Group, 2015, p. 38.

[2] 特许学校是经由州政府立法通过，特别允许教师、家长、教育专业团体或其他非营利机构等私人经营公家负担经费的学校，不受例行性教育行政规定约束；虚拟特许学校是以在线学习方式提供教育服务的特许学校；混合式特许学校则是同时提供在线学习和面对面教学的特许学校。

于这类学校在办学思想上倾向保守，学生参加在线学习的比例低于其他学校。四是大学附属在线高中，学生可以通过在此类学校获得高中文凭，或参加大学入学考试。五是选择在家上学的学生，他们被认为是在线学习的潜在重要客户。

2. 家长与监护人

美国法律给予家长为子女选择教育机构的权利。以佛罗里达州为例，该州在 2002 年和 2003 年颁布立法，父母可以自由选择公立学校，包括获得独立教育机构地位的佛罗里达虚拟学校（FLVS），那些因为身体或其他原因不能参加传统教学活动的学生能够通过在线学习方式接受教育。

相比传统的课堂教学，在线学习指导教师无法监控学生学习过程，更无法保证学生是否专注于课程内容。要提升在线学习教育质量，父母或监护人需要参与在线学习活动，与在线学习机构一起督促并指导学生学习。由于父母缺乏指导学生学习的知识和技能，很有可能导致学生的误解和混乱，甚至有帮助孩子完成学习任务的情况发生。因此，需要改善教师与家长的关系，让家长更好地参与学生的学习指导与督促活动。同时，学校应对家长进行在线学习的辅导培训及帮助，一是选择适合的在线教育机构，如实反馈在线教育机构质量；二是协助学生制定学习计划与课程安排，督促学生按计划完成学习任务；三是保持与在线指导教师的密切沟通，及时反馈学生学习情况；四是监督和鼓励学生参与线上和线下活动；五是在必要时对学生进行指导，解答学生在学习过程中遇到的困惑。

（四）州教育局或地方学区：在线学习的监管方与支持者

州和地方学区承担着对在线学习的监管责任与支持角色。美国各州对在线学习的监管与审查主要围绕以下方面展开。以德克萨斯州为例，该州教育局下属的"虚拟学校网络办公室"（TxVSN）首先通过检索在线学习提供方目录，遴选在线课程或全日制在线学习承担机构，学校再向学生发布经州认可的在线学习机构并指导学生登记学习，学期结束时各运营机构汇总学生注册及学习情况，并向学校和州提交报告，州则按学生课程完成情况向运营方支付经费。

1. 出台在线学习政策与资源提供商资质标准

美国的政治体制和教育体制决定了州是制定教育政策的主体，在线学习政策主要通过州政策予以表现，各州制定的政策直接规定了在线学习的机会、资金资助、质量和学校发展等内容。佛罗里达州政府颁布了各项法律，对在线课程设计和开发、在线学校建设和运营、资助模式等有关 K–12 在线学习的运作进行了明确的规定，相关政策包括在线学习学分认定、在线教育机构资质、在线教师专业发展标准、在线教育经费拨付与考核办法等。对于在线学习的机构资质，佛罗里达州教育局在 2000 年立法将佛罗里达州虚拟学校（FLVS）作为一个独立的教育实体，之后又先后赋予佛罗里达虚拟学院、佛罗里达连接学院（Connections Academy）、佛罗里达州特许虚拟学校、佛罗里达州全日制虚拟学校等多个机构招生权利。

2. 监管州虚拟学校、虚拟特许学校等机构运行

州虚拟学校和虚拟特许学校等在线学习的实施机构要经过官方审核并授权后才能招生。政府主要从虚拟学校的审批、课程设置到相关人员的聘用等环节加强对虚拟学校的管理，保障虚拟学校的教育质量。以佛罗里达州为例，该州教育行政部门主要承担如下监管职能：（1）对州内虚拟学校和虚拟特许学校进行定额和专项拨款，审查和监督其经费使用是否规范；（2）监督在线指导教师的聘用是否符合佛罗里达州的标准，是否掌握在线学习所需要的专业知识和计算机技术、在线沟通等技能；（3）监督各学校、学区的招生情况，不允许学校擅自拒绝学生的入学要求；（4）对补充型在线课程、课程供应商、学校的全日制在线学习项目进行审查；（5）提供网页版的课程目录，供学生浏览和选择

已通过审核的在线课程。

3. 评估在线学习教育质量并核算拨付教育经费

美国各州在线学习拨款主要比照普通特许学校进行，各州全日制在线学生生均拨款在 5000—9000 美元之间浮动。如明尼苏达、密歇根、俄勒冈等州，全日制在线学习生均拨款就跟传统特许学校完全一致，而亚利桑那、俄亥俄等州全日制在线学习生均拨款略低，相当于普通特许学校的 90% 到 95%。在明尼苏达州，该州 2012—2013 学年全日制在线学习生均拨款为 8807 美元，跟该州当年生均拨款完全持平；而在亚利桑那州，当年全日制在线学习生均拨款为 5759 美元，相当于普通特许学校生均拨款的 95%，全州平均学生拨款的 72%。[①]

佛罗里达州在线学习的财政拨款是基于课程完成情况和绩效考核结果而计算的。当学生完成一门课程后，将会获得佛罗里达教育财务计划（Florida Education Finance Program，FEFP）的资助，如果学生只完成了部分学习任务，则按照公式进行拨款。而学生所在学校、项目、学区的课程完成度是决定下一年度资助情况的先决条件。2014—2015 学年，佛州提高了全日制在线学生完成课程的资助标准，全日制在线学习学生的生均拨款达到了 5230 美元，佛罗里达州虚拟学校（FLVS）在 2014－15 学年中获得了大约 1.62 亿美元的资助。[②] 除基础性的教育经费，虚拟学校还有资格获得分类资助，包括特殊学生教育（ESE）和母语为非英语学生（ESOL）的补助。在线学习供应商等四类主体间的协同运行，保障了美国 K－12 在线学习的有效运转，各主体职责与相互间关系如图 4.3 所示。

---

① Susan Patric, et al, *Performance－based Funding & Online Learning: Maxing Resources for Students Success*, Atlanta, GA: International Association for K－12 Online Learning, 2015, pp. 17－18.

② iNACOL, *Fast Facts About Online Learning*, 2017－05－11, See: https://www.inacol. org/wp－content/uploads/2015/02/fun－facts－about－online－learning. pdf.

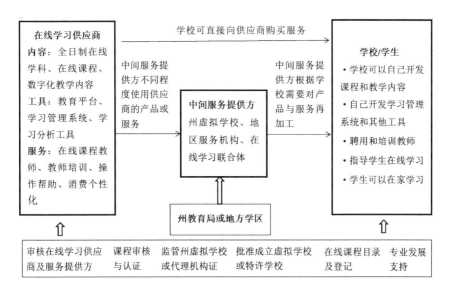

图 4.3　美国 K-12 在线学习相关主体职责与运行方式

四、美国 K-12 在线学习质量监管与保障体系

美国 K-12 在线学习不但促进了学生学习方式的变革，还解决了美国基础教育优质课程缺乏、教师数量不足、学习时间冲突等诸多现实问题。[①] 美国教育界从确立在线学习质量标准，到增强在线学习过程实效，再到绩效考核结果倒逼，初步建立起行之有效的质量保障与监管体系。

（一）政策保障：明确在线学习合法地位与认证标准

联邦和州教育政策是在线学习的重要影响因素，美国联邦政府和州近年来颁布了多项法律，对在线课程设计和开发、在线学校建设和运营、资助模式等问题予以明确规定。一是"国家教育技术计划"

---

① 刘晓琳等：《全球视野下美国 K-12 混合与在线教育的现状与未来》，《现代远程教育研究》2015 年第 1 期。

（NETP）等联邦政策。美国教育部和教育技术办公室自 1996 年起每隔五年就会出台《国家教育技术计划》（National Education Technology Plan），涉及在线学习中的资源开发、教学组织、基础设施建设和学习工具研发等内容。① 如 2010 年的 NETP 就提出了推广数字化学习方式、建立数字化测评体系、提高教师教育技术能力、完善数字化基础设施和运用科技提高学习质量等 5 大目标，对近年来在线学习的快速发展居功至伟。为应对美国公众对在线学习过程中"数据隐私"（Data Privacy）问题的关注，联邦政府通过立法和政策，引导在线教育发展。二是各州的在线学习政策，包括各州对全日制或补充性在线学习的法律认可，对在线学习学分或在线学习经历的要求，对在线学习供应方的资格标准等。多数州以"K－12 在线学习国际协会"（iNACOL）出台的"全美在线教学质量标准"（National Standards for Quality Online Teaching）为蓝本，制定在线学习的机构、教学、支持和评价标准。②

在佛罗里达州，该州 2000 年时立法赋予佛罗里达州虚拟学校（FLVS）独立教育实体地位。2002 年，州立法给予父母自由选择公立学校的权利，FLVS 被列入选项范围，从而成为全美第一个立法承认全日制或部分在线学习的州。2007 年，出台法案规定在线教师必须获得教师证才能上岗。2009 年，佛罗里达州制定了虚拟教学项目和虚拟特许学校的项目认证办法。2012 年，州立法进一步扩大公立学校学生的在线学习范围，要求所有公立学区为 K－12 学生提供完全在线的学习机会。2014 年，州教育局出台了在线课程目录，包括 FLVS 及教育局认证的其他在线课程供应方。这些政策法规给予在线学习以合法地位，规范

① 赵建华等：《为未来做准备的学习：重塑技术在教育中的角色——美国国家教育技术规划（NETP2016）解读》，《现代远程教育研究》2016 年第 2 期。

② International Association for K－12 Online Learning, *National Standards for Quality Online Teaching*, 2016－12－07, See: http://www. inacol. org/wp－content/uploads/2015/02/national－standards－for－quality－online－teaching－v2. pdf.

和推动了 K－12 在线学习的发展。在新墨西哥州，该州 2007 年立法
（SB0561），规定高中毕业须满足 24 个学习单元中至少有一个是大学预
修 AP 课程、荣誉课程、双学分注册或远程学习课程。

（二）基础保障：强化在线学习课程资源与平台建设

美国政府于 20 世纪 90 年代启动"信息高速公路"计划，其中包括
"学校和图书馆互联网链接项目"，也就是广为人知的"教育折扣"
（E－rate）项目，该项目为美国大中小学和图书馆提供电子通讯设备和
互联网接入服务，使得美国在 21 世纪初即完成了教育信息化的基础设
施建设。2013 年，奥巴马总统提出"连接教育"（ConnectED）计划，
推动互联网技术和学习工具在教育领域的运用。在联邦政策的影响下，
美国各州也强化了技术平台与资源建设。俄亥俄州建设了"俄亥俄数字
化学习"（iLearn Ohio）平台，包括 K－12 阶段在线课程和学习管理系
统；马里兰州开通了"创意港"（Thinkport）学习网站，为中小学教师
和学生提供汇集美国各图书馆、专业学会的优质教育资源；佛罗里达和
佐治亚等州也致力于完善在线学习管理系统，搭建学生、家长和教师之
间的交流平台。作为美国最大的在线学习课程提供方，培生教育集团于
2011 年与盖茨基金会合作，根据"共同核心州立标准"，开发符合标准
要求的数学、英语、艺术等在线课程。① 这些举措强化了在线学习的基
础保障。

以佛罗里达州为例，该州对于课程供应商的资质提出了如下要求：
（1）所提供课程符合国际 K－12 在线学习协会和南部地区教育委员会
标准；（2）教学内容和服务符合下一代阳光州立标准（Next Generation
Sunshine State Standards）；（3）满足学生毕业和升学要求，提供认可的
标准文凭。同时，供应商还要向公众提供以下的信息：所有行政和教学人

---

① Harold L. Fisher, "An Overview of Virtual School Literature", *Journal of Societal and Cultural Research*, Vol. 10, No. 3, (2015), pp. 102－126.

员的认证状态；教学人员的工作时间；学生和教师的比例；学生课程的完成率和升学率；学生、家长和学校绩效问责结果等。对于在线学习的课程开设与学分认定，根据佛罗里达州章程第 1002. 37（3）（c）条和 1003. 499（3）条，所有的学区都不得限制学生接受 FLVS 提供的课程，所有在线课程要经过佛罗里达州教育局的批准，并符合以下标准：（1）关于课程、招生政策、就业等方面内容不能涉及宗教问题；（2）符合第 1000. 05 条的反歧视规定；（3）所有教学人员必须取得佛罗里达州教师资格证书；（4）每门课程授课教师都需要通过电话、电子邮件或在线通讯工具与家长或学生进行联系。

经费保障是在线学习有效开展的坚实基础，也是支撑资源开发与平台建设的根本。据美国学者估计，普通学校学生生均开支为 1 万美元，虚拟学校的生均开支在 5100 美元至 7700 美元之间，混合学校的生均开支在 7600 美元至 10200 美元之间。[①] 以佛罗里达州为例，该州在线学习的经费主要来自于州主管部门的拨款，还有所在学区的拨款，同时也接受联邦的项目拨款或者私人的捐赠。每年的 3 月 1 日后，各地学校的董事会都将提交自己的预算，然后交由州教育部门审核和批复。预算主要包括：独立的评估和考核学生学业成绩的费用；数字化学习、基础设施采购和经营活动费用，包括但是不限于宽带连接、无线容量、网络速度和数据安全方面的预算；在线购买的评估费用；提升教师数字素养和能力方面的经费等。根据佛州法律，州财政每年要为 K - 12 全日制在线学习的学生分配不少于 1% 的基础教育拨款，各学区每年至少要提供 25 万美元以支持 K - 12 全日制在线学习的学生。在最新的 2016—2017 财年的教育预算中，提出每个学区至少要提供 50 万美元用于 K - 12 全日制在线学习，以及其他联邦援助项目相关的拨款和特殊学生的拨款。

① C. Natale, *Teaching in the World of Virtual K–12 Learning*, Princeton, NJ: Educational Testing Service, 2011, pp. 16 – 18.

（三）过程保障：创新在线学习传输方式与指导方式

在线学习提供方积极优化学习设计与指导方式，从过程环节保障学习质量。一是推进在线学习游戏化。近年来佛罗里达虚拟学校（FLVS）等在线学习供应方，通过借鉴商业游戏经验，将网络勋章、数字徽章等游戏方式引入课程，增强在线学习吸引力。二是强化实时测试与个性化指导。只有通过实时测试才能进行下阶段学习，教师再基于测试情况进行个性化指导。三是运用社交软件建立学习社区，发挥博客、脸书和班级学习空间的作用，组织学生线上讨论。四是规范师生线下互动。如"南卡链接学院"（SCCA）就组建竞技体育、视觉与行为艺术、STEM等俱乐部，定期开展线下活动。五是促进在线学习与课堂学习的融合。通过数据收集与分析平台，收集课程学习前学生的背景信息和人口统计学信息，课程学习中的课程登录与完成数据，课程学习后的各类总结与评价性数据，并在此基础上为学生设计个性化教育方案。

在线教育机构与传统学校的合作，是改进学业成绩的有效方式。如"北卡虚拟公立学校"（NCVPS）要求在线教师和面授教师联合制定教学方案，在线教师根据学生学习数据制定学生个性化指导方案，面授教师再对学生进行有针对性的面对面指导，形成线上线下教育合力。纽顿（Knewton）等著名学习分析公司以学生的在线学习行为数据为基础，通过数据收集、分析及建议为学生设计个性化学习方案，全美已有上千万学生从中受益。

美国 K–12 在线学习主要由专业教育机构承担，保障了在线学习的实施质量。其中，K12 教育集团（K12 Inc.）是美国基础教育领域规模最大、实力最强的在线课程和教学服务提供商。作为一家专门从事 K–12 混合与在线教育服务的赢利性组织，截至 2015 年底，K12 教育集团已经与全美 33 个州和哥伦比亚特区的 2000 多个学区建立合作关系，在课程资源开发、在线课程讲授、市场开拓等方面已形成了较为成熟的运作模式。① 除了 K12 教育集团以外，美国培生教育集团（Pearson Education Ltd.）旗下"学校网络"（SchoolNet）公司也致力于运用大数据技术开发学习评估软件，主要的受众是全美学生，监测和分析学生在线学习活动中的数据，并用以改善学生的课堂学习能力，帮助教师和学生提升学业水平。加上"K – 12 在线学习国际协会"（iNACOL）等学术性组织，保障了在线学习的过程质量。

（四）师资保障：明确在线教师任职资格与发展要求

实施 K – 12 在线学习项目的州都对在线指导教师有明确任职资格与专业发展要求。南卡罗莱州规定，在线指导教师必须从具有所教学科资格证书的在职教师中聘任；威斯康辛州参议院规定，在线教师必须完成 30 小时专业发展，才可以在公立学校教授在线课程；"全球虚拟高中联盟"（VHSGC）要求在线教师具备"美国教学成功认证委员会"（ABCTS）或"全国认证委员会"（NBC）的资格证书，新任职教师还需要完成为期十周的以在线教学为主题的研究生课程。② 在线教师专业发展通常包括以下主题：一是在线课程管理系统的使用方法，包括 Blackboard、Angel 等软件的使用。二是博客、移动技术、Twitter 等社交软件的使用方法。三是在线讨论、学习调动策略、项目学习等在线学习常用方法。四是在线资源查阅、修正及嵌入技术。五是在线教学设计技巧，包括确立课程目标与学习进度，制定评价方法等。

以佛罗里达州为例，该州教育部门规定，所有在线指导教师都必须至少达到州所规定的执教要求，获得证书后才能担任指导教师。与传统

---

① K12 Inc, *Annual Report* 2015, 2017 – 04 – 12, See: http://investors. k12. com/phoenix. zhtml?c = 214389&p = irol – reportsannual.

② Katrina A. Meyer, Vicki S. Murrell, "A National Study of Training Content and Activities for Faculty Development for Online Teaching", *Journal of Asynchronous Learning Networks*, Vol. 18, No. 1, (2014), pp. 71 – 107.

的教师专业发展形式不同，在线指导教师的专业发展，其核心是凭借现代网络技术为学习者提供基于网络的学习机会，包括由专业拓展项目、在线课程、理论研讨、信息沟通、资源分享组成的资源体系，以及由项目指导教师、网络课程管理人员、课程学习教师共同参与组成的专业共同体，是一种突破了时空局限的在线专业发展探索。[①]

在线学习教师专业发展，一是依托辖区内高等院校。如佛罗里达教育局资助，由佛罗里达大学（UCF）实施的佛罗里达在线阅读职业发展计划（FOR‑PD），就是一个帮助 K‑12 年级职前教师改进阅读教学能力的专业发展项目，为从事在线阅读教学的职前教师设计了 25 小时的在线专业发展课程。二是美国国家教师发展署（NSDC）等国家级公共机构。NSDC 提出的在线教师专业发展标准（SOTPD），是当前在线教师专业发展的最新成果，为美国各级教育部门和学校开展在线教师专业发展提供了权威的设计原则和评价标准。三是 K12 Inc. 等在线教育盈利机构，这些机构制定了在线教师教学指导评价量表，从教师自身专业鉴定、在线课堂教学能力、是否响应学生需求以及创建良好在线学习环境等多方面评价在线教师的教学质量。四是"K‑12 在线学习国际协会"（iNACOL）、常青教育集团（Evergreen Education Group）等私立非盈利组织，这些组织为在线教师制定了专业发展与培训计划，并提供在线学习团队构建、在线互动交流技巧、网络授课时间管理等课程培训。

在线教师的专业发展培训内容上，有学者基于 191 个在线教育实施机构进行调查后发现，有关在线教育的教师发展指导中，最常见的学习内容包括课程管理系统（90.4%）、在线教育论坛（85.7%）、同教学设计专家的咨询会（84.2%）、深度的研讨会（83.1%）、所设计课程的同行评议（75.0%）、在线课程的专家意见（57.4%）、其他人的建

---

① K Carter, "Online training: What's Really Working?", *Technology & Learning*, Vol. 32, No. 10, (2012), pp. 32 – 36.

议（44.0%）。① 总体看，在线教育教师专业发展包括以下方面：（1）课程管理系统的基本使用方法，包括 Blackboard、Angel 等软件的使用；（2）各种技术工具的使用，包括博客、移动技术、Twitter 等社交软件；（3）适用于在线学习的指导方法，包括在线讨论、积极学习策略、问题学习等方法；（4）在线资源查阅、修正，嵌入其他教学资源等技巧；（5）教学设计原则与模式，包括确立课程目标与学习进度，制定评价方法等。②

（五）评估保障：强化在线学习各方责任与绩效拨款

政府及其授权的第三方评估机构在在线学习绩效评估中扮演着重要角色，主要是面向在线学习供应方和作为使用方的中小学校。对在线学习供应方的考核，主要通过学期结束时绩效考核进行拨款。除堪萨斯等少数州按照在线学习时长拨款外，多数州都以学生课程完成度或获得学分为拨款依据，同时实行分期和分等级拨款制度。此外，亚利桑那规定学生通过州测试后才给予拨款；爱荷华则在项目结束时综合学生成长情况、毕业率情况、学科领域考试情况进行拨款。

绩效评估的另一方面是对中小学校的责任考核。如马里兰州 2012 年发布的"公立学校开展在线学习的方式和程序"就要求学校开展在线教学培训，提供在线课程评估办法，以及将面授课程转化为在线课程的方案。明尼苏达州要求学校审核在线课程质量，在线课程超过 50% 的学校需要向教育局申请并公开课程目录。这些措施以"结果倒逼"方式保障了在线学习质量。

---

① J. H Herman, "Faculty Development Programs: The Frequency and Variety of Professional Development Programs Available to Online Instructors", *Journal of Asynchronous Learning Networks*, Vol. 16, No. 5, (2012), pp. 87 – 102.

② Katrina A. Meyer, Vicki S. Murrell, "A National Study of Training Content and Activities for Faculty Development for Online Teaching", *Journal of Asynchronous Learning Networks*, Vol. 37, No. 18, (2014), pp. 71 – 107.

在线学习的运行监管中最重要的是教学过程与学业评价的监督。以佛罗里达州为例，该州要求在线学习实施机构需要指导教师如何有效地进行网络连接，提供在线指导和其他类型的虚拟技术支持，甚至安排专门的实地指导服务（有针对性的指导）。学校则被赋予了监控在线学习情况和学习行为的责任，需要帮助和确保学生能够坚持完成课程并且取得学分。虚拟学校则通过学生学习情况日常监控、课后作业完成情况、课程结束后的测试以及其他类型的评价活动来评估学生的学习。政府的责任是督促这些相关主体履行各自责任。与此同时，州教育局还会利用网络监控的数据，对各类利益相关者（包括学生及学生家长、虚拟学校、学校和教师、地方学区支持）等进行满意度调查，并征集改进建议。2015—2016 学年的满意度调查中，佛罗里达虚拟学校学生和家长对于教师的满意度最高，其次是课程内容、学校与学区支持、学校管理等内容，满意度分别为 82%、78%、75% 和 70%。[①]

经过多年的发展与探究，我国在线学习取得了不小的进展。但仍存在许多问题：（1）在线教育课程整体质量还有待提高，大量课程还仅仅是视频讲述性质的课程，与学员的互动、交流和问题反馈机制等还不够完善。（2）教师对在线教育的课程设计，课件制作的理论和技能普遍较低，课堂的展现不够生动有趣，未能发挥在线课程的功能优势，优秀的课程较少。（3）各平台、各单位的教师之间教学资源封闭，缺乏交流，优秀的课件限定在自己单位或平台内使用。（4）经验丰富的一线教师制作的优秀课件或课程资源，仅有参与课件比赛这一种获得收益的渠道，竞争十分激烈，使得其研发精品在线课程的积极性有限，整体上没有呈现百花齐放的态势。（5）各个教育平台，对于学生在线教育过程中的监督机制还不够有效，也未建立良好的奖惩机制，使得学生主要依靠兴趣与自律坚持学习，导致目前在线课程普遍坚持学完的学生较少。

[①]　FLVS, *Florida Virtual School Stakeholder Surveys: Executive Summary 2015 – 16*, Orlando, FL: Florida Virtual School, 2016, p. 7.

国家对在线教育的相关认证还不够完善，使得学生难以通过在线教育取得社会认可的知识技能证书和认证，这使得在线教育一直仅能处于辅助以及次要的地位。[①] 在线学习因其在促进信息技术与学科教学的深度融合，推动学生自主学习、主动学习上的模式创新，成为当前国际教育信息化的重要趋势。作为当今世界教育信息化水平最高的国家之一，透视美国 K－12 在线学习运行模式，总结在线学习质量保障的政策与实践经验，对推进我国基础教育信息化建设具有较强借鉴参考价值。

[①] 舒昊、马颖峰：《国内中小学在线学习分析及思考》，《中国教育信息化》2014年第 23 期。

第五章

变革引领：挖掘大数据时代的教育大数据

伴随着移动通讯、云计算、传感器、可穿戴技术、物联网等现代信息技术的快速发展，人类社会进入到数据体量爆炸（Volume）、数据传输便捷（Velocity）、数据种类多样（Variety）、数据价值巨大（Value）的大数据时代。据"国际数据公司"（IDC）估计，2013 年时全球共产生了 4.4ZB 有用数据（1ZB 等于 1 万亿 GB），并将以 40% 的年增长速度，到 2020 年时达到 44ZB。① 全球每天有超过 5 亿张照片在互联网上分享，每分钟创造 200 小时的视频。② 正因为此，联合国在 2012 年发布的《大数据促发展：挑战与机遇》白皮书中指出："大数据时代已经到来，大数据的出现将会对社会各个领域产生深刻影响。"大数据带来了人们生活、工作与思维的大变革，正深刻改变着人类社会发展方向。教育大数据作为大数据的一个子集，为对提升教育质量、优化资源配置、实现个性化学习、推动科学决策提供了巨大机遇，引起了教育研究者、管理者、决策者以及实践者的广泛关注。③

---

① Vernon Turner, et al, *The Digital Universe of Opportunities: Rich Data and the Increasing Value of the Internet of Things*, Framingham, MA: International Data Corporation, 2014, p. 2.

② Executive Office of the President, *Big Data: Seizing Opportunities, Preserving Values*, Washington, DC: The White House, 2014, p. 2.

③ 陈琳、陈耀华：《以信息化带动教育现代化路径探析》，《教育研究》2013 年第 11 期。

一、美国的教育大数据战略规划与政策

教育大数据是指在教育教学和校园活动中产生的，以及在教育管理和科学研究活动中采集的，对推动教育发展具有巨大价值的数据集合。美国政府通过制定宏观大数据发展战略，或出台教育大数据专项政策，引领教育大数据发展方向。

（一）宏观大数据战略中的教育大数据规划

虽然未来学家阿尔文·托夫勒（Alvin Toffler）在 20 世纪 80 年代就曾提出"大数据"概念，并将"大数据"誉为"第三次浪潮的华彩乐章"，但大数据真正引发全球性关注，则是 2011 年全球知名咨询公司麦肯锡在《大数据：创新、竞争和生产力的下一个前沿》报告中提出"大数据时代已经到来"之后。

2010 年，奥巴马政府启动了"我的大数据"计划，目标是让美国人可以更安全地获取个人数据来办理私人业务，主要包括以下四大计划。一是"蓝纽扣"计划。消费者使用"蓝纽扣"，获取个人健康信息，以便管理其健康、经济状况。二是"创建副本"计划。在 2014 年，美国国税局建立了一个名为"Get transcript"的共享数据库，纳税人在此可以获得个人近三年的纳税记录，民众可以方便地下载纳税申报单，更加便捷地进行抵押、贷款等活动。三是"绿纽扣"计划。该计划由美国政府与电力行业在 2012 年合作推出，为家庭与企业提供能源使用信息，目前已为 5900 万家庭与企业提供服务，并帮助他们节约能源。四是"我的学生数据"计划。美国教育部将助学金免费申请表与联邦助学情况的信息进行共享，这些信息囊括了借贷、补助金、注册与超额偿付等，使学生与资助人能够上网下载所需信息资源。

2012 年 3 月，奥巴马政府宣布投入 2 亿美元实施"大数据研究和发展计划"（Big Data Research and Development Initiative），"通过收集、处理庞大而复杂的数据信息，从中获得知识和洞见，提升能力，加快科学、工程领域的创新步伐，强化美国国土安全，转变教育和学习模式"，正式将"大数据"提高到国家战略层面，明确要在科学研究、环境保护、国家安全、学校教育等领域广泛运用大数据技术，推动大数据的收集、使用和研发分析工具。"转变教育和学习模式"被列为战略目标之一。2013 年 2 月 6 日，美国国家科学基金会（National Science Foundation）宣布将额外投入 1 千万美元，以激励社会及人文科学中的"大数据"研究的发展。

2013 年 5 月，奥巴马总统签署 13642 号行政命令，确立了联邦政府对数据管理的新原则：在确保隐私安全、保密性和安全前提下，联邦机构在发布新的政府信息时，必须遵循开放性和机器可阅读原则。根据行政命令，联邦管理和预算办公室（Office of Management and Budget）以及科学与技术政策办公室（Office of Science and Technology Policy）发布了政府机构信息管理框架，将数据分为完全公共、有限制公共、非公共数据三种。该命令的发布是对"我的大数据"计划的确认与推动。

2014 年至今，美国总统执行办公室（Executive Office of the President）连续发布了三份大数据白皮书。其中，2014 年的白皮书《大数据：把握机遇，守护价值》（Big Data：Seize Opportunities，Preserving Values），对美国大数据应用与管理的现状、政策框架和改进建议进行了集中阐述。2015 年的白皮书以"中期进展报告"（Interim Progress Report）的形式，重点阐述了如何利用大数据提高生活质量，促进经济增长和增进社会福祉。2016 的白皮书《大数据：规则系统、机遇和公民权利》（Big Data：A Report on Algorithmic Systems，Opportunity，and Civil Rights）重点关注大数据具体运用技巧。白皮书认为，数据并非人们理解的那样客观，在数据的输入和处理环节，都有可能出现偏见及错误。在数据输入环节，数据本身选择是否恰当，数据是否完整正确，是否存在选择偏见、无意识的历史偏见的影响等，这些都有待审查。在数据处理环节，不恰当的关联系统设计、个性化和推荐服务限制了用户选择，决策系统误以为事物之间总是存在因果关系。基于此，《白皮书》提出了数据收集、储存、使用等环节技术规范。① 这三份白皮书都将"数字化时代的教育创新"作为重要内容，提出了推动学习方式创新、培养学生数字化素养、保护学生数据隐私等建议。

（二）专项教育发展规划中的大数据内容

1993 年，美国政府启动"国家信息基础设施"（NII）建设，即广为人知的"信息高速公路"计划。1997 年，克林顿政府启动"第二代信息网络建设"。同年，联邦通讯委员会（FCC）发起了"教育折扣"（E‑Rate）项目，为美国大中小学和图书馆获得电子通讯设备和接通互联网提供优惠。2014 年 7 月，FCC 宣布将此项目更名为"E‑Rate 现代化序列"（Modernization Order），提出了 5 年内全美大中小学网络链接达到 1 千兆，广域网（WAN）扩展至 10 千兆的目标。② 该项目为美国教育大数据战略的实施奠定了坚实的物质基础。与此同时，1996—2016 年间，联邦教育部先后公布了五次国家教育技术计划（NETP），为推广数字化学习、建立数字化测评体系、提高教师教育技术能力、完善数字化基础设施和运用科技革新学校教育进行了总体规划。

为发挥教育大数据的变革作用，美国政府 2002 年通过了《教育科学改革法》（ESRA），提出所有教育政策的制定都必须有实证数据支撑，确立了"数据驱动教育决策"的指导思想。2012 年 10 月，联邦教

① Executive Office of the President, *Big Data: A Report on Algorithmic Systems, Opportunity, and Civil Rights*, Washington, DC: The White House, 2016, p. 7.

② The Federal Communications Commission, *Summary of the E‑Rate Modernization Order*, 2016‑05‑25, See: https://www.fcc.gov/general/summary‑e‑rate‑modernization‑order.

育部发布了《通过教育数据挖掘和学习分析促进教与学》（Enhancing Teaching and Learning through Educational Data Mining and Learning Analytics）报告，《报告》主要包括以下五个方面：个性化学习解读；教育数据挖掘和学习分析解读；自适应学习系统中大数据应用介绍；美国教育数据挖掘和学习分析应用案例介绍；美国的大数据教育应用挑战和实施建议。《报告》内容主要来源于以下三个方面：对公开发表或未公开发表的教育数据挖掘和学习分析相关文献的综述；对教育软件和学习管理系统开发公司中 15 位数据挖掘和分析方面专家的采访；8 位数据挖掘和学习分析领域学术专家讨论的总结。《报告》提出了通过对教育大数据的挖掘与分析，促进美国大中小学教学系统变革的目标。①

2013 年 6 月，奥巴马总统宣布实施"连接教育"（ConnectED）计划。该计划吸引了联邦通讯委员会（FCC）等政府机构，以及苹果、微软、AT&T、Coursera 等通讯行业与在线教育机构的资助，截至 2016 年 5 月即累计获得 100 亿美元的项目资金，② 致力于开发高质量数字化学习资源，提供数字化学习工具和互联网设备，推广基于数据支持的个性化学习等行动。

二、美国教育大数据战略下的数据库建设

数据库建设是教育大数据战略的基础性工程。由于美国法律限制联邦政府收集学生及教师的个人数据，美国的教育数据库建设最受关注的是"州纵向追踪数据系统"，联邦层面的数据库主要提供各层级教育的

---

① Office of Educational Technology, *Enhancing Teaching and Learning Through Educational Data Mining and Learning Analytics*, 2016 – 05 – 11, See: https://tech. ed. gov/wp – content/uploads/2014/03/edm – la – brief. pdf.

② The White House, *ConnectED Initiative*, 2016 – 05 – 16, See：https：//www. white-house. gov/issues/education/K – 12/connected.

整体性数据。

（一）"州纵向追踪数据系统"建设进程

"州纵向追踪数据系统"（State Longitudinal Data System，简称 SLDS）是美国各州首席教育主管理事会（the Council of Chief State School Officers）和美国联邦教育部数据峰会（U. S. Department of Education's Data Summit）联合，在全国范围内建立的以州为单位的纵向教育数据系统。1973 年，当时的联邦健康、教育和福利部（HEW）在一份名为"档案、计算机和公民权利"的报告中，提出了建立数据系统，以准确、完整、永久性地记录公民个人信息的设想。这一建议被《1974 隐私法》（Privacy Act of 1974）所吸收，奠定了建立数据系统的法律基础。

1985 年，特拉华州建立了第一个州层面的学生信息系统。1992 年，弗吉尼亚州开始系统收集公立中小学和非营利大学学生资料。1997 年，加州成立了"加州学校信息服务中心"（CSIS），负责收集和储存全州学生数据，但这一机构并非真正意义上的州级数据库，因为只有 60% 的学区提供了学生信息，其他学区拒绝提供。到 2001 年时，阿拉斯加、特拉华、佛罗里达、路易斯安那、明尼苏达、密西西比和德克萨斯等 7 个州建立起涵盖全州的学生信息系统，记录各层次学生的考试成绩和入学信息。

2002 年《不让一个孩子掉队法》（NCLB）的实施推动了美国教育数据库建设进程。根据 NCLB 法案，各州需要报告学生学业成绩进步情况，从而加速了各州数据库建设进程。根据 2002 年颁布的"教育技术支持法"（Educational Technical Assistance Act），美国教育部于 2005 年启动了"州纵向追踪数据系统"（SLDS）专项建设，帮助各州"设计、开发与利用州级纵向数据系统，以便有效地、准确地管理、分析、分类处理与利用每一位学生的数据"。① 根据《美国竞争法》（America Competes Act），各州可以申请国家财政稳定基金资助（SFSF），用于建立州纵向追踪数据系统。到 2007 年时，27 个州接受了联邦政府的"州纵向数据系统"（SLDS）拨款，有 4 个州按照"数据质量运动"（Data Quality Campaign）规定的 10 项要求，建立起学生数据系统。② 这一项目在 2009 年后获得了《美国复苏与再投资法》（ARRA）授权，但要求各州在建立州纵向追踪数据系统（SLDS）时，需要将数据系统延伸至中学后教育和工作阶段，才能获得 ARRA 法案的竞争性资助。据统计，2005—2014 年间，全美共有 41 个州接受了 SLDS 项目资助，联邦政府共投入 6.5 亿美元专项经费。③

2009 年以后的州教育数据库建设进入 P - 20W 系统发展阶段。各州在 K - 12 数据库基础上，向前延伸至早期儿童教育，向后拓展至中等后教育和就业等数据，从而升级为 P - 20W 系统。这一转向获得了联邦劳工部的支持，该部于 2010 年启动了"员工就业数据项目"，并提供 1220 万美元竞争性资助，用于收集就业地点、工资收入、雇佣方名称、就业领域等数据。

以密歇根州为例，该州通过学生数据系统（MSDS）收集"伟大开端准备项目"（Great Start Readiness Program）数据，这是该州的早期儿童项目。同时，密歇根的职业发展局（Workforce Development Agency，

---

① Karen Levesque, et al, *A Guide to Using State Longitudinal Data for Applied Research*, Washington, DC: Institute of Education Sciences, U. S. Department of Education, 2015, p. 2.

② Chrys Dougherty, "Getting FERPA Right: Encouraging Data Use While Protecting Student Privacy", In: *A Byte at the Apple Rethinking Education Data for the Post - NCLB Era*, Marci Kanstoroom, Eric C. Osberg Thomas（Eds），Washington, DC: Thomas B. Fordham Institute Press, 2008, p. 45.

③ Karen Levesque, et al, *A Guide to Using State Longitudinal Data for Applied Research*, Washington, DC: Institute of Education Sciences, U. S. Department of Education, 2015, p. 7.

简称 WDA）建立了类似学术数据系统的就业追踪系统，包括职业项目训练、职业准备等情况。"密歇根州纵向数据系统"（MSLDS）将上述两方面数据整合，从而最终形成 P－20W 数据系统。该州收集教育数据主要有以下目的：一是教育经费拨款，各级教育经费项目拨款都是基于学生入学数量，密歇根州每年 120 亿美元教育公共拨款就是以此为基础。二是进行责任考核，考核学校是否达到平等地满足学生需要，学校教育活动是否遵循教育法律等。三是透明度要求，向公众阐明教育经费如何使用、产生的结果等。四是改进学生学习需要，帮助学校和教师提高学生成绩。[1]

据"数据质量运动"（Data Quality Campaign）统计，截至 2014 年底，全美 43 个州的数据库已涵盖早期儿童教育至中学后教育，27 个州将中等后教育和就业系统进行了有效关联，18 个州和哥伦比亚特区已建立起从早期儿童教育到毕业后就业的 P－20W 系统。[2]

（二）联邦和地方数据库的主要内容

"联邦初等和中等教育法案"（ESEA）第 9531 款、"教育科学改革法案"（ESRA）第 182 款、"残疾人教育法案"（IDEA）第 616 款规定，禁止建立联邦层面的全国性学生数据库，联邦政府只能发布聚类性整体报告，且这种聚类性整体报告中也不能出现能查找出个人身份的信息。基于此，联邦政府的数据库建设重在整体层面的数据收集，主要依托"美国教育统计中心"（NCES）开展。

NCES 的数据库包括"背景性指标"和"表现性指标"两类。"背

---

[1] Center for Educational Performance and Information, *CEPI Data Systems Privacy and Security Practices*, 2017 － 07 － 12, See: http://www. michigan. gov/cepi/0, 4546, 7 － 113 － － 252460 － － , 00. html.

[2] Karen Levesque, et al, *A Guide to Using State Longitudinal Data for Applied Research*, Washington, DC: Institute of Education Sciences, U. S. Department of Education, 2015, p. 18.

景性指标"又分为"系统投入"和"过程性信息"两个子类，其中
"系统投入"包括教育拨款、教师聘用、家庭社会背景等信息，"过程
性信息"包括学生课程选修情况、学生获得项目资助情况、班级规模、
学生学习投入等信息。"表现性指标"主要包括学生学业测试成绩、升
入下一级教育情况、毕业率、学校年度进步情况等内容。

为适应互联网时代信息公开与查询的需要，联邦教育部建设了"教
育数据快线"（ED Data Express），汇总发布各类整体性教育数据，主要
任务在于为教育部内部各机构、各州教育管理部门、各地教育机构提供
可靠的、全国范围内的中小学生学习绩效与成果数据，分析各州报告的
教育数据以整合成为联邦政府的教育数据与事实报告。系统支持用户按
照自己的需求便捷地选择不同的数据来源（比如选择某一个州在某一学
年的学生学习进展数据，或教师发展方面的数据等），支持生成个性化
定制的报告，数据分析结果可以以图表、数据地图、趋势曲线等多种方
式呈现，为国家层面的教育规划、政策制定以及教育项目管理提供了有
力的数据支持。与此同时，在教育部的"仪表盘"（Dashboard）系统
上，还收集有 3—4 岁儿童进入学前教育机构的情况，4 年级学生在
"全国教育进展评估"（NAEP）的数学和阅读测试情况，18—24 岁人群
进入大学学习的情况，25—34 岁人群完成副学士及以上学位的情况等
数据。

地方数据系统主要为区域教育管理和评价提供支撑，主要包括以下
数据：学生、学校和学区的身份信息；学生人口学特征，参与特殊教
育、移民教育、国家免费午餐计划等项目情况；入学率和出勤率；毕业
率和辍学率；停学、开除等行为数据；州或地方测试数据；参与课程学
习、年级和获得学分情况；学生参加"学术水平测试"（SAT）或"大
学入学考试"（ACT）数据；教师的人口学、资格证、工作经历、任教
学科等数据。地方教育数据系统主要承担以下功能：一是收集、储存和
维护详细的学生和教职工信息，包括个体信息和聚类信息；二是分析学

生、教育工作者和学校的纵向变化，以此监控地方和学校教育发展状况；三是发布数据分析报告以供教育决策和利益相关者查询。

（三）学校层面的教育数据库

学校层面常常利用四种类型数据系统来收集、整合教学过程数据或评价数据。① 一是在校学生的实时信息系统（Student Information System），其中包括学生出勤率、人口学特征、考试成绩、选课日程等数据；二是数据软件坊（Data Warehouses），其中保存了学校当前或历史上的学生、教职员工、财政方面的信息；三是教学或课程管理系统（Instructional or Curriculum Management Systems），支持学校教师接入教学设计工具、课程计划模板、交流与协作工具，支持教师创建基准性评价；四是评价系统（Assessment Systems），支持快速地组织与分析基准性评价数据。学校层面的数据分析包括不同年级、项目、教师和人群的学业情况，学生学业成绩的纵向跟踪聚类分析，学生入学数据与毕业率，每个学生的学业表现记录，其核心目的是为学生学业负责，更好地设计课程与教学。

大数据的来源是多样且复杂的，包括公共网站、社交媒体、移动应用、各级政府的档案和数据库、商业数据、地理空间数据、调查数据、传统文档扫描后储存数据，以及利用互联网感知技术、可穿戴技术、GPS 产生的数据等。在教育领域，大数据主要有四大来源：一是在教学活动过程中直接产生的数据，比如课堂教学、考试测评、网络互动等；二是在教育管理活动中采集到的数据，比如学生的家庭信息、学生的健康体检信息、教职工基础信息、学校基本信息、财物信息、设备资产信息等；三是在科学研究活动中采集到的数据，比如论文发表、科研设备运行、科研材料采购与消耗等记录信息；四是在校园生活中产生的数

---

① 郑燕林、柳海民：《大数据在美国教育评价中的应用路径分析》，《中国电化教育》2015 年第 7 期。

据，比如餐饮消费、上机上网、复印资料、健身洗浴等记录信息。只有完整收集这些数据，才能在此基础上恰当地利用数据。

三、教育大数据在美国基础教育中的应用

教育大数据推动着教育领域的系统性变革，影响范围涉及教育观念、教育体制和教学行为等层面。作为国家发展战略的一部分，美国教育大数据在支撑教育决策、改进学校管理、推动教学创新、促进教育科研转型等方面发挥了积极作用。

（一）基于大数据推动科学教育决策

自计算机和网络进入教育领域以来，以信息化技术对数据进行分析来驱动决策的努力就已开始。决策主要由直觉、经验和逻辑三种方式分别或混合驱动。虽然直觉和经验在决策过程中也是无可替代的，但通过逻辑方式做出决策更具有科学性。[①] 数据是填充逻辑过程的基石，大数据正在改变决策的驱动方式，由直觉和经验驱动决策开始向数据驱动决策（Data – Driven Decision Making，DDDM）转化。

1. 大数据驱动教育决策的内涵与要素

2013 年，福斯特·普罗沃斯特（Foster Provost）和汤姆·福塞特（Tom Fawcett）在《商务数据科学》一书中将数据驱动决策定义为"基于对数据的分析，而不是仅仅依靠直觉进行决策的实践"。[②] 在教育领域中应用数据驱动决策这一概念是模仿工业和制造业的全面质量管理、

---

① 王萍、傅泽禄：《数据驱动决策系统：大数据时代美国学校改进的有力工具》，《中国电化教育》2014 年第 7 期。

② Foster Provost, Tom Fawcett , *Data Science for Business: What You Need to Know About Data Mining and Data – Analytic Thinking*, Sebastopol, CA: O' Reilly Media, Inc. , 2013, p. 7.

组织学习和持续改进等成功做法。这些做法强调组织改进是通过对不同类型的数据做出迅速反应而得以提升的。这些数据包括诸如材料成本之类的输入数据，生产速率之类的过程数据，缺陷率之类的结果数据以及包含员工和顾客意见的满意度数据。数据驱动决策在教育中是指收集、分析、报告和使用数据用于学校改进的过程。

数据驱动教育决策由一系列基本要素构成。① 一是多样化的数据来源。包括学生信息系统、人力资源、资金以及评价等不同功能的数据库。二是数据提取、转换和加载工具。该工具将从各种异构数据源中抽取数据，并按照预先设计好的规则进行转化清洗，处理一些属性难以统一规范的数据、冗余数据、错误数据或者异常数据，目的是让用户对问题进行补救并维护数据质量，最后再将数据加载到目标数据仓库中。三是数据仓库。该仓库是数据驱动决策系统的基础层，主要是研究和解决从数据库中获取信息的问题。四是数据分析工具。该工具的职责是对驻留在各种数据源或数据仓库中的信息进行挖掘、预测和分析，让用户能实时地、按照用户自己设计的格式定制生成报告，从而让那些最需要利用其加快分析和改进工作的人得到数据。五是决策支持工具。决策支持工具的作用就是对大量数据进行深入、详细的了解和分析，然后进行推测。六是咨询支持服务，包括需求评价、专业发展和培训之类的咨询支持服务。

2. 美国教育界数据驱动决策的支撑系统

美国政府重视数据在教育决策中的作用。1968 年，联邦教育部成立了"美国教育统计中心"（NCES），他们出版的"教育统计年鉴"（Digest of Education Statistics）等材料，成为美国政府教育决策的重要依据。2002 年《教育科学改革法》（ESRA）通过后，数据对教育决策的支撑作用更为明显。同年，美国教育研究中心（NCER）、美国教育统计中心（NC-

---

① 王萍、傅泽禄：《数据驱动决策系统：大数据时代美国学校改进的有力工具》，《中国电化教育》2014 年第 7 期。

ES）、美国教育评价和地区帮助中心（NCEE）、美国特殊教育研究中心（NCSER）四大机构整合，成立了美国教育科学研究院（IES），该机构已成为全美最重要的教育决策咨询机构。联邦教育部在管理处境不利儿童补助、安全和无毒品学校项目、班级规模缩减项目、特许学校津贴等项目，联邦卫生和人力资源部在管理"开端计划"项目，农业部在统筹全国学校午餐项目时，都强调以各专业机构的研究报告为决策依据。

3. 美国教育界数据驱动决策的典型案例

美国政府在制定教育政策时尤为看重学业测评情况，包括"国际学生学业测评"（PISA）和"国际数学和科学趋势研究"（TIMSS）等国际性测评，以及"全国教育进展测评"（NAEP）等国内测评影响着多项决策。以 NAEP 为例，作为美国国家授权的唯一一个全国性中小学学生学业成绩测评体系，其目的是监测美国中小学生学业成就现状和发展趋势，提高美国基础教育质量。NAEP 实施以来，已对美国中小学的阅读、数学、写作、科学、历史、地理、公民教育等学科进行了全面测评，其测评结果已成为美国联邦政府及各州衡量教育发展、分配教育资源、改革教育实践的重要依据。根据 NCLB 法案，所有希望接受 I 号资助（Title I）的州自 2002—2003 学年起必须每两年参加针对 4、8 年级阅读和数学科目的 NAEP 州测评，对州测评中其他学科的测量则奉行自愿原则。学校需要对学生学业负责，不能实现"适当年度进步目标"（AYP）的学校，不但不能接受 Title I 等联邦资助，还将面临改造、接管甚至关闭等处罚。2015 年 11 月，美国国会通过了《每一个孩子成功法案》（ESSA），虽然该法案将州作为教育问责的主体，强调运用多种方法评估学校绩效，但仍然坚持以绩效评估作为教育决策重要依据的政策导向。①

教育大数据为美国政府、教育管理部门、学校与教师教育决策提供

---

① U. S. Department of Education, Every Student Succeeds Act（ESSA），2017 – 07 – 23, See: https://www.ed.gov/essa?src = rn.

了可靠的证据。美国建立了严格的教育问责制度，包括利用州教育问责系统（State Accountability Systems）对各州教育发展情况进行全方位评价，借助于学区级评价系统（District – level Evaluation Systems）评价各学区、各学校的整体教育质量，并要求学校与学区要对后进生进行基于数据的支持性学习干预（Data – driven Interventions）等。美国联邦政府以及各州政府基于对教育大数据的分析结果评价各州或州内学区的教育进展水平，并以此作为教育投入的依据以及教育政策制定的根据。

以纽约市为例，在教育科学决策思想引领下，美国纽约教育局在卡耐基公司的资助下于 2001 年与"成长网络"（the Grow Network）公司签订了为 3—8 年级开发数据驱动决策工具的协议。① 协议涉及的教师有 3 万人，学区和学校的教学领导 5 千人，以及 1200 所学校近 40 万的学生，展示了纽约市教育局为了提高学校系统多层面的教育决策质量，在将标准化评价数据与支持性的教学资源相链接方面做出的努力，被看作是数据驱动决策的成功案例。

（二）应用大数据提升教育管理效率

以数据为基础来解决教育领域中的诸多问题成为大数据时代教育管理的显著特征。对于地方和学区管理者，大数据是了解本地区教育发展情况的有效工具。对于学校管理者，通过数据系统可以查看年级、全校乃至整个学区学生的学习与生活情况，进而改进学校管理模式与方式。

1. 大数据在教育管理中的应用领域

大数据技术在区域和学校教育管理中具有广阔用途。一是运用教育大数据规划学校布局与资源分配。州、学区和学校通过分析学生人口学数据，得出本地区学龄人口变动趋势，从而科学规划本地区学校布局与资源分配。二是改革学校绩效评估办法。基于学校整体与学生个体学业

---

① 王萍、傅泽禄：《数据驱动决策系统：大数据时代美国学校改进的有力工具》，《中国电化教育》2014 年第 7 期。

数据，评价学校的办学质量或项目实施质量，分析学校的优势与弱势领域。三是推动家校有效合作沟通。通过使用 ClassDojo 等课堂反馈工具，教师可以实时上传本堂课的学生名册、本堂课学生课堂表现和任务完成情况，学校和家长借此可以及时了解并交流学生学习情况。四是改进学校日常管理效率。比如在学生出勤、用餐及校车运营等活动中使用学生管理软件，自动记录并通过数据分析提出改进方案。五是改革教师聘用与评价方式。通过分析教师任教学生的学业成绩，以及教师职业信仰、专业发展、社会服务等指标，科学评估教师专业水平与发展潜能。

2. 大数据在美国教育管理中的应用案例

教育大数据的运用为学校的系统化管理提供了方便。以芝加哥市为例，该市公立学校建立了"教学管理和学生沟通"（IMPACT）系统，涵盖学生的信息管理、课程和教学管理、学生服务管理、学生成绩统计、家校合作等信息，并实现了各类信息的逐级整合，学科教师、学生班级、学校和学区借此获得各类数据。另一方面，教育大数据的运用还使学校提供个性化服务成为可能。在佐治亚州立大学，该校 2013 年启动了"毕业和成功进展"（Graduation and Progression Success，简称GPS）项目，跟踪学生从进校到毕业的全过程。系统设计了 800 多项风险指标，当系统监测到学生遇到成长风险，学校就主动提供相应帮助。据统计，该项目启动后，学校基于系统提供的风险警报进行了 10 万人次主动干预。项目实施三年来，该校学生毕业率从 48% 增长到 54%。[①]

密歇根州纵向追踪数据系统（MSLDS）将各层级各类型数据联系在一起，包括不同学校财务情况、测试结果、教师资格、学生性别和种族、课程学习情况、学校毕业率、大学升学率、职业和技术迹象、特殊教育和天才项目参与情况。这些信息对该州教育行政部门制定财务及各类资助计划发挥了重要作用。利用 P – 20W 系统，奥罗尔罗伯茨大学

① Executive Office of the President, *Big Data: A Report on Algorithmic Systems, Opportunity, and Civil Rights,* Washington, DC: The White House, 2016, p. 17.

（Oral Roberts University）在学生个人系统中设计了一个"我的人生数据"板块，该系统与美国的劳工部的统计中心相连接，当学生点击按钮时，系统会呈现学生已经完成了预期学术目标的多少，根据已具备资格将能找到哪些职业，在申请某种特定职业时将处于何种地位。[①] 在德克萨斯州达拉斯市，该市在 2013 年时针对辖区学校存在的食品浪费现象，通过收集学生整体的点餐类型与分量，从而既引导学生健康饮食，又借助有针对性的食物准备，减少了食物浪费。

美国科罗拉多州也运用"大数据"系统改进了本州的教育管理与服务。2009 年，科罗拉多州教育当局开始实施"教育信息系统计划"（Relevant Information to Strengthen Education，简称 RISE），收集学生、教师和学校的所有信息。[②] 该计划共包括 4 个战略环节：采集、连接、提供和执行，每个战略环节又是通过一系列项目来完成的。首先，要采集科罗拉多州每个学生和教育者的重要信息，包括早期教育背景、学习长项、需要更多关注的领域、测验分数、等级等在内的一系列重要教育信息，教育者信息则包括教育者的特点、准备和发展；其次，用最先进的数据系统将收集到的数据和学生、教育者的数据内容与相关国家机构的记录连接起来；第三，通过"了解学校"（School View）的门户网站，为家长、学生、教育者、政策制定者和研究者提供及时的、以学生为中心的信息服务；第四，运用数据，设计个性化的教学实践活动、创新性学习计划和教师专业发展法案，以提高学生学业成绩。该计划在帮助学校改进教学、帮助学生获得学业上的成功等方面发挥了重要作用。

（三）整合大数据创新课堂教学模式

国际大数据专家维克托·迈尔·舍恩伯格博士认为，大数据时代的

---

① Kathleen Reid – Martinez, Michael Mathews, *Harnessing Data for Better Educational Outcomes*, Oral Roberts University, Okla: 2016, p. 9.

② 滕珺、朱晓玲：《大数据在美国基础教育中的运用》，《人民教育》2014 年第 1 期。

一个最重要的转变便是从因果关系转向相关关系，不再需要从事实中寻求原因，而要从看似无关的数据中发现某种相关关系。① 运用大数据进行课堂教学创新，其核心也在于分析数据背后的相关关系。

1. 大数据在美国中小学教学中的应用价值

美国学校一般利用基于大数据的教育评价支持本校在规划学校整体发展、优化学生管理、制定教学质量改进计划等方面的教育教学决策。据统计，97%的美国中小学利用来自整个年级或整个学校的教育大数据确定学校需要提升的关键领域；分析学生的个体数据以便于分班或安排相关学习支持服务，包括了解哪些学生需要特殊支持或更多支持。47%的美国中小学通过专门的评价人员分析不同教师教授同一教学内容或同一教师以不同教学策略教授同一教学内容时产生的数据，评价教师的教学质量并提出教学方式变革计划。而83%的学校通过利用教育大数据尤其是本校产生的大数据，了解本校教师教学发展的现状与需求，并据此决策如何支持本校教师的教学发展。②

大数据对课堂教学的影响是革命性的。奥罗尔罗伯茨大学（Oral Roberts University）"数字化教育中心"（CDE）2015年就教育大数据的作用展开调查，对1200余名教育工作者的调查显示，在 K-12 阶段，教师对大数据的运用主要包括分析、追踪和预测学生学业（79%），调整教学策略进行及时干预（58%），提高学生毕业率和课程完成率（45%），分析、追踪和预测教师表现（36%），分析、追踪和预测学校表现（33%），发现管理过程中的不足（19%）。调查同时显示，79%的受调查者认为大数据有助于分析、追踪和预测学生学业情况，68%的

---

① ［英］维克托·迈尔·舍恩伯格：《与大数据同行——学习和教育的未来》，赵中建、张燕南译，华东师范大学出版社2015年版，第7页。

② U. S. Department of Education, Office of Planning, Evaluation and Policy Development, *Use of Education Data at the Local Level: From Accountability to Instructional Improvement*, 2015 – 02 – 06, See: http://www2. ed. gov/rschstat/eval/tech/use – of – education – data/use – ofeducation – data. pdf/.

受调查者认为大数据有助于教师进行个性化教学。①

2. 大数据在美国中小学课堂教学中的应用方式

通过对学生历年学业成绩、课程选修、活动参与等数据分析，除了追踪学生学业进步情况外，还可以从中分析不同学生的学习需求和风格，进而提供适应学生特点的个性化教学。著名学习分析公司纽顿（Knewton）开发的适应性学习分析系统，就是通过数据收集、推断及建议为学生设计个性化学习方案，全美已有上千万学生从中受益。亚利桑那州立大学就同纽顿（Knewton）进行合作，对进入大学前的学生进行数学等学科的补救性教学，基于学生个人数据分析设计个性化学习方式，使得该大学的学生在第一学期的退学率减少了 56%，而通过率增加了 10%。② 另一个知名出版社麦克希尔公司（McGraw‐Hill）开发了一个名为"敏锐度预测评估"（Acuity Predictive Assessments）的工具，对学生在参与 NCLB 等测试时提供早期指标分析，并呈现学生已经掌握和需要掌握的内容。③ 在俄勒冈州的比弗顿学区（Beaverton），学校根据学生休学记录、旷课记录，以及各种人口学信息，设计个性化的行为训练方案，帮助学生更好地适应学校生活。④

除提供个性化教学方案外，教育大数据还广泛运用于学校教学的其他方面。一是通过数据分析对学习困难学生进行干预。在肯塔基，州教

----

① Kathleen Reid‐Martinez, Michael Mathews, *Harnessing Data for Better Educational Outcomes*, Oral Roberts University, Okla, 2016, p. 6.

② Knewton, *Knewton Technology Helped More Arizona State University Students Succeed*, 2016‐05‐03, See: http://www.knewton.com/assets‐v2/downloads/asu‐case‐study.pdf.

③ McGraw‐Hill, *McGraw‐Hill Education's Acuity Launches Adaptive Assessment Solution*, 2017‐08‐02, See: http://www.mheducation.com/news‐media/press‐releases/mcgraw‐hill‐educations‐acuity‐launches‐adaptive‐assessment‐solution.html#.

④ Darrell West, *Big Data for Education: Data Mining, Data Analytics, and Web Dashboards*, Washington DC, Brookings, 2012, pp. 12‐14.

育委员会向高中提供 K – 12 和中学后学生数据，向高中提供大学入学准备和 ACT 考试成绩分析，用于学生离开高中后的补救性学习。二是获得学生学习结果的即时智能反馈。当学生完成某一项任务或者参加某一项测验后，教师可以通过 Edmodo 等工具，及时获得学生实际掌握情况并调整教学活动。三是在学生选择辅修课程或课外项目时，大数据技术可以提供精准建议。四是基于大数据分析改进教学日常工作。教师可以通过学生社交行为数据分析，更有效地开展团队和小组学习，优化学习计划和日程安排。

（四）利用大数据变革学业评价方式

教育评价的核心虽然是对学生学习绩效与成长状态的评价，但又并不限于此，而是涉及对教师教学质量、教育环境与资源现状、教育投入与产出等方方面面的评价。[①] 传统的教育评价往往容易因为难以收集评价依据或因为只收集到片段化的评价信息而忽略了一些应该评价的方面，并且容易在评价过程中因为缺乏可靠的依据而过于依赖经验判断或主观评价。利用大数据变革学业评价方式，意味着对教育数据进行全方位与全程性采集，不但注意对结构化数据的收集，也重视对非结构化数据的收集。

1. 利用大数据变革学业评价的可能性

基于大数据的教育评价突破传统教育评价体系中对学生考试成绩的依赖，将碎片化评价整合为系统化评价，保障了评价的全面性与可持续性，支持多主体、多元化评价，丰富了教育评价的功能。例如，针对学生的学习评价，传统教育评价情境下的评价主体常常只有教师，偏重于对知识掌握程度的考核，评价方式也趋于单一化，往往只依赖于学科知识类考试，主要关注对学习结果的评价而常常忽略对学习过程的分析，

---

① 郑燕林、柳海民：《大数据在美国教育评价中的应用路径分析》，《中国电化教育》2015 年第 7 期。

并且缺乏对分析与评价结果的充分利用。而 21 世纪的人才需要合作能力，需要培养问题解决能力与批判性思维，但是这些本来应该重点考核的内容在诸如升学考试、资格考试等决定性考试中却较少涉及，并且很多决定性考试往往都是一年一次。基于大数据的教育评价则充分利用技术手段采集、整合学生学习过程数据与学习结果数据，融合专家评价、教师评价、学生自评、同伴互评等多种评价数据，从而可以对学生进行多维、全面、深入而可靠的评价。

基于大数据的教育评价实现了对多维教育数据的深度分析，可以满足不同教育参与者的需要：（1）教师通过数据知道他们的学生表现如何并以此为依据调整自己的教学满足学生的个性化、个别化学习需求；（2）家长通过数据了解自己孩子的强项以及能够提升的领域，了解学校的整体教育质量与环境，从而能够更加主动地为孩子选择最适宜的教育环境；（3）学校与学区的教育管理人员可以通过数据，分析哪些教育项目对于提升学生的学习绩效有作用；（4）州与联邦政府的政策制定者可以综合应用各种与学生学业进步与生涯发展需求相关的数据，以便做出科学的教育决策，制定适当的教育政策并恰当分配教育资源。

美国学校一般利用基于大数据的教育评价，支持本校开展学校整体发展规划、学生管理系统优化、制定教学质量改进计划等活动。借助大数据技术的支持，教育评价不再只服务于教育管理部门与教育机构的决策性需求，而是可以服务于一切关注教育、参与教育的群体或个体，甚至一些课外学习支持机构也可以在遵循相关制度、保障学生权益的前提下，通过利用教育大数据分析学生的学习需求来提高课外学习支援的针对性与有效性。

学生在参与在线学习、网络探究活动中产生的数据，为开展学生的过程性学业评价提供了方便。K – 12 在线学习国际协会（International Association for K – 12 Online Learning，简称 iNACOL）在"正确理解：界定和整合个性化、混合式和能力教育"（Mean What You Say：Defining and Integrating Personalized, Blended, and Competency Education）报告中指出，用科技手段整合核心教育资源不仅能进一步满足学生的个性化学习需要，确保学生尽可能高效地掌握基本知识和能力，还通过面对面的学习经历与个性化指导服务，通过在线平台在内容和工具上结合起来，凸显出混合式学习的综合优势，并允许运用多元的途径来展现学生所掌握的知识能力，基于全方位、广领域、长时段的大数据收集，实现能力本位的学业评价。[①]

2. 美国利用大数据变革学业评价的案例

美国一些州正尝试将大数据运用于学生学业评价中。如田纳西州增值评价系统（Tennessee Value Added Assessment System，简称 TVAAS）就是一个通过对学生的成绩进行多年连续追踪分析来评估学区、学校和教师效能的系统。在 TVAAS 中，3—12 年级的每个学生都要参加语言、数学、科学等一系列的测试，该系统采用增值评价方法分析每个学生的学业进步，并依此评估各学区、各学校、各教师对学生学业进步的贡献大小。[②] TVAAS 可以为教育决策者提供大量的诊断信息，有利于促进形成性评价的开展与实施；可以计算每所学校或学校子群体在各学科上的成绩进步率，然后参照以往的进步率，发现那些没有取得足够进步的学生群体，并对其进行干预；可以预测每个学生在不同学科领域将来可能获得的成绩，有助于学校管理者与教师尽早发现那些将来有可能会达不到毕业要求的学生，使他们有足够的时间为这些学生制定不同的课程和教学策略；还可以帮助教师提前了解那些即将在他们班就读学生的过往成绩，有助于教师根据学生的学习情况制定更加适合本班学生的教学方

---

① Susan Patrick, Kathryn Kennedy and Allison Powell, *Mean What You Say: Defining and Integrating Personalized, Blended, and Competency Education*, 2014 – 02 – 21, See: http://www.inacol.org/cms/wp – content/uploads/2013/10/iNACOL – Mean – What – You – Say – October – 2013. pdf.

② 周燕、边玉芳：《美国 TVAAS 的解读及其对我国教育评价的启示》，《全球教育展望》2012 年第 3 期。

案，从而提高教师的教学质量。

（五）挖掘大数据推动教育研究转型

美国教育学界强调运用实证数据研究教育具体问题，再基于研究结果指导政策与实践。[1] 大数据技术为大规模教育实证研究提供了便利。一是利用纵向数据开展长期性的追踪研究。维格多（Jacob Vigdor）以北卡罗莱州 1500 名教师为对象，跟踪分析了 1997—1998 学年至 2007—2008 学年间学生的学业测评结果对教师工资薪酬的影响。[2] 马里兰州教育局利用"马里兰学校入学准备模型"（Maryland Model for School Readiness），基于州 SLDS 的幼儿园测评数据，分析幼儿入学前早期照顾经历与上学前准备之间的关系。安德鲁斯（R. Andrews）等人利用学生追踪数据，分析大学生入学前的考试成绩与完成学位间的关系，以及在工作中跟收入间的关系。[3] 这种跨年度的追踪研究，没有大数据的支撑是无法开展的。

二是开展大规模横向比较研究。1992 年，哈佛大学经济学教授凯恩（John F. Kain）利用德克萨斯州的数据系统实施了"德州学校项目"（Texas Schools Project），从研究居住在郊区的少数民族学生学业成绩，到有关教师质量、教师工作积极性和特许学校有效性等问题。[4]"全国学生中心"（NSC）开展了大学阶段学业成就与高中阶段学业间

---

① 范国睿等：《研究引领变革：美国教育研究新趋向——基于美国教育学者公共影响力排名的研究领域与领军人物分析》，《教育研究》2016 年第 1 期。

② Jacob L. Vigdor, *Teacher Salary Bonuses in North Carolina*, Washington, DC: National Center On Performance Incentives, 2008, pp. 2 – 36.

③ R. Andrews, J. Li, M. Lovenheim, *Heterogeneous Paths Through College: Detailed Patterns and Relationships with Graduation and Earnings*, Washington, DC: National Center for Analysis of Longitudinal Data in Education Research, 2012, p. 12.

④ Chrys Dougherty, "Getting FERPA Right: Encouraging Data Use While Protecting Student Privacy", In: *A Byte at the Apple Rethinking Education Data for the Post – NCLB Era*, Marci Kanstoroom, Eric C. Osberg Thomas (Eds), Washington, DC: Thomas B. Fordham Institute Press, 2008, p. 48.

关系的研究，依托各州和联邦教育数据库，以全国范围内 92% 的在校大学生为对象，通过分析不同学校的大学入学情况，不同学生人口特征与大学入学间的关系，高中阶段学业成绩相似的学生在大学后的学业表现等内容，以此分析高中阶段学习对大学学业的影响。[1] 美国教育考试服务中心（Educational Testing Services）收集了 180 个国家的数据，分析本国学生回答特定问题的答案，以此判断学生知识掌握情况，教育工作者则基于学生实际情况修改测试题目。[2] 这些大规模的横向比较研究，没有大数据的支撑也是难以想象的。

对教育大数据自身的研究也有助于推动教育大数据的深入应用，尤其是权威、持续的研究报告往往有着重要的启示与指导意义。例如，美国教育部教育规划、评价与政策办公室从 2006 年开始研究美国学校的数据系统，每年都发布关于学校教育领域数据应用的研究报告，其中 2008—2011 年的报告主题分别是《教师如何利用学生数据系统提升教学质量》《学校实施基于数据的决策：教师如何介入、获取支持并有效利用》《地方如何利用教育数据：从教育问责到教学改进》《教师利用数据支持教学的能力：挑战与支持》。这些报告为全美发展、利用数据系统推进系统有效的教育改革提供了重要的指导作用。与此同时，美国各州也在主动推进大数据在教育中应用的相关研究，到 2014 年，全美有 41 个州制定了本州详细的教育数据应用研究计划，43 个州有意向与相关机构进行联合研究。[3]

---

[1] National Student Clearinghouse, *Tracking Postsecondary Outcomes for High Schools*, Herndon, VA: National Student Clearinghouse Pilot, 2010, pp. 1 – 4.

[2] Doug Guthrie, "The Coming Big Data Education Revolution," *U. S. News & World Report*, August 15, 2013.

[3] Data Quality Campaign, *Paving the Path to Success: Data Action 2014*, 2015 – 02 – 05, See: http://www.dataqualitycampaign.org/files/Data ForAction2014.pdf/.

四、美国教育大数据战略实施与推进策略

美国是一个富有创新精神的国家，敢于冒险、善于开拓、勇于接纳新事物塑造了美国人的性格。美国民众总是对新兴科技持欢迎态度，并积极融入到社会生活中。随着大数据技术的兴起，美国教育界也在战略上积极跟进并推动实施。

（一）战略定位：大数据发展基础性工程

美国白宫发布的《2014 年大数据白皮书》提出，大数据技术将给美国以前进的动力，使美国继续保持长期以来形成的国际竞争力。大数据的发展与应用已经对美国社会的方方面面产生深远影响。《白皮书》指出："大数据的爆发带给政府更大的权利，为社会创造出极大的资源，如果在这一时期实施正确的发展战略，将给美国以前进的动力，使美国继续保持长期以来形成的国际竞争力。"[①] 今天的美国，从政府到企业，从医疗、教育等公共服务部门到商业、科技领域，大数据技术正在催生各个领域的变革力量，整个社会也在不遗余力地主动进行大数据技术的发展与应用。

在美国国家大数据战略中，教育具有基础性战略地位。一是推动大数据领域前沿研究。如麻省理工学院的计算机科学和人工智能实验室（CSAIL）、哈佛大学的应用计算科学研究所（IACS）、纽约大学数据科学中心（CDS）等科研机构，在大数据技术开发与应用研究方面发挥了重要作用。二是培养大数据领域专门人才。美国政府积极鼓励各大学开展大数据专业研究生教育，超过四十多所美国大学开设了大数据专业研

[①] Executive Office of the President, *Big Data: Seizing Opporunities, Preserving Values*, Washington, DC: The White House, 2014, p. 2.

究生课程，以培养下一代数据科学家和工程师。[①] 三是提高全民的数字化素养。在 2014 年的白皮书中，就将"数字化素养"（Digital Literacy）确定为 21 世纪最重要技能之一，建议各级学校将数据收集与应用能力纳入课程内容中。

（二）战略领导：健全教育数据管理机构

为实施数字化行政和教育大数据战略，联邦教育部在保留"教育技术办公室"（OET）机构及职能之外，于 2012 年整合"通讯和跨越办公室"（OCO）、"首席信息官办公室"（OCIO）以及"教育规划和政策制定办公室"（OPEPD）相关人员，成立了"数据战略团队"（DST），专门负责与数据有关的政策设计、运行和管理，统筹联邦层面的教育数据工作。

为指导各州和地方建设数据库和使用数据，"国家教育统计中心"（NCES）资助，"州首席教育官委员会"（Council of Chief State School Officers，简称 CCSSO）提供技术支持，开发了"全国教育数据模型"（National Education Data Model，简称 NEDM）。该模型主要提供数据库建设的结构化框架，指导各州和地方收集学生数据，用于本州和学区的教育政策与实践指导。该标准在应用过程中不断调整与优化，到 2015 年时已经发展到第五版。与此类似，"普通交易数据标准"（CEDS）同样提供数据收集与处理的建议模型，帮助州收集数据和建立数据库。NCES 成立了一个"CEDS 利益相关者小组"（CEDS Stakeholder Group），成员由各州教育统计领域专家组成，共同开发 CEDS 框架。

各州因数据系统的差异在管理机构设置与运行上存在不同。在德克萨斯州，州教育局负责管理 K–12 阶段数据，早期儿童教育和中等后教育数据管理中心设立在该州三所公立大学，在"州财务管理办公室"

---

① 何海地：《美国大数据专业硕士研究生教育的背景、现状、特色与启示》，《图书与情报》2014 年第 2 期。

（Office of Financial Management）下成立了"教育研究和数据中心"（Education Research & Data Center，简称 ERDC）。印第安纳州通过（H. B. 1003）法案，成立了印第安纳知识网络（Indiana Network of Knowledge，简称 INK），负责该州学生数据管理，向公众提供学生数据。据统计，美国目前已有 48 个州成立了州一级的数据管理和隐私保护机构，成为美国教育大数据战略的重要组织载体。[①]

（三）战略实施：推进教育系统整体变革

大数据对美国教育的影响是系统性的，推动着教育管理、人才培养、资源开发等领域变革。一是改变传统信息发布和教育管理方式。2009 年，奥巴马政府启动"数字化政府"（Data. gov）建设，教育领域进行了信息公开和数字化管理。二是将大数据技术纳入学校课程体系中。课程与教学是人才培养的核心。除了在大学开设大数据专业本科和研究生教育外，基础教育阶段也在探索大数据课程教学。洛杉矶联合学区（LAUSD）就于 2014 年在辖区内 10 所高中引入了《数据科学简介》课程，该课程被加州州立大学系统视为数学和统计学的替换性课程，在学生申请大学入学时被认可。[②] 三是开发与共享教育大数据资源。比如培生教育集团就利用 MOOCs 平台分析学生学习数据，再按照"共同核心州立标准"（CCSS）开发在线课程，这种优质课程资源将极大提高在线学习质量。

"芝麻街工作室"（Sesame Workshop）发布的报告显示，美国 74%的 K－8 年级教师使用过数字化游戏教学方式，55%的教师报告每周至

---

① Data Quality Campaign, *Student Data Privacy Legislation: What Happened in 2015，and What Is Next?*, Washington, DC: Data Quality Campaign, 2015, p. 5.

② NITRO Big Data Senior Steering Group, *The Federal Big Data Reserch And Development Strategicplan*, Washington, DC: National Coordination Office for NITRD, 2016, p. 33.

少安排一次数字化游戏学习活动。① 表明数字化工具的使用与分析，已经成为美国基础教育的常态。美国布鲁金斯学会在一篇报告中指出："美国国家纵向数据系统的开发和使用、数据分析能力的提高、公众对各种决策及影响的证据需求，都导致了大数据在教育决策中的使用日益增多，而数据驱动决策（Data‑driven Decisions）确实能使学校做出的决策更合理、更让人信服。"② 可以看出，美国的教育大数据战略是涵盖教育系统的诸多领域，系统化、整体推进的。

（四）风险预防：强化学生数据隐私保护

与大数据的应用相伴而生的是数据泄露与隐私侵犯问题，美国各界则力求在大数据运用和隐私保护间取得平衡。正如2014年的《白皮书》所言，"大数据正在改变世界，但它并没有改变美国人对于保护个人隐私、确保公平、防止歧视的坚定信仰。"③ 为保护学生数据隐私，联邦政府通过并修正了《家庭教育权利和隐私权法》（FERPA）、《儿童在线隐私权保护法》（COPPA）、《学生数字隐私和家长权利法》（SDPPRA）等法律，各州也制定了大量数据隐私保护法规和政策。此外，教育部成立了"隐私保护技术中心"（PTAC）、"家庭隐私保护申述办公室"（FPCO），多数州也成立了专门的数据隐私治理机构，加上"美国软件和信息业协会"（SIIA）等民间组织的参与，形成了学生数据隐私的立体保护体系。

家长的参与与支持是保护学生数据隐私的关键。受盖茨基金会资

---

① L. M. Takeuchi, S. Vaala, *Level Up Learning: A National Survey on Teaching with Digital Games*, New York, NY: The Joan Ganz Cooney Center at Sesame Workshop, 2014, p. 23.

② J. Grover, *Opportunity through Education: Two Proposals*, New York, NY: Brookings Institution, 2011, pp. 181–186.

③ Executive Office of the President, *Big Data: Seizing Opporunities, Preserving Values*, Washington, DC: The White House, 2014, p. 10.

助，"未来隐私论坛"（Future of Privacy Forum）曾经对子女在公立学校就读的美国672名家长进行了问卷调查，调查主要围绕父母对当前学校使用技术进行教学的态度，父母对于学生信息保护的态度，以及对相关隐私保护法律的了解等。调查显示，家长非常支持且认为可以运用到教育中的信息包括学生年级、出勤记录、个体的特殊需要、标准化测试成绩、学科成绩记录，支持率都在85％以上；多数支持并认为可用于教育目的的信息包括家庭地址和电话号码、健康纪律、学校午餐或早餐计划参与情况、犯罪记录，支持率在62％至74％之间；多数家长不支持收集敏感信息，比如种族身份、父母婚姻状况、家庭收入、社会安全号码等，支持率都在40％以下。① 由于本书将专章讨论"互联网＋"时代大数据广泛应用下的学生数据隐私保护，此不赘述。

（五）外部支持：吸纳多方力量共同参与

除了教育行政部门和学校等教育系统内机构的推动外，其他机构也在积极参与教育大数据战略。一是其他政府机构的推动。以"大数据研究和发展计划"为例，该计划囊括了美国科学基金会（NSF）、国家科学和技术政策办公室（OSTP）、国家标准和技术研究院（NIST）等多个联邦机构，共同致力于完善大数据基础设施、改进大数据运用和安全管理、推动大数据教育和人才培养等行动。

二是行业企业的支持。如美国著名通讯公司 Sprint 就实施了"Sprint 无线校园经理"（Sprint Wireless Campus Manager）项目，向学校提供移动学习服务支持，包括学习管理系统、移动设备管理、学习工具评估等。2014 年 5 月，著名在线课程提供商 EdX 宣布，将给低收入高中学生提供免费课程，在学生完成课程后为其颁发证书。另一课程提供商 Coursera 则宣布给教师提供免费在线培训。

---

① The Future of Privacy Forum, *Parental Support for Technology and Data Use in Schools*, 2016 - 12 - 13, See: http://www.techlearning.com/blogentry/11532.

三是专业协会的参与。如著名咨询公司"卓越教育联盟"（Alliance for Excellent Education），致力于为全美学习困难学生提高学业水平，以获得高中毕业文凭。2012 年，联盟举办了首届"全国数字化学习日"（National Digital Learning Day），全美超过 2.6 万名教师和数百万学生参与了这项活动。2013 年，联盟实施了"24 项目"（Project 24），帮助学校利用技术和数字化手段，推广以学生为中心的教学模式。目前有 1300 所学校参与到这个项目中。① 美国学校管理者协会（AASA）则携手学校网络联盟（CoSN），以及全球性的信息技术研究和咨询公司 Gartner 共同实施了一个名为"结束鸿沟：推动数据走向应用"（Closing the Gap: Turning Data into Action）的项目，旨在促进学校对学生信息系统和学习管理系统中大数据的使用。

大数据带来的信息风暴正在改变着人类社会的发展面貌，催生着教育等领域的转型力量，中国政府也正不遗余力地推进教育大数据发展。2013 年 7 月，我国正式启动国家和省两级教育数据中心建设，通过"两级建设、五级应用"实现对全国教育数据的统一规范管理。2015 年 8 月，国务院发布了《促进大数据发展行动纲要》，将发展大数据定位为国家基础性战略，并将教育文化大数据纳入十大重点工程之一。《国民经济和社会发展"十三五"规划》则对加快政府数据开放共享、促进大数据产业健康发展、强化信息安全保障进行了总体部署。借鉴美国的教育大数据战略与实施经验，我们应尽快制定《教育大数据发展规划》等指导性政策，健全国家和地方教育数据治理机构，在推进教育数据库建设中保护好数据安全与数据隐私，在推动大数据发展中促进学校教学的深度变革，提升教育决策的科学化与教育管理的现代化水平，才能跟上大数据时代的发展步伐。

---

① Committee on Homeland Security, *How Data Mining Threatens Student Privacy*, Washington, DC: U. S. Government Printing Office, 2015, p. 33.

第六章

风险预防：
"互联网＋"时代的学生隐私保护

自计算机问世以来，人类社会快速进入了一个全新的信息化时代，而移动通讯、万物互联和云计算技术的发展又把人类社会推进到以大数据为纲领的时代。教育大数据作为大数据的一个子集，在教育资源配置、教育教学创新、改进教育管理、促进教育科研转型等领域得到了广泛运用，成为当前世界各国教育发展的主流趋势。[①] 各国在制定教育大数据战略，依托教育大数据推动教育系统变革的同时，也产生了学生数据泄露与隐私侵犯等问题。在推动教育大数据应用中建立数据隐私保护体系，成为欧美发达国家及众多发展中国家的共同选择。本章在承接之前对美国教育大数据战略的分析基础上，探讨当前世界大数据技术运用领先的美国在保护学生数据隐私方面的做法，特别是有关数据隐私保护立法与治理体系，以期对推动我国教育大数据发展与隐私保护有所助益。

一、"互联网＋"时代大数据运用中的隐私问题

教育大数据是指在教育教学或校园活动中产生的，以及在教育管理或科学研究活动中采集的，对推动教育发展具有巨大价值的数据集合。[②] 由于大数据本身具有的容量巨大性、来源多样性、存储虚拟性、运行快捷性等特征，加上数据使用过程中的信息不对称，美国在应用教

---

① 滕珺、朱晓玲：《大数据在美国基础教育中的运用》，《人民教育》2014 年第 1 期。
② 王正青：《大数据时代美国学生数据隐私保护与治理体系》，《比较教育研究》2016 年第 11 期。

育大数据中出现了诸多数据隐私侵犯问题，突出表现在数据是否可用以及运用的限度上。

（一）数据存储或管理不当致使数据信息泄露

大数据的数据集是"庞大的、多样化的、复杂的、纵深的和/或分布式的，由各类仪器设备、传感器、网上交易、电子邮件、视频、点击流，以及现在与未来所有可以利用的数字化信号源产生"的数据合集。[1] 当某一地区或学校的学生信息上传和储藏在云端，而不是储藏在网络站点的服务器上，相关信息将会以共享的形式为他人所使用，由此可能会滋生数据信息泄露问题。比如，学校教职工在维护、上传信息过程中，或因软件病毒等原因可能导致数据损坏；使用者在共享或发送信息的过程中可能发生数据丢失；由于密码过于简单等控制不严原因导致密码被他人使用等等。

2013 年，田纳西州纳什维尔市区公立学校（Metropolitan Nashville Public Schools）发生了一起数据泄露事件，该学区 6300 名教师的出生日期、家庭住址、联系电话、社会安全号等信息被泄露。2014 年 2 月，马里兰大学也发生了类似事情。黑客入侵马里兰大学学生数据库，盗走了马里兰大学 30 万名已毕业和在读学生以及教职工的姓名、生日、社会安全号和身份证号等数据。[2] 在宾夕法尼亚州，该州劳尔梅里昂（Lower Merion）学区获得政府资助，向学区公立高中学生免费提供手提电脑。学区在电脑中安装了监控软件，获得了数千张学生及家庭成员在家庭中的照片，此事在 2010 年被曝光后引起轩然大波。据"隐私权利

---

① National Science Foundation, *Solicitation* 12 – 499: *Core Techniques and Technologies for Advancing Big Data Science & Engineering (BIGDATA)*, 2012 – 12 – 22, See: http://www.nsf.gov/pubs/2012/nsf12499/nsf12499.pdf.

② Patrick Svitek & Nick Anderson, "U. Md. Computer Security Attack Exposes 300,000 Records", *Wash Post*, 2014 – 02 – 19.

申述中心"（Privacy Rights Clearinghouse）统计，2014 年全美共有 30 余个教育机构遇到了不同程度的数据安全泄露事件。[①]

（二）数据使用方出于商业等非约定性目的使用数据

美国审计总署（GAO）将学校教育相关的商业活动分为四类，包括从事食品饮料和现金返回等产品销售，在校园内安装广告牌、使用公司形象标识、在校内出版物上发布广告等直接行为，由公司赞助发起的教育活动等间接广告，以及与商业活动有关的调查、投票等市场调研行为。互联网时代的学生是在学会阅读前就使用数字化设备的第一代。他们使用移动 APP 和社交媒体，当他们使用这些技术时，有关他们行为的大量数据会被储存和处理。这些数据有可能在孩子的未来生活中产生积极作用，但也可能被商业上利用。一些儿童主题网站甚至直接要求学生注册时填写姓名、生日、住址、消费习惯、业余爱好，甚至父母年薪等个人信息，再将这些数据用作商业牟利的手段。

2014 年，拥有 2000 万学生行为数据的 ConnectEDU 公司申请破产，该公司主要提供问题学生"K12 早期预警指标"（K12 Early Warning Indicator），用于行为干预训练。公司在资产清算中试图出售学生行为数据库，最后在联邦贸易委员会（FTC）的介入下才允许用户删除数据。[②]由于《家庭教育权利和隐私权法》（FERPA）允许学校等教育机构出于"合法教育目的"向第三方共享数据，但"合法教育目的"这一术语的模糊，使得学校等教育机构难以清晰界定数据使用范围。随着在线学习、混合学习被广泛引入美国中小学，这一问题显得愈发严重。时任联邦教育部长邓肯（Arne Duncan）在评论此事件时指出："必须保证学生

---

① Kathleen Reid – Martinez, Michael Mathews, *Harnessing Data for Better Educational Outcomes*, Oral Roberts University, Okla: 2016, p. 16.

② Michele Molnar, "Bankruptcy Case Shines Spotlight on Data Privacy", *Education Week*, 2014 – 12 – 10.

数据安全，不管数据存储在哪里，都必须当作宝贵的东西来对待。学生数据绝不能成为商品。"①

（三）数据收集主体在未告知行为人情况下收集数据

学生使用数字化产品的比例越来越高且呈现低龄化趋势。2013年，"共识媒体"（Common Sense Media）这一致力于推动家庭安全使用技术的民间组织调查发现，38%的2岁以下幼儿在使用移动设备玩游戏、看视频或者做其他与移动设备相关的事情。但是在2011年，该比例仅为10%。在8岁的儿童中，72%在玩智能手机、平板电脑以及其他移动设备。② 学生在参与这些活动的过程中，相关个人信息会被运营商收集。比如，当学生在儿童在线教育游戏网"趣味大脑"（Funbrain）上参与"数学棒球"游戏时，会出现 Poptropica 的相关产品广告，而这些都是培生教育集团下属"家庭教育网络"（FEN）的子产品。在参与这一学习游戏过程中，参与者的 IP 地址、个人浏览习惯等信息最终被汇聚到培生教育集团，从而在不知情的情况下泄露了个人信息。

以谷歌公司"教育应用工具包"（Apps for Education）为例，该应用软件允许未成年学生免费使用 Gmail 邮箱、Docs 办公以及 Spreadsheet 文档演示等功能。但谷歌公司会在用户使用这些功能时扫描 Gmail 邮件内容，当学生登录谷歌网站时，这些收集到的信息被用于精准广告投放。因为扫描了数以百万计的学生的电子邮件信息，并将之用于创建"隐蔽"的广告配置文件。2013年，一些学生及用户在加州将谷歌公司

---

① Department of Education, *Technology in Education: Privacy and Progress*, Remarks of U. S. Secretary of Education Arne Duncan at the Common Sense Media Privacy Zone Conference, 2014 – 02 – 24, See: https://www. ed. gov/news/speeches/technology – education – privacy – and – progress.

② National School Boards Association, *Data in The Cloud: A Legal and Policy Guide for School Boards on Student Data Privacy in the Cloud Computing Era*, Alexandria, VA: National School Boards Association, 2014, p. 8.

告上法庭，起诉此举违反"家庭教育权利和隐私权法"（FERPA）法案。2014 年 4 月，谷歌公司宣布将不再通过教育应用工具收集学生数据。① 这一案例说明，互联网企业在收集用户信息时，如果未履行告知义务，行为人会觉得难以控制个人数据的应用范围，进而认为被侵犯了隐私。

（四）数据使用方在未获得合法授权时使用数据

学生数据包括"个人身份信息"（Personally Identifiable Information，PII）和"学生通讯信息"（Student Directory Information, SDI）两类。其中，"个人身份信息"是指通过直接或间接方式，能够用来区分或追踪个人身份的信息。美国国家标准和技术中心（NIST）在 2010 年出版的"保护个人身份信息的指南"报告中，将个人身份信息分为直接和间接两类。其中直接识别特征是指专属于学生个体或家庭的信息，比如姓名、住址、社会安全号、学生证号、照片、指纹等其他生物特征；间接识别特征并非专属于某个学生或家庭，但是能跟其他信息一起区分某个学生，比如种族身份、出生地点、出生日期、参与的某个项目、学校和班级等。"学生通讯信息"（Student Directory Information）包括学生姓名、就读年级和联系信息，发布这些信息通常对学生不会造成伤害。就学生而言，个人身份信息的泄露可能带来的伤害主要有身份盗用、歧视、心理压力等，尤其是社会安全号码、身份证号码等信息，甚至可能造成隐私侵犯和非法行为。②

数据使用方在未获得合法授权时使用"学生个人身份信息"，就会

① Michele Molnar, "Google Abandons Scanning of Student Email", *Education Week*, 2014 – 04 – 20.

② National Center for Education Statistics, *Data Stewardship: Managing Personally Identifiable Information in Electronic Student Education Records*, Washington, DC: National Center for Education Statistics, 2011, pp. 13 – 14.

触及学生隐私问题。以 inBloom 的短暂辉煌为例。2013 年 2 月，"共享合作学习联盟"（SLC）在盖茨基金会等机构资助下筹资 1 亿美元成立 inBloom，主要从学生数据库中提取姓名、考勤、纪律处分等数据并存储到云处理器中，为学校和教师设计个性化教学服务。成立之初，科罗拉多、佐治亚等 9 个州即宣布与 inBloom 建立合作关系。2013 年 4 月，路易斯安那州因家长发现 inBloom 非法收集学生社会安全号，在家长抵制下宣布终止合同，其影响逐渐蔓延至其他州。[①] 2015 年 4 月，SLC 宣布关闭 inBloom。从成立至关闭只经历了短短 15 个月，其根源即在于数据使用方未获得合法授权下使用信息，大数据资源的公开与共享诉求与学生的数据隐私保护存在冲突。

美国现有的学生数据隐私保护体系还存在诸多不足。纽约福尔德姆大学法学院"法律和信息政策中心"（CLIP）2013 年底的调查发现，美国 95% 的学校在与云服务提供商合作开展在线教学，包括学生成绩数据挖掘、在线学习课堂支持、在线学习学生指导等，但不到 25% 的学校与在线教育供应商在合同中规定了学生信息使用范围，不到 7% 的学校制定有明确的规定禁止在线服务提供商对学生信息进行商业化利用。另一方面，作为学生隐私保护的权益代表，家长对数据隐私保护相关法律也缺乏了解，获得的法律支持也还不够。[②]

美国国土安全委员会（Committee on Homeland Security）的调查显示，截至 2015 年 3 月，全美有 38 个州收集各种类型的全州学生纵向追踪数据，其中 1/3 的州收集学生社会安全号，22% 的州收集学生怀孕记录，46% 的州可以追逐学生心理健康或犯罪记录，72% 的州收集学生家庭经济状况。与此同时，只有 6 个州依托第三方机构，限制州部门使用

---

① Natasha Singer, "InBloom Student Data Repository to Close", *New York Times*, 2014 – 04 – 21.

② Joel R. Reidenberg, et al, *Privacy and Cloud Computing in Public Schools*, Center on Law and Information Policy, Fordham Law School, 2013, pp. 10 – 18.

学生身份信息；18 个州出台了详细的使用限制条例，要求使用数据库人员签署保密协议；10 个州有数据保留与销毁政策；49% 的州在互联网上公开了"家庭教育权利和隐私权法"（FERPA）法案内容与申述办法，但是其中很多信息不够全面。[①] 可见美国的数据隐私保护也存在诸多不足，引发了美国各界的广泛关注。

二、美国学生数据隐私保护的立法与政策

美国政府致力于在应用大数据与保护隐私权之间取得平衡。正如 2014 年白宫总统办公室发布的《大数据：把握机遇，守护价值》白皮书所言，"大数据正在改变世界，但它并没有改变美国人对于保护个人隐私、确保公平、防止歧视的坚定信仰。"[②] 通过立法和行业自律政策，美国基本构建起大数据环境下学生隐私保护的法规体系。

（一）联邦层面学生数据隐私保护立法

美国隐私权保护主要针对的是公权力对公民隐私权的侵犯，1934 年《侵权法重述》将无正当理由严重侵犯个人隐私确定为民事诉讼的诉因。随着计算机技术的发展，数据隐私问题在 1973 年首次进入公众视野。当年美国卫生、教育与福利部发布了一份题为《录音、计算机与公民权利》（Records，Computers，and the Rights of Citizens）的报告，分析了"自动化个人数据系统可能导致的不良后果"，并提出了广为人知的"公平信息实践法则"（Fair Information Practice Principles，简称为

---

① Committee on Homeland Security, Committee on Education and the Workforce, *How Data Mining Threatens Student Privacy*, Washington, DC: U. S. Government Printing Office, 2015, p. 13.

② Executive Office of the President, *Big Data: Seizing Opporunities, Preserving Values*, Washington, DC: The White House, 2014, p. 10.

FIPPS)，成为数据保护制度的基石。

1. "家庭教育权利和隐私权法"（FERPA）

"家庭教育权利和隐私权法"（Family Educational Rights and Privacy Act of 1974，简称 FERPA）是美国最重要的一部保护个人信息方面的法律，该法案于 1974 年通过，2008 年和 2011 年经过修正，由联邦教育部负责实施。该法案适用于美国公民和在美国取得永久居留权的外国人。该法案对政府机构应当如何收集个人信息、什么内容的个人信息能够储存、收集到的个人信息如何向公众开放及信息主体的权利等都做出了比较详细的规定，以此规范联邦政府处理个人信息的行为，平衡隐私权保护与个人信息合理利用之间的紧张关系。① 法案主要包括以下内容：

（1）信息主体的主要权利。第一，决定是否同意公开自己资料的权利，禁止行政机关在取得本人同意前，公开其个人信息；第二，访问自身个人信息的权利，本人有权知道行政机关是否存在关于他的记录以及记录的内容，并有权要求得到复本；第三，修改个人信息的权利，个人认为关于自身的信息不正确、不完全或不新颖，可以请求制作记录的行政机关进行修改。

（2）政府机关的主要义务。第一，政府机关收集个人信息，如果可能导致对个人做出不利决定时，必须尽可能地由其本人提供；第二，政府机关在收集个人信息、建立个人信息数据库时，必须发布公告；第三，政府机关只能在执行职务相关和必要的范围内保有个人信息，除法律另有规定外，禁止保有关于个人宗教信仰、政治信仰等与政府机关执行职务无关的个人信息；第四，政府机关必须保持个人信息的准确性、及时性和完整性，并保障信息的安全。

（3）关于民事救济措施。任何机关因为没有应要求更改、复查特定主体的信息记录，持有的个人信息不符合"准确、相关、及时、完

---

① Wikipedia, *Family Educational Rights and Privacy Act*, 2017 - 02 - 12, See: https://en.wikipedia.org/wiki/Family_ Educational_ Rights_ and_ Privacy_ Act.

整"的原则，因而导致在做出关于资质、权利、机会、利益等决定的时候，如果存在偏见而导致做出对该个人不利的决定，当事人可以到当地法院提起诉讼，要求民事赔偿。

2008 年 12 月，联邦教育部出版了修正后的 FERPA 条例说明。2009 年，联邦教育部与卫生和人力资源部（HHS）联合出台了一份说明，阐述 FERPA 和美国医治保险携带和责任法案（Health Insurance Portability and Accountability Act，简称 HIPAA）之间的关系。2011 年 4 月，联邦教育部又发布了 FERPA 条例说明，这一次的说明主要关注州层面的数据问题，宣布将向各州在处理隐私和安全问题上提供帮助，为各州出版了处理数据隐私相关问题的政策与实践手册。

由于美国 1974 年的"家庭教育权利和隐私权法"只适用于联邦部会以上的机构，而不涉及部会以下的机构或州政府的各级行政机构，更不及于民间企业组织，使得其规范对象受到过多的限制，无形中大大降低了该法的功能。① 另外，该法没有关于设立常设的独立机构来监督该法的实施，使得个人信息保护有落空的危险。尽管如此，FERPA 仍然是美国学生数据隐私保护方面的首要法律。

2."儿童在线隐私权保护法"（COPPA）

"儿童在线隐私权保护法"（The Children's Online Privacy Protection Act，简称 COPPA）于 1998 年获得通过，2012 年修改了部分规定，由联邦贸易委员会（FTC）负责实施。②

（1）主要内容。与儿童有关的商业网站经营者或有意向儿童收集个人数据的网站经营者禁止以不公平或欺诈方式收集、使用及披露 13 岁以下儿童网络个人数据；任何透过网络公告、笔友、电子邮件服务、

---

① Data Quality Campaign, *A Stoplight for Student Data Used*, 2017 – 02 – 12, See: http://files. eric. ed. gov/fulltext/ED560593. pdf.
② 蒋玲：《美国儿童网络隐私保护概况及其启示》，《四川图书馆学报》2009 年第 5 期。

留言板或讨论室等途径，收集 13 岁以下儿童个人数据，包括姓名、地址、电子邮箱地址、社会安全号码、电话等必须满足以下条件：①在网站上有显著链接，以告知其收集、使用及披露儿童个人数据的方式，说明文字必须语意清晰，避免参与者产生误解。获得该儿童父母之同意。②除特殊情况外，必须征得家长的同意，即使先前已征得家长同意，但若收集、使用及披露的方式有重大改变时，须再次征得家长的同意。③家长有权审视其子女的数据档案。④家长有权要求删除其子女数据及禁止数据被进一步收集或使用，但网站经营者必须确认申请调阅数据档案者确实为儿童家长。为家长提供审视其子女数据档案的机会。⑤使用合理方法，让父母有机会防范其 12 岁至 17 岁子女的个人数据被收集或使用。⑥建立合理的程序，确保被收集的儿童个人数据的安全性与完整性。

（2）适用范围。儿童网络隐私保护法适用于商业网站的经营者以及专门面向 13 岁以下儿童的网上服务。商业网站主要指以盈利为目的的网站，在确定一个网站是否针对 13 岁以下的儿童时，不仅要根据网站经营者的意图，而且要考虑网站的语言、画面和整体设计，对于那些并不专门针对儿童的网站或网上服务，如果它们向儿童收集信息时，也要遵守儿童网络隐私保护法的规定。儿童网络隐私保护法只适用于收集"个人信息"的网站。"个人信息"包括姓名、地址、电子邮件地址、电话号码以及任何其他可借以进行实际或网上联系的识别方式。

2012 年 12 月，联邦商业委员会（FTC）更新了 COPPA 部分规定，扩大了个人信息的范围，将通过移动设备能获得的地理位置信息、照片、视频、声音录音、个人永久性标识符号等纳入受保护信息范畴。关于此项法律的争论还在继续，主要焦点在于是否将受保护年龄从 13 岁延长。

3."学生数字隐私和家长权利法"（SDPPRA）

"学生数字隐私和家长权利法"（Student Digital Privacy and Parental Rights Act，简称 SDPPRA）于 2015 年 4 月在众议员杰瑞德·波利斯

（Jared S. Polis）和卢克·梅塞尔（Luke Messer）的努力下获得国会通过，由联邦贸易委员会（FTC）负责落实。提案发起人之一的波利斯认为，"家长和学校对学生数据隐私问题的关注正在日益增长，提出这样的议案是系统解决这些忧虑的第一步，同时我们依然要确保科技可以继续给教育行业带来积极的变革。"时任总统奥巴马在谈及 SDPPRA 时指出，"如果我们想要链接到互联网，我们就需要得到保护。……每一个人都有需要保护的隐私，国家应保护公民隐私不受侵犯。"①

SDPPRA 法案以加州"学生在线个人信息保护法"（SOPIPA）为参照，规定了 K–12 年级学生网站、在线学习、应用软件等标准，法案主要内容包括：（1）禁止利用学生数据从事广告或商业活动；（2）除非特定情况下，禁止将学生数据向第三方共享；（3）使用学生数据的第三方必须遵守严格的数据保护标准；（4）任何在线服务公司在学校和家长要求下必须在 45 天内删除学生信息；（5）除非学校或家长要求，在线服务公司必须在一年后清除相关信息。② 相关的争议集中在此举是否会限制科技对教育行业的革新作用上。

除上述主要立法外，其他一些联邦法案也涉及学生数据隐私保护。1994 年颁布的"学生权益保护法"（Protection of Pupil Rights Amendment，简称 PPRA）适用于所有州和地方教育机构，以及受联邦教育部资助的项目，保护学生的如下信息（20 U. S. C. §1232h）：学生和家长的政治派别或信念；学生或家庭成员的精神或心理问题；性行为或态度；非法、反社会、自残或自我贬低行为；跟学生有较密切家庭关系的批评性意见；律师、医生等法律上认可的与学生有密切关系人的信息；学生或父母的宗教行为或立场；除了因参与特定项目或接受资助

---

① 第一财经网：《美国家长抗议学生数据隐私泄露或成终身隐患》，2017 年 3 月 23 日，见：http://www.yicai.com/news/4589085.html.
② Congress. GOV, *Student Digital Privacy and Parental Rights Act of 2015*, 2017–03–23, See: https://www.congress.gov/bill/114th–congress/house–bill/2092.

外，个人及家庭收入信息受保护。① PPRA 法案要求学校提供相关材料帮助家长了解如何保护学生隐私，至少每年一次向家长告知相关政策，以及参加相应的指导活动。在需要学生参与调查、分析和评估活动时，需要获得家长的书面授权。但是，如果相关活动属于"教育产品或服务"，法案则授权学区和学校可以使用学生数据。

1998 年颁布的"儿童互联网保护法"（Children's Internet Protection Act，简称 CIPA）要求学校采取措施屏蔽或过滤暴力、色情等内容，并对未成年人在地方教育系统网站上的在线活动进行监督，保护儿童在校内上网时不受网络有害内容影响。② CIPA 规定：（1）学校必须表明已建立安全的互联网保护措施，以屏蔽或过滤淫秽、色情等对儿童有害内容；（2）出台相关互联网政策，对未成年人在地方教育系统网站上的在线活动进行监管；（3）对未成年人开展适宜在线行为的教育活动。

由于 FERPA 和 PPRA 法案颁布在计算机大规模运用之前，COPPA 和 CIPA 颁布在大数据技术兴起之前，联邦政府近年来及时修正 FERPA 等法案，并在大数据浪潮兴起时颁布 SDPPRA 法案，以此强化对学生隐私的法律保护。

（二）州层面学生数据隐私保护立法

数据隐私在过去几年受到了联邦政府的极大关注，数据隐私问题将会继续成为热点。各州也陆续出台了相关立法，保障学生数据隐私。

1. 各州学生数据隐私保护立法总体进展

数据隐私保护近年来受到了各州的高度重视。据统计，到 2011 年

① Family Policy Compliance Office, *Protection of Pupil Rights Amendment (PPRA)*, 2017 – 02 – 14, See: http://familypolicy. ed. gov/ppra.

② Federal Communications Commission, *Children's Internet Protection Act (CIPA)*, 2017 – 02 – 14, See: https://www. fcc. gov/consumers/guides/childrens – internet – protection – act.

时，全美 28 个州出台了要求安全使用个人信息，或采取安全手段保护个人信息的法案。除了学生教育活动或评价受公共拨款资助的教育项目，以及开展与改进教育相关的研究活动外，46 个州加上哥伦比亚特区要求向个人告知个人信息方面的安全条款，34 个州通过法律限制使用学生的社会安全号码和身份证号码。[①] 2014 年，全美 36 个州通过了110 项与学生数据隐私相关的政策，21 个州通过了 24 项学生数据隐私立法。2015 年，46 个州立法通过了 182 项与学生数据隐私相关的政策，15 个州通过了 28 项学生数据隐私立法。

截至 2015 年 8 月，有 25 个州通过了类似加州"学生在线个人信息保护法"（SOPIPA）的立法，1/3 的州立法要求对在线服务提供商增加限制性条款。[②] 目前美国各州有关数据隐私保护的政策和立法中，2/3 的立法是在 2014 年以后出台的，说明数据隐私保护确已成为当前全美各州的关注议题。"常青藤教育集团"（Evergreen Education Group）在预测在线学习的发展前景时，就将各州的数据隐私保护政策列为最大的影响因素。

2. 代表性州学生数据隐私保护法律与政策

由于联邦法律适用于全美，各州的数据隐私保护立法及相关政策主要体现在对学生数据受保护范围的界定，以及保障学生和家长隐私权利的具体措施方面。如密苏里州议会"学术数据保护法案"（HCS HB 1873）规定州教育机构在报告教育进展时，只能使用聚类性整体分析数据。北达科他州州议会 2326 号法案（Senate Bill 2326）要求，学校使用学生相关数据需要获得批准；弗吉尼亚州议会 2350 号法案（House Bill 2350）要求州提供数据安全计划，指派一名首席数据安全官员协助

---

① Data Quality Campaign, *Aligning the Effective Use of Student Data with Student Privacy and Security Laws*, Washington, DC: Data Quality Campaign, 2011, p. 16.
② Data Quality Campaign, *Student Data Privacy Legislation: What Happened in 2015, and What Is Next?*, Washington, DC: Data Quality Campaign, 2015, p. 8.

地方学区开发和使用数据。①

科罗拉多州议会 2014 年通过法案（HOUSE BILL 14 - 1294），要求科罗拉多教育局出版使用学生数据的详细指南，以及有关学生数据保护的实施办法和计划，提出了学术数据使用的三项原则，即可获得、透明度和责任制。法案同时规定，除非州或联邦法律要求，不得收集未成年人不法行为记录、犯罪记录、医疗和卫生记录、学生社会安全号码以及学生生物信息等数据。

密苏里州议会 2014 年通过"学术数据保护法案"（HCS HB 1873），规定公共教育部门收集 18 岁以下学生数据，必须得到家长书面同意。要求州教育部门维护本州学生数据系统，向家长提供学生数据。在向州教育委员会报告教育进展时，只能使用聚类性整体分析数据，禁止使用有关学生和家庭政治倾向、心理疾病、反社会行为等数据。除非州法律要求，出席相关听证活动并得到家长授权，禁止使用教室录像监控设备。

加州 2014 年 9 月出台了"与技术供应商签订合作项目时的数据隐私要求"（California Education Code § 49073.1），要求各学区和学校在同数据开发商签订云计算服务、学生数据储存与管理、教育软件引入等合同时，必须遵循如下条款：（1）建立地方教育机构自己所属和控制的学生档案；（2）说明怎样控制教育相关的数据内容；（3）阻止第三方机构在合同范围外使用学生信息；（4）告知父母、监护人和学生如何审查和纠正个人信息记录中的信息；（5）参与第三方实施的在线行为必须确保学生数据的安全和保密要求；（6）告知家长、监护人或成年学校在学生信息被泄露下的处理程序；（7）当与第三方合同结束后，学生相关信息将不再被第三方保留或提供；（8）说明地方教育机构和第三方机构如何遵守 FERPA 等法律；（9）禁止第三方机构使用个人身

---

① Evergreen Education Group, *Keeping Pace with K– 12 Digital Learning: An Annual Review of Policy and Practice*, Washington, DC: Evergreen Education Group, 2015, p. 115.

份信息从事广告宣传等商业活动。①

　　加州还出台了"从社交媒体收集学生信息的办法"（California Education Code § 49073.6），要求地方教育机构和学校关注各种社交媒体上的学生信息问题。2016 年 1 月，加州发布"商业和专业条例 22584 条"（Business and Professions Code section 22584），启动实施"学生在线个人信息保护法案"（SOPIPA）。对涉及 K – 12 教育服务的网站、在线服务等运营商的行为进行规范，法案主要针对网络运营商、地方教育机构在审核在线学习服务提供商时作为重要参考。法案对网络运营商的下列行为做出限制：（1）不能使用学生信息在网站进行广告活动；（2）除了学校教育目的外，不能发布学生个人简历；（3）不能出售学生信息；（4）除非法律、管制、司法、安全等理由，不能发布学生信息；（5）必须建立合理的安全程序和措施保护学生信息；（6）学校或学区要求的情况下必须删除与之相关的学生信息。这项被称为"橡皮擦法律"（Eraser Law）的立法受到了佛罗里达、佐治亚等州的借鉴。②

　　一些州还规定了不允许收集的学生数据类型。俄克拉荷马州 2013 年通过的"学生数据获得、通明度和责任制"提出，可以收集州和全国测试结果、课程学习和完成情况、出生日期与入学年级、出勤与流动情况、留级情况、特殊教育数据，以及参与各种项目数据，但不得收集未成年犯罪记录、健康和卫生记录、社会安全号、学生生物特征等数据。北卡罗莱州规定不得收集数据学生生物信息、政治派别、宗教信仰和竞选投票历史数据。新罕布什尔则规定不得收集卫生保险信息、精神

---

① National School Boards Association, *Policy Student Data Protection and Privacy/Cloud – based Issues*, 2016 – 03 – 07, See: http://docplayer.net/12897217 – Policy – 3520 – 13 – student – data – protection – and – privacy – cloud – based – issues. html.

② Alex Molnar, Faith Boninger, *Student Data and Privacy in the Digital Age*, Boulder, CO: National Education Policy Center, 2015, pp. 15 – 16.

和心理问题等 22 项信息。①

（三）行业协会和运营商的数据隐私保护政策

美国有许多致力于数据保护的相关组织，包括"数据质量运动"（Data Quality Campaign）、"学校网络联盟"（Consortium for School Networking，简称 CoSN）、"家庭在线安全中心"（Family On – Line Safety Institute）、纽约福尔德姆大学法学院"法律和信息政策中心"（Center on Law and Information Policy，简称 CLIP）、哈佛大学贝克曼中心，以及"美国软件和信息业协会"（Software & Information Industry Association，简称 SIIA）等，他们也出台了保护学生数据隐私的政策与行业规范。

1. 行业协会的学生数据保护措施

行业协会及运营商也积极出台隐私保护自律性政策。2014 年 10 月，作为美国最有影响力的软件和数字化内容开发行业协会，"美国软件和信息业协会"（SIIA）联合"未来隐私论坛"发布了《学生隐私承诺书》（Student Privacy Pledge），要求协会会员签名同意"不出售学生信息，或者用于广告目的使用信息。学生信息只能在授权的教育目的内使用。"承诺书要求会员"对数据保留实行严格的限制，对收集信息范围及使用做出说明，支持家长审查、纠正不正确学生信息"。截至 2015 年 11 月，包括微软公司等 200 家互联网企业和 Coursera 等在线教育供应商在倡议书上签名。②

《学生隐私承诺书》具体包括以下六方面建议：（1）在市场营销和广告方面，服务协议的条款应当明确表明用户数据不会被用于创建针对学生或其家长的具有广告和营销目的的用户配置文件；（2）在数据收

---

① Alex Molnar, Faith Boninger, *Student Data and Privacy in the Digital Age*, Boulder, CO: National Education Policy Center, 2015, pp. 17.

② Student Privacy Pledge, *200 Companies Serving Students and Schools Have Now Signed the Student Privacy Pledge*, 2016 – 04 – 21, See: https://studentprivacypledge.org/.

集方面，协议应包括一项限制条款，即只能启用与服务条款相关的学生信息数据；（3）在数据使用方面，学校和学区应限制数据只能用于协议中所列出的目的；（4）在数据共享方面，当供应商与分包商合作时，学校和学区应当知情，并且分包商应遵守服务条款中的限制条件；（5）在使用权方面，与学生教育档案相关的联邦法律要求学校和学区让父母了解子女的教育档案；（6）在安全控制方面，如果不能为学生的教育档案提供足够的安全保障，将有可能违反家庭教育权和隐私权相关法律。

除了发起"学生隐私承诺"签名活动外，2014 年 2 月，SIIA 发布了"学校服务供应商保护学生信息隐私和安全的实践案例"，面向服务商解释教育的目的、透明度、学校授权、数据安全、数据泄露等事项。① 2015 年 12 月，该机构又发布了"建立学生隐私信任框架的政策指南"（Policy Guidelines for Building a Student Privacy Trust Framework），为家庭保护孩子隐私支招。

"卓越教育基金会"（Foundation for Excellence in Education）提出保护学生数据隐私的原则：一是重视数据价值。学生教育数据对改进学生学业水平、创造个性化的学习环境具有重要价值，对教育决策和提高教师教学效率也具有重要意义。二是透明性原则。学校需要同家长沟通并说明学生数据的收集范围、方式、使用及保护办法。三是有限收集原则。不收集与学生学习和成功不相干的信息。四是有限使用原则。学生数据是受保护的，只适用于教育目的。五是准确性和可获得原则。所收集的数据应该准确无误，并便于家长和学生查询。六是安全性原则。明确专人负责学生数据安全。七是责任制原则。发生学生数据泄露、不恰当公布等情况，学校要承担责任。同时，州和地方学区也有责任建立相应的数据管理和审查程序。

---

① Software & Information Industry Association, *Best Practices for the Safeguarding of Student Information Privacy and Security for Providers of School Services*, 2016 – 05 – 05, See: http://archive. siia. net.

除"美国软件和信息业协会"（SIIA）和"卓越教育基金会"外，网络隐私认证组织 TRUSTE 也提出了儿童隐私保护原则，该原则规定如下：（1）在事前未取得父母或监护人同意的情况下，不得擅自收集 13 岁以下儿童的网上数据；必须在数据被使用前通知他们，并给他们充分的机会防止使用其个人数据或参与有关活动。（2）在未经父母或监护人同意的情况下，不得擅自收集 13 岁以下儿童本身（离线）的个人通讯数据。（3）在未经父母或监护人同意的情况下，不得将收集到的儿童个人数据，擅自发给第三方。（4）网站本身必须做出努力，防止儿童因无知而自行将其个人数据提供给第三方。（5）不得利用特殊的游戏、奖品或其他活动，诱使 13 岁以下儿童提供个人数据。

2. 网络运营商的数据保护自律性措施

如微软网站的隐私政策中专门有"儿童隐私保护"条款，该条款声明：微软网站是一个普通的成人站点，决不有意从儿童那里收集任何信息。Yahoo 网站的隐私政策中也设有专门的儿童条款，其中规定：当 13 岁以下儿童注册 Yahoo 站点时，网站将要求他（或她）提供一个有家长或监护人签署的"Yahoo！Family Account"，以示取得了家长的许可；Yahoo 网站不为 13 岁以下儿童提供特殊服务或未经家长的同意为商业目的与儿童联络；Yahoo 在儿童参加网络活动时，不会以要求儿童提供超出活动所必需的信息作为儿童参与的条件。可见 Yahoo 的儿童网络隐私保护政策还是基本符合 COPPA 的要求的。

与此同时，包括 EdX、Coursera、培生集团下属的 LabStats Online 和 EduTrends 公司也制定了本公司的学生数据隐私保护政策，规范在线教育活动中的相关行为。EdX 的隐私政策规定，"不供 13 岁以下的学生使用"，公司可以"发布信息，但不是个人信息以及收集 EdX 的访问、使用、影响记录和学生成绩"。同时，EdX 声明，公司使用这些信息，主要是用来"发送 EdX，EdX 子公司和与你相关的、新的在线课程或其他事件，或你可能感兴趣的商业产品或服务，或发送关于网站维护信息及邮件"。该政策还指出，所收集的非个人身份相关的信息可以与公众、研究人员和业务伙伴共享。

培生教育集团下属的 LabStats Online 和 EduTrends 公司规定，在使用微软公司提供的"蔚蓝云服务"（Azure Cloud Services）时，不得收集、储藏和报告学生的个人身份数据，不允许其他机构进入学生数据从事数据挖掘或商业活动，向家长提供免费信息入口，以便家长了解在线学习提供商如何帮助学生学习，承诺完全遵照"家庭教育权利和隐私权法"（FERPA）及其他联邦法律规定。①

三、美国学生数据隐私保护的治理体系

数据治理是指数据收集和处理相关的责任和程序系统，决定在何种情况下，使用何种方法，在什么时间由谁收集和处理相关数据信息。② 美国各界从成立专门隐私保护机构到规范运作程序等方面，基本形成了数据隐私保护的治理体系。

（一）美国学生数据隐私保护的组织架构

1. 联邦层面的隐私保护治理机构

尽管学校和运营商层面的进展相对落后，但是在联邦和州政府层面，美国已基本建立起数据隐私保护的组织架构。在联邦层面，美国教育部在 2005 年成立了"隐私保护技术中心"（Privacy Technical Assistance Center，简称 PTAC），其职能是提供一系列技术工具、资源与支持产品与专门服务来帮助保护学生数据系统的隐私、安全性、机密性内

---

① The Future of Privacy Forum, *Parental Support for Technology and Data Use in Schools*, 2015 – 11 – 23, See: http://www.techlearning.com/blogentry/11532.
② Anne Young, Kevin McConkey, "Data Governance and Data Quality: Is It on Your Agenda?", *Journal of Institutional Research*, Vol. 17, No. 1, (2012), pp. 69 – 77.

容；同时也为各州分享关于数据系统的安全性、隐私性的有效实践案例；并为全国的教育数据系统提供数据安全、隐私保护方面的咨询与技术支持，帮助解决学生数据隐私方面的突发性问题。2011 年，教育部任命凯瑟琳·斯蒂尔斯（Kathleen Styles）为 PTAC 首席隐私保护官（CPO）。

"家庭隐私保护申述办公室"（Family Policy Compliance Office，简称 FPCO）负责向家长、学生和学校提供隐私保护法律指导，并接受家长与学生的申述。"儿童在线隐私权保护法"（COPPA）规定，如果某公司提供的学生信息有误，家长可以向学校反映情况，或者向 FPCO 或联邦贸易委员会（FTC）提出申述。

2. 州和地方层面的隐私保护治理机构

在州和地方层面，俄亥俄州成了一个"隐私与安全办公室"（Privacy and Security Office，简称 PSO），专门为俄亥俄州数据系统隐私保护提供技术、政策与标准支持。俄亥俄教育局任命一名全职信息安全官员，确保教育局的相关行为符合州法律和政策规定，并与联邦教育部"隐私保护技术中心"（PTAC）保持合作与沟通关系。① 华盛顿州成立了"教育研究和数据中心"（ERDC），负责学生数据收集与安全维护。缅因州（L. D. 1194）成立了"司法联合常务委员会"（Joint Standing Committee on Judiciary，简称 JSCJ），研究学生数据隐私问题，特别是有关社交媒体和云计算中的数据保护，以及在线学习服务提供商中的在线广告治理。南卡罗莱州通过法案（H. B. 3893）规定了哪些数据属于收集范围，并由该州"数据治理委员会"决定数据发布范围。

根据密歇根"州学校资助法案"（State School Aid Act of 1979）第388.1694a 条款，密歇根州成立了"教育水平和信息中心"（Center for Educational Performance and Information，简称 CEPI），通过密歇根学术

---

① Ohio Department of Education, *Ohio Data Privacy Report*, Ohio Department of Education, 2014, pp. 3 – 5.

数据系统(MSDS)、教育人员注册系统(REP)、财务系统数据库(FID)等系统收集相关数据。为保障学生隐私,CEPI为进入公立学校的学生分配了一个专属的身份验证码(UIC),记录学生在不同层级教育的情况。系统同时收集教师的资格证书和所教课程,以及学校的财务状况和课程开设等信息。①

据统计,截至2014年,48个州教育主管部门成立了数据隐私保护的管理机构,负责收集和使用数据,保障数据安全和秘密。45个州出台了针对教师和校长等不同人群,在使用教育数据改善教学质量方面的权限规定。所有州都已出台与"家庭教育权利和隐私权法"(FERPA)平行的州法律,致力于学生数据隐私保护。②

3. 具有较高声誉的民间性质隐私保护治理机构

作为活跃在美国数据隐私保护领域的民间组织,"数据质量运动"(Data Quality Campaign,简称DQC)一直呼吁各级政府、学区、学校和运营商建立专门的数据隐私保护机构。DQC是一家非营利、非党派的全国性游说组织,成立于2005年。该机构致力于帮助所有教育利益相关者运用高质量数据构建教育系统,尤其关注各州在建立"州纵向追踪数据系统"(SLDS)时如何协调与学生数据隐私保护间的关系。③ 要求各州收集的学生数据要严格按照"普通教育数据标准"(Common Education Data Standards,简称CEDS)要求,确保数据具有可比性。

DQC支持和鼓励教学中运用数据,以此提高学生的学业水平,为

---

① Center for Educational Performance and Information, *How Your Data are Used?*, 2016 – 11 – 23, See: http://www. michigan. gov/cepi/0, 4546, 7 – 113 – – 252460 – – , 00. html.

② Data Quality Campaign, *Student Data Privacy Legislation: What Happened in 2015, and What Is Next?*, Washington, DC: Data Quality Campaign, 2015, p. 5.

③ Data Quality Campaign, *ESEA Reauthorization: Why Data Matter An Opportunity for Federal Leadership to Support the Use of Data to Improve Student Achievement*, Washington, DC: Data Quality Campaign, 2016, pp. 23 – 26.

此提出了四点建议：（1）将数据的角色从服从于他人转向主动适应人们的需要。确保每一位家长拥有自己孩子的教育数据，确保父母、教育工作者、公众能够获得学校运行质量的信息，确保在保护数据隐私的前提下获得高质量的数据以满足个人需要。（2）利用数据改进教师工作效率。包括利用数据改进教师职前培养质量，清晰地展示不同学校或学区教师质量，保障教师能够及时获得本班级学生学习情况的数据，确保教师具备利用数据改进学生学习的能力。（3）保障学生数据的安全。包括向家长及公众提供现有关于学生数据隐私保护法律的清晰说明，支持和鼓励各州和学区建立有力的数据安全和隐私保护体系。（4）减轻责任负担，提高州和地方有效使用数据的能力。联邦层面要规划各类需要报送的数据，减少州和地方的负担。

（二）美国学生数据隐私保护的技术保障

1. 联邦层面的隐私保护技术措施

建设和维护好存储学生信息的数据库，并在数据管理诸环节引入安全保密措施，是数据隐私保护的技术基础。为强化个人隐私保护的技术研究，白宫科学和技术办公室（Office of Science and Technology）发起了"网络和信息技术研究和开发项目"（Networking and Information Technology Research and Development，简称 NITRD），每年资助 7 亿美元从事以下四方面研究：隐私作为安全延伸支持、产业界遵守隐私法的研究、健康保健领域中的隐私保护、保障隐私的基础性技术研究。① "国家教育统计中心"（NCES）组织专家开发了"全国教育数据模型"（NEDM），提供教育数据库建设与维护的技术方案，帮助州建立具有高度防侵入的数据库，从源头上遏制数据泄露危险。

2. 州和地方层面的技术保护措施

---

① Executive Office of the President, Big Data: Seizing Opportunities, Preserving Values, , Washington, DC: The White House, 2014, p. 55.

在具体的使用环节上，俄亥俄州主要通过"教育管理信息系统"（EMIS）完成收集 K－12 学生教育记录，各学区使用"州学生识别号码"（SSID）这一编码系统，包括学生测试成绩、入学率、人口分布、各项目和课程实施等数据，但不提供学生姓名、地址和社会安全号码等信息，这些信息只是在用于明确学生身份时才被使用。所有收集而来的学生数据储存在俄亥俄州计算机中心，中心拥有严格的安全和监管。相关工作人员将会接受数据安全方面的专门培训，并凭借专门的个人信息系统才能查询相关数据。

密歇根州的教育数据系统则根据数据使用人员的岗位需要设置分层查询权限。[1] 对普通公众而言，可以通过"密歇根学校数据"（MI School Data）了解州内学校和学生情况；对教育工作者而言，可以查询州教育机构提供的非强制性聚类或个体数据；对从事密歇根州教育项目、政策和结果评价的教育研究者而言，他们可以获得跟学生同样的数据查询权限，但必须向州互联网审查委员会申请，并满足数据隐私保护要求；对州的不同部门而言，教育、财政、人力资源、就业等部门在 FERPA 框架下共享信息。比如家庭可以在人力资源服务局获得公共帮助信息，有助于了解学校午餐情况；财政局可以获得中学后进步和完成情况，以评价州学术资助项目实施情况；州教育局或密歇根州"教育水平和信息中心"（CEPI）中负责数据维护的员工能够查看所有信息。

密苏里州的学生信息系统（MOSIS）实行分类保护，根据数据本身敏感程度实行差异化管理，对社会安全号等敏感信息实行单独编码。[2] 新罕布什尔州则为每个学生建立专属的身份验证码（UIC），验证码由

---

① Center for Educational Performance and Information, *How Your Data are Used?*, 2016 – 11 – 23, See: http://www. michigan. gov/cepi/0, 4546, 7 – 113 – – 252460 – – , 00. html.

② Missouri Student Information System , *Data Access and Management Policy*, 2016 – 12 – 23, See: http://www. dese. mo. gov/MOSIS/.

电脑随机产生，且只供相关人员一次性使用。这些技术措施对保护数据安全发挥了积极作用。

（三）美国学生数据隐私保护的实施规范

当前美国基本形成了数据隐私保护各环节的实施规范，主要是学区与学校层面的数据隐私保护规范。

1. 联邦层面的数据隐私保护指南与规范

2014 年 2 月，联邦教育部下辖的“隐私技术帮助中心”（Privacy Technical Assistance Center，简称PTAC）发布了一份名为“在使用在线教育服务的同时保护学生隐私：要求和实践范例”（Protecting Student Privacy While Using Online Educational Services: Requirements and Best Practices）的报告，指出现行与学生信息保护相关的联邦法律没有完全覆盖现有与学生相关的数据使用事宜，建议学校在联邦法律的最低规定之外，在使用在线教育服务时引入更全面的措施保护学生隐私。[①] 2015 年 2 月，美国教育部发布了保护学生在线隐私数据的服务指南和培训视频。该指南为规范在线服务提供了范例，以帮助美国中小学校及学前教育机构的主管人员辨别应用程序和在线服务是否具有良好的保密性，回避可能滥用学生信息的供应商。[②] 联邦教育部首席隐私官凯瑟琳·斯泰尔斯表示，该指南将帮助学校主管人员识别潜在的协议条款，并对协议中经常使用的专业术语做出解释。通过了解这些协议中的常用条款，学校可以更好地决定是否同意在线教育服务或应用程序中的条款。此外，学校主管人员还可以要求检查受到质疑的在线教育公司是否签署了《学生隐私承诺

---

① U.S. Department of Education, *Protecting Student Privacy While Using Online Educational Services: Requirements and Best Practices*, Washington, DC, Department of Education, 2015, pp. 8 – 23.

② U.S. Department of Education, *Protecting Student Privacy While Using Online Educational Services: Model Terms of Service*, 2016 – 05 – 01, See: http://ptac. ed. gov/sites/default/files/TOS_ Guidance_ Mar2016. pdf.

书》，进而采取更改项目方案或中止合同等措施。

2. 专业组织和运营商的数据隐私保护指南与规范

专业组织和运营商也提出了相应的实施规范。一是家长与学生层面的维护数据隐私权利规范。2015 年，"安全链接"（Connect Safely）和"未来隐私论坛"（Future of Privacy Forum）发布家长"家长保护学生数据隐私手册"，向家长阐明与学生数据隐私保护相关的法律条款，哪些机构在何种情况下可以使用学生数据，家长在保护数据隐私方面的权利，以及相应的法律申述办法等。二是在线服务运营商层面的数据隐私保护规范。如"美国软件和信息业协会"（SIIA）发布的"学校服务供应商保护学生信息隐私和安全的实践案例"，就面向服务商解释教育的目的、透明度、学校授权、数据安全、数据泄露等事项。[1] 这些指南规范了学生数据隐私保护的实施。三是学校层面的规范。作为学校层面的利益代言人，"学校网络联盟"（Consortium for School Networking，简称CoSN）发布了"学校系统选择在线服务提供商的建议"。2014 年 3 月，CoSN 发布了"在链接学习中保护学生隐私"工具包，包括如何运用FERPA 等法律，如何与在线服务商签订合同，如何与家长沟通学术数据事宜等实践策略。具体包括：（1）在学区和学校指定专人负责数据隐私保护和申述。（2）聘用法律顾问提供数据隐私方面的法律服务。（3）熟悉联邦和地方相关法律。（4）制定学校层面的规范与政策。（5）制定与数据保护相关的处理程序。（6）审慎确定在线学习服务商。（7）对教师进行教育软件与在线教学相关专业培训。（8）吸纳父母参与学生数据保护。（9）确立数据安全的优先地位。（10）监控数据安全保护

---

[1] Software & Information Industry Association, *Best Practices for the Safeguarding of Student Information Privacy and Security for Providers of School Services*, 2016 – 05 – 05, See: http://archive.siia.net.

并及时调整。①

（四）美国学生数据隐私保护的操作策略

美国各界在保护学生数据隐私过程中，形成了一系列规范而有效的操作策略，主要体现在联邦教育部发布的"在使用在线教育服务的同时保护学生隐私：要求和实践范例"中，概括起来主要包括以下方面。

1. 保持良好的沟通与透明度

一是让家长和公众知晓大数据对于学生成长的好处，数据收集的方式及使用方式等。二是同家长清晰的沟通，告知家长在数据保护方面的权利。三是提供第三方在线教育服务的清单，以及同第三方签订的合同范围及数据使用权限。四是对教育系统内和外部人员，告知他们在何种情况下拥有查阅学生哪些信息的权利。

2. 设计和维持有效的治理体系

一是清晰地界定所有与教育数据保护相关的机构和人员的职责。二是明确不同人群在何种情况下拥有的数据使用权限。三是建立问责机制，发生隐私泄露后需要承担的责任与处罚。四是在州、学区、学校和在线服务方指定数据隐私保护专职人员。五是建立严格的数据安全维护标准，以及与数据隐私和安全保护相关的听证和申请程序。六是建立涵盖 P－20W 所有信息的系统性治理机构。

3. 制定隐私和安全保护政策与实践

一是制定数据隐私保护政策，明确在何种情况下收集学生数据及使用范围。二是明确非教育活动中家长的权利，鼓励家长参与学校与第三方在线教育机构的合约谈判。三是区分不同的学生数据类型及相应的保护措施。四是与第三方机构建立起负责任且透明的关系，明确第三方机构的数据收集与使用范围，以及数据隐私保护职责。

---

① Keithr Krueger, Bob Moore, *New Technology "Clouds" Student Data Privacy*, Washington, DC, Consortium for School Networking, 2015, pp. 5 – 9.

4．强化教育部门的数据监管和保护

一是对教育行政部门进行数据隐私保护的专题培训。二是提供同第三方在线教育供应商的合同模板。三是引导教育工作者使用"点击即同意"等功能。四是建立公开、畅通的沟通渠道。五是提供资源对教师和管理人员进行专业发展培训。

（五）美国学生数据隐私保护的问责机制

美国在数据隐私保护中强调不同主体的责任及问责办法。以路易斯安那州为例，该州 2014 年立法（R. S. 17: 3914）规定，州和地方教育局应建立并维护好学生身份识别系统，制定学区和公立学校数据管理办法。对于学校和在线教育运营商，首先要保障学生及家长作为消费者的选择权，有权拒绝被收集相关数据，以及审查和删除信息的权利。同时，学校和运营商应履行告知义务，说明学生数据收集范围与用途。当家长提出审查、修改或删除不当信息要求时，必须在 45 天内给予答复。① 如果家长或学生对学校或运营商的处理不满意，可以向州或教育部"家庭隐私保护申述办公室"、联邦贸易委员会（FTC）提出申述。

爱达荷州 2014 年通过"学术数据获得、透明度和责任制法案"（Senate Bill 1372），要求数字化学习供应商只能在合同范围内使用学生数据，任何机构或个人造成数据泄露将会受到 5 万美元以内的罚款。法案要求州教育委员会出台学区和公立学校收集和管理数据方面的办法。该州教育局任命乔伊斯（Joyce Popp）为首席信息官员，在获得任命前，乔伊斯在多家世界 500 强公司从事信息系统、电子商务、数据安全、消费者信息保护等工作，领导全州学生隐私保护事宜。这种事后问责机制督促了各方切实履行责任。

---

① The Louisiana Department of Education, *Louisiana's Plan To Protect Student Privacy*, Baton Rouge: The Louisiana Department of Education, 2015, p. 2.

（六）民间团体对数据隐私保护的外部支持

民间与非政府组织参与公共事务治理是现代治理理论的基本要义。在美国数据隐私保护体系中，民间团体发挥了多方面作用。一是推动数据隐私保护立法与政策完善。如"数据质量运动"（DQC）自 2005 年成立以来发布了系列数据隐私保护倡议，对推动修正 FERPA 等联邦法案发挥了积极作用。二是策划数据隐私保护活动。其中，"美国软件和信息业协会"（SIIA）同"未来隐私论坛"（FPF）等非政府组织一起，面向在线教育供应商开展"学生隐私训练营"活动；"卓越教育联盟"（AFEE）举办"全国数字化学习日"，帮助学校合法运用技术和数字化学习手段，这些活动都取得了积极成效。[①] 三是开展数据隐私保护学术研究。福尔德姆大学"法律和信息政策中心"（CLIP）、哈佛大学"贝克曼互联网与社会中心"（BCIS）就在数据隐私保护研究方面取得了丰硕成果。

需要注意的是，越来越多的美国民众对大数据的应用表示怀疑，尤其反对第三方机构使用学生追踪数据。主要原因有：（1）相比于失去机会，政策制定者和公众更容易受到恐惧的影响，隐私问题更容易带来社会恐惧。从心理学上说，相比于获得，人们更担心失去。（2）侵犯隐私总是与特定的个体相关，因而其负面影响很容易被界定，而利用数据从事研究和分析工作的好处就要模糊许多。[②]（3）其他类型的数据库经常面临身份被盗用问题，政策制定者因此倾向于高估教育数据分析带来的隐私危险。（4）利用教育数据库进行分析的好处不被政策制定者

---

① Keith R. Krueger, Bob Moore, "New technology ' Clouds' Student Data Privacy", *Phi Delta Kappan*, Vol. 96, No. 5, (2015), pp. 19 – 24.

② Marci Kanstoroom, C. Eric Osberg Thomas, *A Byte at the Apple Rethinking Education Data for the Post – NCLB Era*, Washington, DC: Thomas B. Fordham Institute Press, 2008, p. 23.

和公众了解。（5）传统的教育文化更看重教师个体的研究和专业知识，忽视大数据分析带来的专业成长价值。（6）现有的教育数据分析多在整体层面展开，缺乏独立的个体分析，影响了政策制定者和公众对教育数据分析的价值判断。（7）有影响力的教育团体并不支持第三方数据分析带来的透明度。

四、建设我国学生数据隐私保护体系的构想

大数据带来了人们生活、工作与思维的大变革，催生着教育等领域的转型力量，中国教育也正不遗余力地推进大数据发展。借鉴美国学生数据隐私保护的立法与治理经验，在推进教育大数据应用中建立隐私保护体系，已是迫在眉睫的事项。

（一）制定教育大数据发展规划与保护办法

教育大数据对于推动教育改革与发展的革命性影响已无须赘言。2015 年 8 月，国务院发布了《促进大数据发展行动纲要》，将发展大数据定位为国家基础性战略，并将教育文化大数据纳入十大重点工程之一。梳理美国经验发现，他们在实施教育大数据战略的同时，也构建了涵盖联邦、州和行业协会的隐私保护立法体系。为此，我们应同步制定《教育大数据应用发展规划》与《教育大数据隐私保护办法》。前者主要明确教育大数据的发展方向与支持措施，推动教育大数据的深入应用与行业发展。后者主要包括健全数据隐私保护组织机构，规范学生数据收集与使用办法，建立教育数据储存、传输和使用等环节安全措施，明确教育数据被收集主体的隐私权利，以及数据泄露应急处理与责任追究等内容。

（二）规范教育数据中心建设与集成化运用

数据库建设是教育大数据战略的基础性工程。2013 年，我国正式

启动国家和省两级教育数据中心建设，通过"两级建设、五级应用"实现对全国教育数据的统一规范管理。借鉴美国"州纵向追踪数据系统"（SLDS）建设经验，我们的数据库建设应走规范化与集成化道路。在规范性方面，由于联邦制和地方分权的政治体制，美国没有建立全国性教育数据中心，但各州数据库都遵循"全国教育数据模型"（NEDM）建立。值得一提的是，美国的数据库建设强调对敏感信息的保护，在数据使用中避免因负面信息而对学生标签化。在集成性方面，美国各州正致力于将数据收集范围扩大为覆盖学前教育至就业阶段的 P－20W 数据，实现教育决策、资源分配、学校管理、教学支持、就业监测等功能整合，这些经验值得借鉴。

（三）构建协同化教育大数据隐私治理框架

学生数据隐私治理涉及多个主体，包括作为规则制定与监管方的政府部门，作为隐私权益受保护方的学生和家长，作为数据收集与使用方的学校和第三方机构，以及作为外部支持力量的学术与公益组织。构建协同化的教育大数据隐私治理框架，需要加强各治理主体机构建设，完善数据治理与隐私保护规范。在主体职能与机构建设上，建议成立国家和地方教育数据治理中心，承担制定教育数据质量标准，指导数据收集与保管，监控教育数据使用，维护数据主体隐私权利等职责。学校和在线教育供应商则应指定数据管理与隐私保护专职人员。在数据治理与隐私保护规范上，我们可借鉴美国经验，实施不同数据分类管理，不同用户分级查询，以及告知同意、查询纠正、申述受理、责任追究等系列规范。

（四）建立透明化数据隐私保护沟通机制

大数据对传统教学的冲击也是革命性的，除了催生移动学习、在线学习等新型学习方式外，还能通过各种数据的相关分析探究个体学习规律，进而为个性化教学提供支撑。对普通民众而言，由于隐私侵犯与数据泄露总是与特定的个体相关，而利用数据提升教育质量主要是整体改进层面，缺乏对独立个体的效果分析，因而影响了公众对教育大数据的价值判断。在与公众建立透明化的沟通机制方面，美国联邦教育部和各州通过发布公告和实践范例，"未来隐私论坛"（FPF）和"学校网络联盟"（CoSN）等民间组织通过发布数据隐私保护指南等方式，帮助公众了解大数据的价值，以及如何运用法律手段保护个人隐私，这些都是值得借鉴的做法。

（五）提供专业化数据隐私保护实践指导

专业学术研究机构对美国数据隐私保护提供了强大的外部支持。借鉴美国经验，应发挥学术研究对数据隐私保护的引领作用，依托专业组织总结数据隐私保护各环节操作指南，包括在数据收集环节如何确保数据本身质量，在数据挖掘环节如何进行数据分类处理，在数据使用环节如何进行聚类与个体分析，在数据泄露后如何启动应急预案与问责程序，以及如何遴选第三方合作伙伴并与之签订合同等内容。另一方面，应加强对数据隐私保护相关人员的能力培养，包括对教育行政官员、学校管理人员和教师进行数据隐私和网络信息安全专题培训，以及吸纳父母参与学生数据保护，避免对负面信息过多学生的刻板印象，掌握在线学习、混合学习等新型学习方式和教学软件的安全防护功能等领域培训。

大数据技术是一把双刃剑。大数据技术开发与运用越深入，维护数据安全与保护学生隐私的难度也越大。[1] 但是，运用大数据推动教育系统变革和保护学生数据隐私之间，两者并非排他性目标，政策制定者和实践工作者需要在这两者间找到有效的平衡。正如白宫在 2014 年 5 月发布的"数字化时代负责任的教育创新"（Responsible Educational Innovation in the Digital Age）报告所言："学生和家庭需要坚实的保护，免

---

① 胡乐乐：《论国际视野中的"大数据与教育"》，《比较教育研究》2015 年第 7 期。

受日益严重的隐私侵犯。与此同时，他们应有机会参与大数据支持下的新型学习变革，这将有助于学生天赋的实现。"① 身处大数据时代，我们需要为推动应用教育大数据"加油"，同时也要检查好数据隐私保护这个"刹车"。只有切实加强数据治理体系建设，维护好教育数据隐私与安全，才能推动中国教育大数据事业的健康发展。

① The White House, *Responsible Educational Innovation in the Digital Age*, Washington, DC: Big Data Privacy Report, 2014, p.9.

第七章

变革保障:
以 TPACK 为参照提升教师素养

人类社会已进入信息化浪潮裹挟而来的大数据时代。作为"人类世界的下一个自然资源"，大数据具有广阔的应用前景，催生着教育等领域的系统性变革，影响范围涉及教育观念、教育体制和教学行为等层面。随着大数据技术在教育教学中的广泛应用，教育系统中每时每刻都会产生海量的、与学生学习行为相关的非结构化数据。挖掘隐藏在其中的丰富价值，以此改进教学决策与实践，成为大数据时代教师面临的重大挑战与机遇。教师通过信息化环境下的数据平台，能够获得学生学习行为、学习偏好等多样化数据，改变以往依据经验和观察等方式进行教学决策的惯例，这一切有赖于教师具有敏锐的数据意识与扎实的数据素养。作为当前世界教育信息化发展水平最高并素有"数据治国"文化传统的国家，美国在实施教育大数据战略、提升教师数据素养方面积累了丰富经验，可作为国内推进教育数据运用、完善教师职前职后培养体系、发展教师数据素养的重要参考。

一、信息素养、数据素养与教师信息数据素养

信息与数据素养是信息化时代教师的核心素养，是教师制定教学决策并开展个性化教学的基础。明晰教师信息与数据素养的构成要素与价值，是指导教师如何正确获取、分析和处理数据的前提条件，也是对教师进行数据素养建设和评估的基础。

（一）信息素养与教师信息素养

"素养"一词在《辞海》的解释为："经常修习涵养，如艺术修养、文学修养"。《汉语大词典》将"素养"表述为"修习涵养"。《新世纪现代汉语词典》将"素养"表述为，"在长期训练和实践中所获的技巧或能力"。英语对素养（Literacy）的解释是"有文化，有教养，有读写能力"。

信息素养的概念最早由美国信息产业协会主席保罗·车可斯基提出，在1974年的美国全国图书馆与情报科学委员会上，他把信息素养定义为"利用大量的信息工具及主要信息源使问题得到解答的技术和技能"，随之又将其解释为"人们在解答问题时利用信息的技术和技能"。1987年，信息学专家帕奇亚（Patrieia Breivik）将信息素养概括为一种了解提供信息的系统，并能鉴别信息的价值，选择获取信息的最佳渠道，掌握获取和存储信息的基本技能，如数据库、电子表格软件、文字处理等技能。美国德萨斯大学图书馆的信息素养导修网页提出，信息素养是一种"使人能够更有效地选择、寻找及评估传统或网上资源的技巧"。

南国农先生指出，信息素养包括信息意识、信息知识、信息能力和信息道德等方面。华东师大祝智庭教授把教师信息素养分为四个层次，即基本信息素养、学科信息素养、特殊信息素养、科研信息素养；① 江西师大的钟志贤教授将教师信息素养定义为"各类教师知道如何利用计算机和网络技术以获取相关教育教学信息，以便对信息环境中的学习过程和学习资源做出设计、应用、评价、管理的新型综合教学能力。"② 王玉明将教师信息素养概括为：具有信息的观念和传播信息的意识，应用信息及信息技术的能力，教学媒体和功能的选择能力，技术与课程的

---

① 祝智庭：《信息教育展望》，华东师范大学出版社2002年版，第69页。
② 钟志贤：《信息化教学模式》，北京师范大学出版社2006年版，第58页。

整合能力。① 因此，提高教师信息素养的标准要把重点放在教师利用信息技术改进教学、促进学生学习以及自身职业素质和能力的提高上。如中国教育技术协会信息技术教育专业委员会秘书长张义兵认为，信息技术素养即"利用数字技术、传播工具和网络来获取、管理、综合、评价和创造信息，以及在知识社会中发挥作用的能力。"②

综上，本书认为信息技术素养指使用工具、资源、程序和系统负责任地获取和评价任何一种媒体的信息，以及使用信息解决问题、进行清楚的交流、做出信息决策、建构知识、开发产品和系统的能力。而教师的信息技术素养是指教师应用信息技术和信息资源获取相关教育教学信息，对信息环境中的学习过程和学习资源做出设计、应用、评价、管理的新型综合教学能力，有效促进学生学习和自身专业发展的能力。

（二）数据素养与教师数据素养

美国心理学会前任教育心理学分会主席、"西部教育"数据决策项目主任（Data For Decisions Initiative at WestEd）曼迪纳契（Ellen B. Mandinach）和考夫曼基金会（Kauffman Foundation）首席研究员古曼（Edith S. Gummer）认为，数据素养即"教师有效地了解和使用数据来做出决策并执行的能力"，它由一系列具体的技能和知识构成，帮助教育工作者将教育数据转化为有用信息，最终转化为可操作的知识进行决策，具体包括如何识别、收集、组织、分析、总结和处理数据，并基于数据确定、规划、实施和监督行动方案。③ 这一定位综合考虑了数据标准、学科知识与实践、课程与教学内容知识，以及孩子的学习方式等相

---

① 王吉庆：《信息素养论》，上海教育出版社 1999 年版，第 26 页。

② 张义兵：《信息技术教师素养：结构与形成》，高等教育出版社 2003 年版，第 19 页。

③ K. Dunlap, Jody S. Piro, "Diving into Data: Developing the Capacity for Data Literacy in Teacher Education", *Cogent Education*, Vol. 79, No. 1, (2016), pp. 286 – 287.

关概念，在当前学术界得到普遍认可。

美国数据质量运动（DQC）将教师数据素养定义为"教师根据其专业角色和责任，持续、有效、符合伦理地获取、解释、应用来自州、学区、课堂和其他来源的多种数据类型，并对这些数据的使用进行沟通交流，改善学生成就的能力"。① 具备数据素养的教师能够将教学内容知识与教学活动相结合，知道如何利用数据来影响课堂教学实践和促进学生学习。教师数据使用动力之一来自于数据驱动的决策，它是正确的培训、掌握数字化时代的教学知识与技能、终生专业学习共同作用的结果。教师在了解数据使用的目的、价值之后，可以更好地改善他们的教学以提高学生成就。培养教师获取数据和使用数据并改进教学的能力，能够帮助教师改进教学行为，实现个人职业发展目标。

美国教育部规划、评估和政策发展办公室（Office of Planning, Evaluation, and Policy Development）提出教师应该具备以下数据处理技能，包括：（1）数据定位技能（Data Location），能够找到自己所需要的数据；（2）数据理解能力（Data Comprehension），能够理解数据的重要性，理解数据的不同表达形式；（3）数据解读能力（Data Interpretation），能够知道数据具体意味着什么，能够对其蕴含的教育教学意义做出解释；（4）基于数据的教学决策能力（Instructional Decision Making），能够通过数据分析具体的教学情境并做出适宜的判断，形成科学的教学决策；（5）提出新问题新思路的能力（Question Posing），能够利用数据提出拓展性问题与新思路等。②

州际教师评价与专业发展联盟（InTASC）从教师专业发展角度出

---

① Data Quality Campaign, *Teacher Data Literacy: It's About Time*, 2017 – 05 – 20, See: https://2pido73em67o3eytaq1cp8au – wpengine. netdna – ssl. com/wp – content/uploads/2016/03/DQC – Data – Literacy – Brief. pdf.

② K. Dunlap, Jody S. Piro, "Diving into Data: Developing the Capacity for Data Literacy in Teacher Education", *Cogent Education*, Vol. 79, No. 1, (2016), pp. 286 – 287.

发，在已有的教师能力框架中增加了教师使用数据进行教学的技能要求，并据此对教师数据素养进行评估，以此实现让教师使用数据改善教学的目的。InTASC 教学标准中对教师数据素养的内容包括：① （1）教师需要学习教育数据相关知识和技能，开展对学生的学业评估。（2）合理应用到形成性评价与总结性评价中。（3）使用学业评价数据了解学生的进步情况。（4）根据学生需要和评估数据调整教学实践。（5）向学生提供反馈意见，并根据标准记录学生学习进度。此外教师还需要做好准备，根据不同层面的数据评估做出教学决策，例如国家测试、地区基准测试以及课堂层面的形成性评价和总结性评价等。

综上所述，本文将教师数据素养定义为教师必须具备的关于数据的意识、知识和能力。教师具备数据意识是教师数据素养的前提，它是指教师在教学实践活动中接触有价值数据时的敏锐性反应，从数据的角度感知、理解和评价教与学行为。② 数据知识是教师对数据进行操作的基础，它除了日常生活中应具备的一般数据知识，还包括教学过程中的专业数据知识。数据能力是数据处理的基本能力（获取、分析、解读和交流）和数据的教学应用能力（发现、处理教学问题和基于数据进行决策），③ 它是教师数据素养的核心所在。除此之外，海量的数据通过多种渠道在教育领域不断地产生、运用，教师还要具备数据方面的道德，注重数据安全和学生隐私的保护。

---

① Council of Chief State School Officers, *In TASC Model Core Teaching Standards: A Resource for State Dialogue*, Washing DC: Council of Chief State School Officers, 2011, p. 28.

② 张进良、李保臻：《大数据背景下教师数据素养的内涵、价值与发展路径》，《电化教育研究》2015 年第 7 期。

③ 阮士桂、郑燕林：《教师数据素养的构成、功用与发展策略》，《现代远距离教育》2016 年第 1 期。

二、大数据时代教师信息数据素养的 TPACK 框架

大数据时代，教育数据不再仅仅是一堆用作统计的简单"数字"，其正在成为一种变革教育的战略资产和科学力量。[1] 数据在教育领域中的运用能够有效地解决教学过程中的诸多问题，如提高毕业率、改善教学方式、为学生提供更好的教学内容等。具备数据素养的教师能够利用教育平台上的数据，以丰富的数据作为支撑，精确地分析学生的学习效果、发现教学中的问题，进而改善教学结构、提升教学绩效。同时，还可以利用系统提供的信息对学习效果进行有效的评价和反馈。教师作为教育过程中的执行者，发展其数据素养不仅是大数据时代的环境驱使和专业发展的被动要求，更是教师在时代发展潮流中不断发展自我、实现自我价值的积极体现，在推动教育变革方面起着重要的作用。

（一）大数据时代提升教师信息数据素养的价值

首先，推动信息技术与学科教学的整合。教师是教学活动的设计者、组织者与实施者，具备信息数据素养的教师才能将数字化教学模式融入日常教学，让学生掌握技术获得新的学习方法，通过各种学习终端与老师进行互动，转变学生传统的学习方式，享受学习的乐趣。

其次，设计数字时代个性化教育方案。具备良好数据素养的教师能够通过数据获得关于每个学生学习需求、风格和态度等信息，为学生量身定制教育目标、教育计划、教育方法、辅导方案并加以执行，为他们设计不同的学习内容和指导方案，实现真正符合学生个性化需要的教育。

再次，变革教育评价观念，拓展教育评价范围。在数字化学习环境下，教育评价不再仅以学生的成绩作为评价的依据，而是力图通过教与学

---

[1] 杨现民、唐斯斯、李冀红：《发展教育大数据：内涵、价值和挑战》，《现代远程教育研究》2016 年第 1 期。

过程中对学生学习态度、情感、行为进行全方位的观察和分析来进行评价。教育评价的对象除了学生以外，还包括教师和教学实践活动过程，利用教育过程中收集到的数据，教师不仅可以分析学生优点和问题，还可以对自己的教学实践活动进行反思，全面、客观地开展教育评价。

最后，促进教育决策科学化。教育领域存在着与教育相关的海量数据，要对教育进行科学规划和决策，就要对这些数据所包含的信息进行采集、整理和分析。由于数据的支持，教育决策的依据逐渐由经验判断向客观分析转变，发展教师数据素养能够对这些数据的潜在价值进行深入的挖掘和分析，使教育决策更加科学、全面和准确。

（二）大数据时代教师的 TPACK 素质模型

专业素质是专门职业对从业人员的整体要求，学者们对教师专业素质进行了卓有成效的研究，提出了各种素质模型。其中，"整合技术的学科教学知识"（TPACK）成为信息化背景下教师专业素质的代表模型。

1. 教师 TPACK 素质模型的提出

斯坦福大学的舒尔曼教授（Lee S. Shulman）于 1986 年提出的"学科教学知识"（PCK）在学术界具有重要影响。舒尔曼认为，教师需要处理"向学生教什么，怎样呈现这些内容，怎样设计面向学生的问题，怎样应对学生理解不到位"等问题，具备讲解概念本身内涵、设计概念呈现方式、评价学生知识掌握情况、向学生传授知识等技能。① 基于这些思考，舒尔曼和他的同事提出了"学科教学知识"（Pedagogical Content Knowledge，简称 PCK）这一概念。

随着信息技术的快速发展及其在教育中的广泛运用，密歇根州立大学的密斯拉（Punya Mishra）和科勒（Matthew J. Koehler）于 2006 年提出了"技术、教学和内容知识"（Technological, Pedagogical and Content

① Lee S. Shulman, "Those Who Understand: Knowledge Growth in Teaching", *Educational Researcher*, Vol. 15, No. 2, (1986), pp. 4 – 14.

Knowledge，简称 TPCK）概念，在舒尔曼的 PCK 框架下增加了技术知识内容。2009 年，两人将之前的 TPCK 修正为"整合技术的学科教学知识"（TPACK），并提出了完整的 TPACK 框架（如图 7.1 所示），成为信息技术与教学融合背景下教师专业素质的代表性模型。

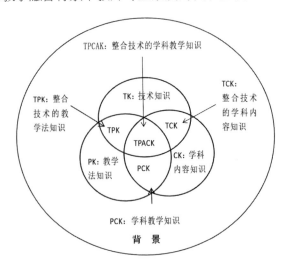

图 7.1　整合技术的教师专业素质 TPACK 模型

2. 教师 TPACK 素质模型的构成

教师专业素质的 TPACK 模型主要由学科内容知识（Content Knowledge，简称 CK）、教学法知识（Pedagogical Knowledge，简称 PK）和技术知识（Technological Knowledge，简称 TK）三个基础性知识，以及他们相互叠加后形成的学科教学知识（Pedagogical Content Knowledge，简称 PCK）、整合技术的学科内容知识（Technological Content Knowledge，简称 TCK）、整合技术的教学法知识（Technological Pedagogical Knowledge，简称 TPK）、整合技术的学科教学知识（Technological Pedagogical Content Knowledge，简称 TPACK）构成。

具体而言，CK 是学科教师所教授的学科知识，主要包括该学科有关的概念、理论、观念、组织框架、证据和证明，以及获得学科发展的实践和途径等。它是教师从事特定学科教学的重要前提。PK 即教学法知识，通常是为所有学科所共享的一般教学法，是教师对教学实践、过程、程序、策略以及教与学的方法的认识，也包括关于教学目标、教学评价以及对学习过程的知识。[①] TK 是关于技术的知识，包括传统技术（如黑板、粉笔、教科书、投影器等低水平技术）和现代技术（如电视、广播以及计算机、网络等技术）。这三类是 TPACK 知识的基本要素，是教师必须具备的专业素质。

教学中更重要的是教师对上述知识的综合性运用。其中，PCK 即学科教学法知识，由学科知识与教学法知识综合而成。PCK 一经舒尔曼提出便得到广泛的响应与认可，并围绕 PCK 展开深入的研究。PCK 涉及到学科知识的重新组织与加工，并根据教学情景的需要进行传输与呈现，对学生学习中的困难或错误的诊断、分析与纠正，以及对学习进行合理的评价等。TCK 是整合技术的学科知识，是由技术与特定的学科知识（或教学内容）相互作用产生的，包括根据内容选择、设计恰当的技术，或者利用技术拓展课程学习内容。技术与内容的相互作用包括两个方面：一是根据内容选择、设计恰当的技术，如面向数学教学的"Z+Z"智能教学软件，以及广泛应用于数学、物理和化学教学的几何画板软件等；二是利用技术所提供的更多的可能性拓展学习内容的来源与类型，如利用网络获取学科最新研究成果，利用动画模拟难得一见的物理现象或过程。TPK 是整合技术的教学法知识，是由技术和一般教学法相互作用产生的。例如近几年广为流行的 Webquest（基于网络的探究式学习）就是充分利用了网络在获取、交流、发布及共享信息方面的优势而发展起来的教学模式，而当前备受中小学教师青睐的电子白板（Whiteboard）则能够为学生的合作探究提供支持。

---

① M. J. Koehler, P. Mishra, "What Happens When Teachers Design Educational Technology? The Development of Technological Pedagogical Content Knowledge", *Journal of Educational Computing Research*, Vol. 32, No. 2, (2005), pp. 131 – 152.

最后，在这三者的交叉处形成最高层次的 TPACK 知识。这个概念是在舒尔曼的 PCK 概念基础上整合技术而形成的，也是由以上所有类型的知识综合而成。TPACK 代表着教师能够根据具体的教学情景的需要，综合考虑学科知识、教学方法和技术支持，设计恰当的教学方案，换句话说，就是把技术转化为解决教学问题的方案的知识。TPACK 的核心是技术、学科知识和教学法三者的动态平衡，其中一种要素发生变化，都会引起其他要素的变化，从而打破三者之间原有的平衡，通过三者之间的相互制约、相互建构，最终达到新的平衡。与 PCK 的独特地位相类似，TPACK 对教师应用技术的有效教学具有支配作用，它包含了具体教学情景中技术与学科知识、教学方法的真实的复杂关系，包括教师对技术的深刻理解，对自己原有的教学观念、教学方法的重新审视与反思，敏锐地在技术、学科知识与教学方法的相互关系中寻求新的可能，如根据具体教学情景的需要设计新技术，或利用新技术开创新的教学空间。

科勒和密斯拉指出，“TPACK 是运用技术进行有效教学的基础，需要理解运用技术进行概念教学的呈现方式，运用技术进行建设性的教学，掌握某些概念难以教学或容易教学的原因，以及技术何以能帮助学生解决这些问题。”[1] 对于如何提高教师的 TPACK 素养，他们特别提出了以下方式：（1）从 PCK 转向 TPACK。教师基于现有的 PCK 素养，从中概括哪些内容运用技术可以更好地实现学习目标。（2）从 TPK 转向 TPACK。教师基于对技术一般性知识的掌握，探索在当前学习环境下运用技术的途径，从中发现哪些内容能够通过使用技术更好地进行教学。（3）同时发展 PCK 和 TPACK 知识。教师在界定、设计和完善某些学习内容的过程中，通过探索技术、教学和内容的互动方法，形成综合性的知识。

---

[1] M. Koehler, P. Mishra, "What is Technological Pedagogical Content Knowledge (TPACK)?", *Contemporary Issues in Technology and Teacher Education*, Vol. 9, No. 1, (2009), pp. 60 – 70.

三、美国发展教师信息数据素养的背景与条件

当前美国基础教育领域掀起了一股推进数字化学习、信息技术改革教学、智慧教育的热潮，与信息技术有关的词语如大数据、微课、慕课、E 学习、智慧教育、智慧课堂、泛在学习扑面而来，发展教师的信息息与数据素养成为推动上述教育创新的重要保障。

（一）美国发展教师信息数据素养的国际背景

随着大量新技术引入教育领域，教师对技术的应用能力成为人们关注的焦点。很多国家陆续出台了一系列面向中小学教师的技术标准，反映了技术进入教育对教师专业发展的影响。随着现代教育环境技术化程度的不断提高，教师也必须将新技术纳入自身的专业知识结构之中，才能胜任现代教育环境下的教学工作。

1. 澳大利亚发展教师信息数据素养的举措

2008 年，澳大利亚教育、就业、培训和青年事务部长理事会（MCEETYA）发布了"澳大利亚青年教育目标的墨尔本宣言"（Melbourne Declaration on Educational Goals for Young Australians），优先支持融入技术的学习，提出了学生在离开学校后，能够成为"自信的、创造性并且富有成效的新兴技术使用者"，认为"学生在信息技术领域的实践性知识和技能的发展，是缔造澳大利亚技术型经济的核心，是学生离开学校后取得成功的关键"。[①] 宣言同时认为，技术将促进"个性化和拓展性学习，连接学校之外的学习活动，开发、测试和监控数字化素养，更有效地获得和使用教学资源，提供可靠的基础条件。"

截至 2012 年，澳大利亚联邦政府已经投入 31 亿澳元支持 ICT 技术

[①] MCEETYA, *Melbourne Declaration on the Educational Goals for Young Australians*, 2017 – 03 – 12, See: http://files. eric. ed. gov/fulltext/ED534447. pdf.

融入到学校教育中，同时进行了课程标准等相关领域改革。① 一是启动了"面向未来培养教师"（TTF）项目，提高大学在读师范专业学生的技术素养。二是以教师在线工具包的形式推动日常教学中运用 ICT 技术。三是为教育工作者开通不受时间地点限制的学习平台。四是发挥示范学校在推进在线学习上的示范作用。澳大利亚课程评估和报告局（ACARA）2013 年发布的"澳大利亚课程通用能力"报告中提出，学生应具备"充分利用各种数字化技术在学习中的能力，适应技术发展带来的行为方式改变，控制数字化环境对自己和他人的危害"。②

"面向未来培养教师"（Teaching Teachers for the Future，TTF）项目涵盖了澳大利亚 39 所教师教育培养高校，并于 2011 年在澳大利亚教师专业发展标准（Australian Professional Standards for Teachers，简称 APST）框架下，提出了"合适教师信息技术标准指导"（ICT Elaborations for Graduate Teachers）。新的"澳大利亚教师专业发展标准"包括 26 项重点领域，其中与教学技术相关的内容有以下三方面：一是"熟悉所教的内容和怎样进行教学"，其中对 ICT 技术的要求为"运用 ICT 进行教学，为学生扩展课程学习机会"；二是标准 3 "计划与实施有效教学"，其中关于"选择和使用资源"方面提到，"运用各种资源讲解知识让学生参与学习，包括使用 ICT 技术"；三是标准 4 "创造和维持支持性的和安全的学习环境"下，要求教师"安全、负责任和人性化地使用 ICT 技术，理解相关问题和策略"。

澳大利亚部分州和教师教育机构则在此基础上进行了积极尝试。在新南威尔士州，州教育和社区部（DEC）近年来大力推进技术融入到学校中。2006 年，新南威尔士州对所有 10 岁学生进行了一次电脑技能测

---

① Australian Curriculum, Assessment and Reporting Authority, *National Report on Schooling in Australia 2014*, Sydney NSW: ACARA, 2012, p.38.

② Australian Curriculum, Assessment and Reporting Authority, *General Capabilities in the Australian Curriculum*, Sydney NSW: ACARA, 2013, p.49.

试。2007 年，该州拨出 1.58 亿澳元实施"链接教室项目"（Connected Classroom），项目改善了学校的宽带质量，安装了 2400 个有互动白板和视频会议设施的教室，教师和学生获得试用 Web 2.0 技术。作为澳大利亚西部一所重要的职前教师培养机构，澳大利亚的埃迪斯科文大学（ECU）教育学院为培养职前教师的教育技术能力，专门开设了一门"使用技术的学习"（Learning with Technology），课程共 36 学时 12 个学分，课程目标包括具备使用各种常见 ICT 技术的能力，在学科教学中运用各种教学技术，了解并能有效规避技术在教学运用中的问题。课程考核上强调学生提供一份基于学校实际的教学设计，以促进理论与实践的结合。[①]

2. 新加坡发展教师信息数据素养的举措

1997 年，时任新加坡总理吴作栋提出了一份名为"思考的学校、学习的民族"（TSLN）的规划，强调培养学生终身学习、勤于思考的习惯，使每一位新加坡公民能够具备应对未来职场挑战的能力，进而以更好的姿态迎接 21 世纪。基于这项规划，新加坡教育部实施了多项教育改革计划，其中在技术与学科教学方面先后出台了三个"大师计划"（Master Plan）。2000 年，新加坡教育部发布了"教得少学得多：我们实现了吗"的报告，要求教师关注教学的质量，把技术融入学科教学中，以适应 21 世纪社会变革。

"1997—2002 大师计划"提出了在课堂学习时间中，使用电脑的比例达到 30%，在校学生拥有电脑比例为 1:2。"2003—2008 大师计划"中，技术融入学科教学的目标是推动教师在教学中有效使用。"2009—2014 大师计划"在前两个计划基础上，主要目标是让学生具备在知识经济背景下批判性使用技术的能力，包括使用移动学习以丰富学生的学

---

① C. P. Lim, B. C. Chan, "Micro Lessons in Teacher Education: Examining Pre – service Teachers' Pedagogical Beliefs", *Computers and Education*, Vol. 48, No. 3, (2007), pp. 474 – 494.

习经验，使用 Web2.0 技术开展合作学习等。其中，"1997—2002 大师计划"共投入 12 亿美元，使得新加坡所有学校均获得了技术装备。

新加坡许多学校已经引入了 Blackboard、WebCT 和 Moodle 等在线教学管理系统。新加坡教育部不仅重视工具的使用，更重要的是提高教育者使用工具的能力，强调技术的使用和课程设计同步进行。相比于传统教学，将技术融入到教学中需要更多的时间，新加坡的一些教师教育机构也在推进职前教师培养改革。以新加坡国立教育学院（NIE）为例，作为新加坡目前唯一的职前教师培养机构，该院自 20 世纪 80 年代，就将"教育中的信息与通讯技术"纳入各类教师教育项目的必修模块。2010 年，该门课程更改为"ICT 促进有意义学习"（ICT for Meaningful Learning），要求职前教师熟练掌握并学会使用在线讨论论坛、在线测评、基于网络的合作学习工具、概念地图工具等，同时成立了信息技术教学指导委员会。[①]

3. 爱尔兰发展教师信息数据素养的举措

爱尔兰在 1998 年和 2003 年分别出台了两份促进技术与教育融合的政策，分别是"2000 学校信息技术目标"（Schools IT 2000）和"爱尔兰教育未来 ICT 蓝图"（Blueprint for the Future of ICT in Irish Education），这两项政策主要关注硬件投资，以及基础层次的教师专业发展和学校 ICT 技术实践方面。爱尔兰全国课程与评估委员会（NCCA）出台了"信息技术框架"，提出了"根据义务教育阶段末期学生应该达到的学习结果，向学校提供结构化的课程与评估办法"，同时向教师提供使用 ICT 技术的课程计划与教学架构。

为发展教师的信息与数据素养，爱尔兰教育部门启动了"学校融合项目"（SIP）。项目具体包括如下目标：通过持续的专业发展确保教师

---

① A. Y. Chen, and S. L. Koay, *Transforming Teaching, Inspiring Learning: 60 Years of Teacher Education in Singapore*, 1950 – 2010, Singapore: National Institute for Education, 2010, pp. 6 – 24.

具备使用技术的能力，开发足够多且富有创新性的数字化课程内容，为学校提供最新的数字化教学设备，提供便捷、低成本的宽带服务，向学校和教师提供技术支持与服务，完善推动技术应用的学校管理和氛围支持，开展创新型的实践与研究。

其他一些国家的教师教育机构也在推进教师信息与数据素养培养改革。以韩国国家教员大学（KNUE）为例，作为韩国唯一一家集幼儿、初级、中级教师培养为一体的综合性大学，该大学于 1984 年为培养肩负国家未来的教育型人才而设立。1999 年，该大学开设了"数字化教学材料开发的理论与实践"课程，除了向学生讲解一些教学技术工具的使用办法，同时强调在教学中将 ICT 技术与学校课程相融合。学生学习完这门课程后，要求能够理解数字化教学媒体的理论与特征，使用 ICT 技术设计和开发教学材料，理解信息社会背景下的教师角色并掌握相关技能。

（二）美国发展教师信息数据素养的国内背景

在技术如何影响教师的专业发展、教师应该如何学习技术等问题上，美国教育界还没有形成清晰的认识。人们通常认为技术是一种实现某种功能的工具，教师只要掌握了这些技术的功能和使用方法，自然就会在其教学实践中加以利用。基于这种认识，技术通常被作为一项孤立的内容附加在原有的教师资格条例或教师教育课程之中，种种认识上的偏差和实践中的滞后，是美国发展教师信息数据素养的动力。

1. 教育者信息技术应用能力是教育变革的引领要素

1996 至 2016 年间，美国先后出台了五次"国家教育技术计划"，历次计划都把"教学变革"作为重要内容，强调教育者在技术驱动时代对美国教育的重要影响。如 2010 年的国家教育技术计划《变革美国教育：技术推动学习》提出了技术驱动型学习模式，它由学习、评价、教学、基础设施以及教育效益五个领域组成，通过推广技术支持的链接教学模式以培养和提升教育者的技术应用能力，为实现学生个性化学习创造条件。2011 年，奥巴马政府启动"我们的未来，我们的教师"（Our Future Our Teacher）计划，并在国情咨文演讲中提出了在 10 年内培养 10 万名 STEM 领域的新老师。在 2016 年的国家教育技术计划《为未来学习做准备：重新设想技术在教育中的作用》中，提出要引导教师成为教育领导者，并启动教学领导（Teach to Lead）项目，以加强教师的领导意识，提升教师的领导技能。教师被赋予提高教育质量、推动国家及公民创新发展的使命，数字化时代提升教育者信息技术应用能力成为各界共识。

2. 教育者信息技术应用能力落后于教育实践需要

技术驱动的链接教学模式要求教育者不仅精通教学知识，还需要具备信息技术与教学整合的能力，但教师的教育技术整合应用能力仍需提高。正如德克萨斯农工大学的戈麦斯教授所言，"我们的教育体系和职前教师培养机构不能提供教育者胜任工作岗位的工具和技术支持，我们的教育体系要求教育者为学生的学业成绩负责，但是却不提供先进的技术支持教育者的专业发展"。[1] 研究显示，相比在 PISA 等国际测评中取得好成绩的国家而言，美国教师参加专业学习的时间更少。调查发现，超过 2/3 的美国教师愿意在教学中使用技术，但近一半的教师表示缺乏使用科技相关的培训，许多新教师对如何在教学中运用科技知之甚少。[2] 尽管从 1996 年克林顿政府启动"信息高速公路"计划以来，美国就同步开展了教师信息技术应用能力培训，但仍落后于实际需要。基于这一认识，联邦政府在 2010 年启动了"在线实践社区项目"，并随着 2013 年"连接教育"（ConnectED）的实施，更名为"连接教育者项

---

[1] L. M. Gomez, M. G. Sherin, J. Griesdorn, L. Finn, "Creating Social Relationships: The Role of Technology in Preservice Teacher Preparation", *Journal of Teacher Education*, Vol. 59, No. 2, (2008), pp. 117 – 131.

[2] PBS Learning Media, *Teacher Technology Usage*, Arlington, VA: PBS Learning Media, 2013, pp. 2 – 12.

目"。

3. 数字化教学与交流平台有助于促进教师专业发展

信息技术是教育变革的强大工具，它可以帮助重塑教育者的教学方式，缩小长期存在的教育不均衡和数字鸿沟问题，并基于学生个体经验设计个性化学习方案。美国前教育部长邓肯说："我们能真正支持教师和学生的事情是给予他们现代工具，并且帮助他们获得由信息技术支持的无限知识和网络连接。"[①] 技术提供了教育者与同行互动的机会，可以与同行交流分享教学数据和咨询教学专家，了解教学评估管理系统，不断提升他们的专业知识和教学协作能力。在线学习的引入还为教育工作者提供了更加个性化、即时性的专业数据，支持教师改进教学。美国国家教师发展委员会（National Staff Development Council）的报告显示，网络化的教师专业学习社区（Professional Learning Communities，简称 PLC）对建立协作型的专业发展文化、缓解教师心理压力产生了积极作用。教育者利用信息技术手段公开并交流各自教育工作时，教师的专业发展和学生的学业成就都有明显改善。[②]

（三）美国发展教师信息数据素养的基础条件

教育的本质是促进人的发展，教师作为教学过程中的执行者，教师数据素养推动着教学与技术不断整合，促进基于数据的教学实践变革，甚至可能带动整个教育系统的变革。与其他国家相比，美国在发展教师数据素养方面，具备了国家政策、基础设施以及文化氛围等基础性支撑条件。

---

① J. Duncan – Howell, "Teachers Making Connections: Online Communities as a Source of Professional Learning", *British Journal of Educational Technology*, Vol. 41, No. 2, (2010), pp. 324 – 340.

② Darling – Hammond, L, *The Flat World and Education*, New York: Teachers College Press, 2010, pp. 26 – 34.

1. 培育了数据至上的学校文化与教学传统

教学的科学性与艺术性并存，在教学决策过程中需要严谨的方法和经验，即用数据和实证证据来指导实践。在数据使用的环境中，"文化"指的是与数据使用相关的组织观念与行为方式，当地区和学校对利用数据改进教学持有信心，并将这一信念付诸实践时，就会产生强大的数据文化。它包括对教学计划改进过程的承诺、愿景、信念、问责以及协作。自2002年《教育科学改革法》（ESRA）确定数据支撑教育决策的指导思想后，美国教育部和教育科学研究所（IES）越来越强调数据在教育实践和研究中的重要性，反对简单地使用经验、直觉、个人判断作为决策的依据。

在数据使用文化中，领导力是基础，领导者使用数据是帮助教师改善学习成果并与教师进行有效互动的关键，通过设立具有时间和资源支持的组织机构，以进行持续的数据对话和反馈，支持教师基于数据的教学实践。数据使用文化的重点是教师不断学习新的知识与技能，即从数据中提取有价值信息的能力，以及提供教师专业发展所需要的数据相关知识和技能。数据使用文化的前提是完善基础设施，建立可访问的数据系统，保证数据管理系统的信息能为每位教师所用，教师能够获得、协调、过滤和准备数据，能够快速高效地分析和解释数据，以解决重要的教学和学习问题。[①]

此外，"协作"是地区与学校培育数据使用文化的另一主题，建立相互信任和对学生的共同责任感是教师使用数据进行教学实践的重要条件。教师在面对不熟悉的同事并分享数据使用经验时，会担心数据滥用或泄露。学校领导人需要促进教师间相互信任，包括让老师们以小组的形式进行交流。例如，通过呈现没有教师姓名的课堂评估结果，或者召开讨论会议时事先就已经确定好了教师评价表现等级，在此基础上进行

---

① N. Gerzon, G. Sarah, *Toolkit for a Workshop on Building a Culture of Data Use*, 2017 – 06 – 20, See: http://files. eric. ed. gov/fulltext/ED555739. pdf.

的教学策略分享可以减少教师进行数据协作的抵制。通常以年级、部门或项目为单位的教师最适合进行数据协作，将数据反映活动与绩效管理活动分开，在教师群体中创造起相互信任的数据使用文化。①

2. 出台了发展教师数据素养的政策与规划

联邦政策中多次强调数据的重要性。2001 年，美国政府颁布了《不让一个孩子掉队》法案，旨在提高美国教育质量，增进教育公平，使每一个孩子都具备基本的阅读能力与数学能力，并要求教师使用严谨的研究结果来指导教学实践，使用多种数据支持教学。教师数据素养建设是落实该法案的迫切要求，也是美国政府"数据驱动的决策"（D3M）项目中的主要内容。2009 年，"美国复兴和再投资法案"（American Recovery and Reinvestment Act，简称 ARRA）颁布。"数据驱动决策"成为该法案的四大支柱之一，要求教师"在教育环境下，分析使用学生数据和有关教育资源及过程来规划实践"。美国教育部规划、评估和政策发展办公室（OPEPD）制定了数据驱动决策的框架，包括计划、实施、评估、分析数据、反映问题几个部分。框架的运行以特定的条件为支撑，其中就包括了教师自身专业发展动力的激发和数据解读技术的获得。

2011 年，美国教育部发布《教师利用数据影响教学的能力：挑战与保障》研究报告，系统阐述了教师数据素养问题。② 时任联邦教育部长邓肯（Arne Duncan）表示，全美教师要利用学生成绩等数据来驱动教学和评价，联邦政府鼓励并支持教师利用数据改进教学能力。邓肯认为数据使用是教育系统各层面的优先事项，他说"我相信数据推动我们做出决定的力量，数据能够为我们提供改革的路线图，它告诉我们在哪

---

① B. Means, C. Padilla, L. Gallagher, *Use of Education Data at the Local Level: From Accountability to Instructional Improvement*, Jessup: US Department of Education, 2010, p. 158.

② B. Means, E. Chen, A. De Barger, et al, *Teachers' Ability to Use Data to Inform Instruction: Challenges and Supports*, Alexandria, VA: Office of Planning, Evaluation and Policy Development, US Department of Education, 2011, p. 37.

里，我们需要去哪里，哪些方面最需要变革"。①

2015 年颁布的"每个孩子成功法案"（ESSA）呼吁教师将数据整合到他们的教学实践中去，并且要求将数据使用贯穿各级教育系统——学校、区、各州以及联邦层面的教室，立法明确规定决策者和管理者必须"促进基于数据的教学决策"，为教育工作者提供专业的学习机会，以便学习如何专业地使用数据，保护学生的隐私。②

2016 年颁布的美国国家教育技术规划《为未来做准备的学习：重塑技术在教育中的角色》进一步指出，③ 教师需要利用数字工具帮助学生建立学习空间，并且关注学生在学习空间中的学习行为，成为学生学习的向导、促进者和激励者，指导学生通过高速互联网获取信息。可以看出，美国已从重视教师单纯技能训练，转向将数据素养纳入教师专业发展，并在日常教学实践中强化运用，教师数据素养成为教师最重要的专业能力之一。

3. 建立了支撑教师使用数据的纵向数据库

数据库建设是教师挖掘使用教育大数据、提升自身数据素养的基础性工程，"州纵向数据系统"（SLDS）的发展为此提供了有力的支撑。SLDS 是覆盖了多数州和地方教育数据的大型数据仓库或存储库，州和地方教育机构通过开发数据系统和工具来完善区域基础设施，通过广泛采集并汇总各类数据以确保教师获得及时和相关的评估结果，做出合适的教学决策。这也是落实《教育科学改革法》（ESRA）使用数据推动

---

① B. Ellen, Edith S. Mandinach, Gummer, "A Systemic View of Implementing Data Literacy in Educator Preparation", *Educational Researcher*, Vol. 42, No. 1, (2013), pp. 30 – 37.

② Data Quality Campaign, *Using Data To Improve Teacher Effectiveness*, 2017 – 05 – 15, See: https://2pido73em67o3eytaq1cp8au – wpengine. netdna – ssl. com/wp – content/uploads/2016/05/Using – Data – to – Improve – Teacher – Effectiveness. pdf.

③ U. S. Department of Education, *Future Ready Learning: Reimagining the Role of Technology in Education*, 2015 – 12 – 20, See: http://tech. ed. gov/files/2015/12/NETP16. pdf.

教学决策，从州和学区层面下沉到学校和教师课堂的政策回应。

为了回应 ESRA 问责制和提供学生学业数据报告的要求，许多地区开始升级学生数据系统，并且参与到"数据驱动决策"中去。美国教育部也要求州教育机构将 SLDS 纳入《美国竞争法》（America Competes Act）实施中，鼓励各州申请国家财政稳定基金资助（SFSF），用于建立州纵向追踪数据系统。美国国家教育科学研究所（IES）具体负责指导 SLDS 建设，统筹联邦层面资助经费，帮助州教育机构建设纵向数据系统，指导各州将各个地区的数据连接在一起，并收集劳动就业部门和其他机构的数据，最终形成涵盖儿童早期教育到高等教育后阶段的完整数据库。这些系统旨在提高各州有效和准确的管理、分析和使用教育数据的能力，帮助各州、学区和教师利用数据驱动决策，提高学生成就。

据"数据质量运动"（Data Quality Campaign）统计，自 2005 年启动"州纵向追踪数据系统"（SLDS）建设以来，IES 共实施了五轮资助计划，以支持各州建立教育数据系统。其中，2005 年到 2010 年间，有41 个州和哥伦比亚特区从 74 个拨款中获得了资金，其中 24 个州获得了多次资助。2012 年启动的第五轮资助设立了三个优先事项，分别是 K–12 数据系统、儿童早期数据和高等教育/劳动力数据。截至 2014 年，全美 43 个州的数据库已涵盖早期儿童教育至中学后教育，27 个州将中等后教育和就业系统进行了有效关联，18 个州和哥伦比亚特区已建立起从早期儿童教育到毕业后就业的数据库系统，联邦政府为此总共投入了 6.5 亿美元专项经费。[①]

4. 开发了发展教师数据素养的资源与工具

数据系统可以通过提供的一些资源（例如教学材料、示范课程计划、课程指南、学生学业相关的形成性评估结果）帮助教师改进教学实

---

① Karen Levesque, et al, *A Guide to Using State Longitudinal Data for Applied Research*, Washington, DC: Institute of Education Sciences, U. S. Department of Education, 2015, p. 18.

践，其商业数据系统可以提供包括课程和课程规划模块，以及允许该区域管理与国家标准相关的基准测试评估模块，显示哪些学生通过了特定目标，汇总形成技能和项目分析报告。还有的数据系统包含了符合国家和地方标准的课程信息、教师教学框架，以及课程指南，这些都覆盖了教师的课程内容，可以帮助教师制定计划，教师可以在线访问任务和课程计划，以便他们获取共享资源来补充教学材料。①

2010 年，联邦教育部下属教育领导和技术中心（CELT）在比尔－梅琳达·盖茨基金会（Bill&Melinda Gates）的资助下，在数据质量运动（DQC）的指导和传播支持下，启动了"教师学生数据链接项目"（Teacher－Student Data Link，简称 TSDL）。该项目将各州和学区联系在一起，共同处理教育数据系统中最关键的组成部分——"教师与学生成果之间的数据链接"。以阿肯色州为例，它的 TSDL 项目之下包括五个子项目，每一个子项目都是阿肯色州加强教师和学生之间数据链接相关过程和系统总体计划的关键组成部分，其中的"教育者数据集成系统"（The Educator Data Integration System Project）项目旨在改善信息服务，以支持教师获得教师资格、通过专业认证和申请教师专业发展项目等，并提高教育者数据的质量。

随着教育工作者面临的数据量不断膨胀，处理数据的复杂性也随之增加。这种数据增长量超出了人类处理的能力，为了减轻教师负担，需要技术解决方案来支持教师使用数据。这些工具包括数据仓库、学生信息系统、教学管理系统、评估系统和手持设备，如帮助教师进行远程网络学习的 Edmodo 平台，记录学生课堂学习表现的 ClassDojo，制作教学视频的影音软件等工具，目的是帮助教育者以有意义的方式收集、分析和呈现数据，诊断学生的学习优势和弱点。其中，数据仓库和学生信息

---

① B. Means, C. Padilla, A. DeBarger, et al, *Implementing Data－Informed Decision Making in Schools－Teacher Access, Supports and Use*, Jessup: US Department of Education, 2009, p.158.

系统是大型数据库；教学管理系统帮助教育工作者根据数据制定其教学方案；评估系统通过创建测试框架并组织测评，开展专业分析并提供评价报告；诊断系统提供几乎实时的数据，在评估和指令性命令之间提供反馈。

四、美国提升教师信息数据素养的策略路径

美国教育界重视教师的信息与数据素养的提升，认为有必要在教师职前培养和职后培训中加强数据技巧、数据决策等内容，帮助教师掌握有效使用数据的方法，分析学生的学业与自己的教学得失，从而达到优化教学的效果。基于对 TPACK 框架在促进信息技术与教学整合、提升教师专业发展水平、改革教师职前培养和职后发展体系所具有的重要价值的认识，美国近年来开展了以 TPACK 为核心的提升教师信息与数据素养的实践。

（一）将信息与数据素养纳入教师专业发展标准要求

舒尔曼认为，"教师教育的目标不是向教师灌输某些内容，或者按照预先设计好的方式训练教师，而是培养他们思考教学工作以及如何更有技术地完成教学工作。"[①] 将信息与数据素养纳入教师专业发展标准，以此改革教师职前培养和职后发展体系，是当前美国教师教育领域的重要趋势。

美国国际教育技术学会（International Society for Technology in Education，简称 ISTE）非常重视教师、学生和管理者信息技术能力的构建，已经制定了《美国国家教育技术标准》。1993 年，ISTE 发布《国家教育技术标准》（National Educational Technology Standards），但这一

---

① L. S. Shulman, "Knowledge and Teaching: Foundations of the New Reform", *Harvard Educational Review*, Vol. 57, No. 1, (1987), pp. 1 – 22.

标准更多关注学生的教育技术能力。ISTE 又分别于 2000 年和 2001 年发布了《面向教师的国家教育技术标准》和《面向管理者的国家教育技术标准》。之后又于 2007、2008 和 2009 年分别对学生、教师和管理者的教育技术标准进行了修订和更新，并分别更名为《ISTE 学生标准》《ISTE 教师标准》和《ISTE 管理者标准》。2011 年，ISTE 增加了《ISTE 教练标准》和《ISTE 计算机科学教育者标准》。目前，《ISTE 教师标准》在美国多个州得到了广泛应用，为广大教师提升信息技术能力提供了有效的指南。

在美国国际教育技术协会（ISTE）2009 年提出的"全国教师教育技术标准"（National Educational Technology Standards for Teachers，简称NETS – T）中，针对教师的标准包括：（1）为学生有效学习和培养创造性提供条件和动力。包括营造有利于学生创造性激发的环境，鼓励学生使用数字化工具和资源探索现实问题等。（2）设计和开发数字化学习经验和评价体系。包括设计基于技术的学习环境，让学生能够实现个人好奇心，积极设计和管理个人学习目标，提供多样化、个性化的评价手段。（3）改变数字化时代的工作方式和学习方式。教师能够把教学内容加以转化以适应新技术条件，同学生、同事、家长和社区成员合作，利用数字化工具支持学生成功和创新。（4）推动数字化时代的公民教育和责任培养。包括推动安全合法地使用数字化信息技术，负责任地开展社会互动，以及培养跨文化理解和全球意识等。（5）积极参与专业发展和领导活动。包括积极参加各类与技术教学相关的专业发展活动，在推动技术融入教学方面扮演示范引领角色等。①

州际教师评估与支持联盟（InTASC）以及州际学校领导认证联盟（ISLLC）近年来对教师数据与信息素养也给予了热情关注。ISLLC 标准

---

① International Society for Technology in Education, *National Educational Technology Standards for Teachers*, 2016 – 10 – 23, See: http://www. iste. org/AM/Template. cfm?Section = NETS.

要求教师必须了解如何"收集和使用数据来确定教学目标，对教学的有效性进行评价和改进，促进学生学习"，总结了教师使用数据的基本方式。InTASC 标准提到了近 40 个使用数据的主题。其中，在知识方面要求"教师必须知道如何分析和评估数据，了解不同学生的学习模式以及学习差距，向所有学生进行学习指导和规划，并提供有意义的反馈"；在行为方面要求"教师能够独立或者与同事合作检查学生考试以及其他表现数据，了解每个学生的学习进度"等。以阿肯色州为例，该州通过采用 InTASC 教学标准，在教师职业资格证政策中设计了实践数据素养技能、掌握数据和评估语言、优先考虑教师数据素养的发展和数据的使用等内容。

由国家教师教育认证委员会（NCATE）演化而来的教师培养认证委员会（CAEP）在 2014 年修订的认证标准中提出，"技术是一个关键性领域，需要教师职前培养机构提供新的学习指导和创新"。委员会同时认为，技术应该融入到教师职前教育的各方面，不赞成把技术标准作为单独的板块。美国国家专业教学标准委员会（NBPTS）、美国教师教育学院协会（AACTE）等专业学会也明确将数据素养纳入教师标准认证过程。NCATE 的蓝丝带小组于 2010 年发布了一套指导培训教育者更好地使用数据、帮助教师为未来奠基的建议，指出职前教师需要机会思考和反思他们的行为、如何做出决定、如何将自己的工作理论化，以及如何将数据知识整合到教学中去。该报告还提出，教师职前培养必须为教师提供"发展数据使用技能以分析学生需求，根据学生成绩数据调整教学实践，以及接受导师对他们进行持续监测和反馈"的机会。数据质量运动（DQC）2014 年的一项年度调查显示，全美 50 个州和哥伦比亚特区中，已经有 19 个州将数据素养纳入到教师资格认证中。[①]

----

① Data Quality Campaign, *Data for Action 2014：Paving the Path to Success*, 2017 – 5 – 17, See: http://dataqualitycampaign. org/files/Data For Action2014. pdf.

（二）发展职前和职后教师信息与数据素养

职前培养主要通过加强师范生信息技术课程教学、提供信息技术教学工具包、观摩优秀教师的技术整合案例、强化技术与教学融合的实践训练等途径展开，职后教师主要通过开展信息技术专项培训、搭建教学创新交流平台、观摩其他学校技术整合的成功经验、组建教学创新共同体等方式进行。

1. 强化职前教师的信息与数据素养教育

职前教师数据素养不仅以课程，还要以课堂为基础作为支持其发展的条件，在此过程中职前教师培养机构是关键。在美国，职前教师有两种基于课堂的经验："实地经验"和"学生教学"。"实地经验"通常为职前教师提供在自然的教室环境中观察教学和学习的机会，但缺乏参与教学实践的机会；而"学生教学"能够强化职前教师的教学实践能力，这种方式往往持续一个学期或一年，由合作的教师监督，为职前教师提供机会，并赋予他们真正的课堂教学责任（例如规划、教学和评估）。从数据使用看，基于课堂的经验，为职前教师提供了参与甚至接触学生实际数据的教学活动提供了现场机会。① 在课程方面，教师培养机构可以从专业发展提供者那里学习如何开发数据课程，或者将数据驱动的概念整合到现有课程之中。

发展教师信息数据素养源于数据驱动决策的倡导，数据素养被纳入到数据驱动决策和数据使用过程中。Marsh（马什）概述了此过程的组成部分：（1）访问或收集数据。（2）选择有用的数据，并组织分析成信息。（3）将信息与专业知识理解相结合，建立新的知识。（4）知道

---

① Todd D. Reeves, "Pre – service Teachers' data Use Opportunities during Student Teaching", *Teaching and Teacher Education*, Vol. 63, No. 1, (2017), pp. 263 –273.

如何采取行动调整自己的实践。（5）评估这些行为或结果的有效性。[1]但是，职前教师的数据素养培养还有很大的提升空间，特别是在合作、分析、解释以及在教学中使用标准化测试数据方面。2014 年，白宫发布了"创客运动"（Maker Movement）支持办法，认为"创造"能够激发青年人更多创业，包括电子产品、机器人技术、3D 打印等都列入支持对象，呼吁学校向学生提供有利于创客生长的环境，教师也被纳入到创造者队伍中。

除了公共政策和学术研究机构外，包括"知识工场"（Knowledge Works）和乔治·卢卡斯基金会（George Lucas Foundation）也在推动学校适应未来技术发展下的教学变革。基金会下属的"数字化媒体和学习研究中心"出版了《连接学习》（Connected Learning）一书，致力于推动"同辈文化、个人兴趣和学科教学与兴趣驱动和有意义学习间的联系，更好地利用数字化网络和在线资源。"密歇根州立大学"深度游戏研究小组"（Deep – Play Research Group）通过跨学科研究，重点关注 STEM 学科中的创造性、数字化思考，以及创造性的界定和测量。

近年来，协作数据聊天（a Collaborative Data Chat）广泛用于帮助职前教师分析和使用标准化测试、总结性评估数据和课堂形成性评估数据，它根据相似内容的专业知识或年级，将职前教师划分为 4 – 5 人的小组，并为他们提供相应的国家级标准化测试数据报告。职前教师根据数据报告分析学生的优缺点，形成评估报告，最后制定具体的教学策略并尝试付诸实施。[2] 该模式将教师组织起来，通过团队协作，达到共同提高数据理解、解读和使用等方面的目标。

2. 对职后教师进行信息与数据素养培训

---

[1] R. Todd, L. Sheryl, "A Classroom Data Literacy Intervention for Pre – service Teachers", *Teaching and Teacher Education*, Vol. 50, No. 4, (2015), pp. 90 – 101.

[2] Jody Piro, "7 Steps to a Collaborative Data Chat", *New Teacher Advocate*, Vol. 24, No. 1, (2016), pp. 2 – 3.

　　教师是教育信息化实现可持续发展的关键因素，美国十分重视教师教育技术能力与信息数据素养培训。早在 1994 年的《2000 年目标：美国教育法》中就提出，要促进先进技术运用于学校课程和教师培训。只是将数据提供给教师，不足以推动课堂层面使用数据，提升教师的数据解读、分析和使用方面的能力，需要开展以数据使用和数据解读为中心的专业发展。

　　在美国，一线教师每年可获得 60 小时的专业发展时间，教师可以利用此时间研究教学数据，提升教师分析和使用数据能力。发展教师数据素养的职后专业发展活动主要包括校本研修、社区或专业协会领导的培训、以及各类专项发展计划，其中最常见且最有效的仍然是校本研修活动。在俄勒冈州，该州教育局就规定辖区内教师在学校专业发展活动中，需要和专家一起分析学生的阶段性学业数据，研讨教学改进办法。由于校本研修活动能够为教师提供使用数据的"教学情景"，有助于教师在真实的情境中发展对使用数据的理解与分析能力。①

　　美国政府为提升在职教师的信息与数据素养采取了一系列措施。1997 年，美国联邦政府启动了"技术素养挑战基金"计划（Technology Literacy Challenge Fund，简称"TLCF"）以增加课堂教学中教师和学生的技术素养，该计划实施 5 年共投入了 20 亿美元的资金。2002 年，美国联邦政府推出"技术增强教育"项目（Enhancing Education Through Technology Program），该项目实施 6 年时间累计投入了 34 亿美元，其目标是通过技术整合教学提升学生的学术成绩。② 这些基金支持美国各州和地区开展教师教育改革，基金大部分投资在改善提高低收入社区和农

---

① Ellen, B. Mandinach, Edith S. Gummer, "A Systemic View of Implementing Data Literacy in Educator Preparation", *Educational Researcher*, Vol. 42, No. 1, (2013), pp. 30 – 37.

② U. S. Department of Education, *Evaluation of the Enhancing Education through Technology Program: Final Report*, 2016 – 11 – 12, See: https://www2. ed. gov/rschstat/eval/tech/netts/finalreport. pdf.

村地区、少数民族和特殊人群技术使用上。与此同时，师范院校和专业协会还创建了一些在线专业发展社区（PDO），这些社区通常由地区和私营公司联合建立，向辖区内所有教师提供培训课程的电子系统，该系统不仅可以查看他们的年度专业发展规划，还能借此实现将教师培训的数据化管理。

1999 年，美国联邦政府教育部启动了针对职前教师的"未来教师运用技术预备计划"（Preparing Tomorrow's Teacher to Use Technology）。该计划旨在鼓励和扶持职前教师进行基于信息技术的创新教育实践，加速培养满足信息时代要求的高质量教师，共计向高等教育机构、州和学区提供了 7.5 亿美元的经费，参与项目的教师达到全部教师的 50% 以上。[1] 2015 年，联邦政府在"连接教育"（ConnectED）框架下实施了"连接教育者"（Connected Educator）项目，并于当年投入 2 亿美元设立学校教师和管理者信息技术培训和奖励基金，帮助教育工作者掌握最新教学技术和数字化学习工具。[2] 在美国教师联盟（UFT）和纽约州教育局、纽约市教育局的合作下，成立了 UFT 教师中心，向辖区内教师提供专业发展帮助。

联邦教育部资助的 5 个全国性教学辅助机构的教学中心（Center on Instruction，简称 COI）和"新英格兰综合中心"（New England Comprehensive Center，简称 NECC）开发的"教育领导者对虚拟教育应该知道的"在线课程，课程专门为州和学区的领导者设计，这些人反过来对辖区人员提供技术帮助或专业支持。课程内容主要包括三个模块。其中模块 1 主题为在线学习的简介，包括 K – 12 在线学习的有关研究、州层面

---

① 胡永斌、龙陶陶：《美国基础教育信息化的现状和启示》，《中国电化教育》2017 年第 3 期。

② U.S. Department of Education, *Fiscal Year 2015 Budget Summary and Background Information*, 2016 – 06 – 20, See: http://www2. ed. gov/about/overview/budget/budget15/summary/15summary. pdf.

为推动教育机会平衡的努力、虚拟交易的障碍。模块 2 主题为满足学习者的多元需要，包括对多元学习者的界定、通过在线学习满足学习者多元需要的案例。模块 3 主题为在线项目相关的政策问题，包括 K－12 在线学习在何地和如何使用、相关研究的经验、政策和项目案例。①

一些专业教师教育机构也在积极开发职后教师专业发展项目。"美国教师教育学院协会－微软创新教师项目"（AACTE－Microsoft Innovative Teachers Program）每年资助 5000 万美元的软件使用权和各种在线社区建设工具，同各学区合作提供与技术相关的专业发展机会。

3. 在实践中提升教师的信息与数据素养

学校校长是推动教师使用数据的关键因素，是教师参与基于学生数据进行决策的催化剂。培训校长或学校其他领导，将数据的使用纳入学校改善计划，是促进教师使用数据进行教学决策的途径之一，在这个过程中，校长需要对教师的教学计划和学习情况有全面的了解，并不断更新自己的知识储备。其次，还可以通过专家协调的方式帮助教师使用数据。协调人员在数据使用过程中具有专业知识，能够为教师提供可靠信息，并根据需要为教师教学决策提供有针对性的支持。此外，教师间同年级、跨年级的合作讨论也为教师提供了分享策略和想法的机会，然后根据讨论制定教学策略和干预措施，使教师真正了解学生的长处和短处。②

美国教育界注重在实践中提升教师的信息技术与数据素养。一是将辖区内已有在线学习、混合学习项目进行整合，规定教师相应的数据素养技能模块。如阿拉斯加州在 2011 年成立阿拉斯加学习网络，通过整

---

① E. Z. Rukobo, A. Penfold, C. R. Adler, *A Facilitator's Guide for the Online Course: What Education Leaders Should Know about Virtual Education*, Portsmouth, NH: RMC Research Corporation, 2014, pp. 2－9.

② D. Amanda, Lea Hubbard, "Teacher Capacity for and Beliefs about Data－driven Decision Making: A Literature Review of International Research", *Journal of Educational Change*, Vol. 17, No. 1, (2016), pp. 1－22.

合州内已有的远程项目来为州内所有学区提供在线课程、教师专业发展和数字资源，从而扩展教师数据素养实践渠道。二是通过为师生提供软硬件资源，以及允许学生学习经教育部门认可的单一或系列网络课程，促进个性化整合等方式扩大在线学习选择。如阿拉巴马州的"连接全州教室、教师和学生"（ACCESS）就向全州公立学校免费开放，同时提供教师专业发展和学习系统培训。三是依托专业机构，在专题活动中提高教师数据素养。如著名咨询公司"卓越教育联盟"（Alliance for Excellent Education）在 2012 年举办的首届"全国数字化学习日"（National Digital Learning Day），全国就有超过 2.6 万名教师和数百万学生参与了这项活动。

（三）为一线教师提供信息技术与教学融合的实践建议

教师是实现教学方法创新的关键，实现信息技术与教学的深度融合，需要教师具备信息化条件下的教学环境驾驭能力，找准信息技术与教学内容的结合点，并基于学生认知规律和成长需要，有效利用数字化资源与环境组织教学。提升信息化条件下的教师专业素质，成为推进信息技术与教学深度融合的关键。基于此，美国教育界还提供了一些实践案例，帮助教师在实践中提升信息与数据素养。

1. 美国教师教育学院协会（AACTE）的建议

美国教师教育学院协会（American Association of Colleges for Teacher Education，简称 AACTE）2008 年发布了"教育工作者 TPACK 手册"，详细介绍了阅读、社会科学、艺术、数学、科学等学科中技术与教学整合的方式与途径，并基于 TPACK 框架提出了改革职前教师培养和在职教师专业发展的建议。[①] 手册提出了培养教师 TPACK 素养的实施案例：

---

① American Association of Colleges of Teacher Education, *Handbook of Technological Pedagogical Content Knowledge (TPCK) for Educators*, New York: Routledge, 2008, pp. 3 – 5.

（1）制作并上传教育视频。要求职前教师制作反映一定教育理念的视频，在这一过程中，培养学生恰当使用数字录像设备、使用视频和图像编辑软件、通过 FTP 上传到网络或下载资源、使用 Dreamweaver 等软件制作网页等能力。（2）重新设计教育网站。参与者不仅需要学习基于网络的互动技术，还需要形成如何设计教育技术的抽象性知识。（3）教师发展和在线课程设计。关注教师怎样向学生提供视频反馈信息，以及 PPT 技术如何通过网络进行更有效的呈现。

AACTE 还建议将教师的信息与数据素养纳入教师的素养评价中，并以 TPACK 为核心，提出了评价教师信息技术能力的方式：（1）自我报告。要求参与调查者就日常教学中使用信息技术的情况提供自我分析报告。（2）开放性问卷调查，主要调查参与者使用教育技术的经历。（3）表现性评价。评估教师运用 TPACK 开展教学情况。（4）访谈。基于预先设计的问题对教师进行访谈，揭示参与调查者运用 TPACK 情况。（5）观察。在课堂或类似的场景中使用 TPACK 情况。

2. 教师在教学实践中形成的发展信息数据素养经验

在 AACTE 提供的大部分案例中，教师通常以小组的形式合作学习，有时会在小组中分配技术顾问。在设计活动中，教师也会遇到技术故障，就像他在日常教学中会遇到的那样。整个学习期间几乎没有单独开设的软件学习课程，而是在教师需要的时候提供同步指导，这些指导可以来自教师教育者，也可以来自小组成员。通过设计学习技术的核心仍然是做中学，设计任务通常来自于他们真实的教学生活。例如，数字电影设计案例中，教师通过制作一段两分钟的电影片断，体验如何在短暂的视频中恰当地表现教学思想和内容，并将教学方法融于其中。通过这种设计任务，教师学到的不是那些"去情景化"（Decontextualized）的单纯的视频采编技能，而是如何利用视频这种方式解决教学实际问题。

在另一些案例中，教师对现有的网络教育资源或站点进行重新设计，设计重点是内容、方法和技术相关的关键问题，包括重新设计面向中学生发布的网络课程，利用教育心理学的理论重新设计资源库，活动形式包括集体讨论、项目陈述与辩驳、异步网络讨论、撰写日志以及记录对整个设计过程的反思等。在这些案例中，教师也需要查阅、学习相关的资料，或者根据需要安排少量的讲座，而技术的学习则以内隐学习的方式贯穿在整个设计活动之中。设计活动包含了与问题相关的所有因素的丰富而复杂的关系分析，教师在这种真实的问题解决情景中，可以深刻地理解技术、内容与方法三者之间相互建构的动态联系。更重要的是，这种设计学习模式将学习技术、学习设计和学会学习结合起来，提高了教师持续学习的能力。

　　美国教育界重视教师发展数据素养，通过在教师职前培养和职后培训中开展数据知识、数据技巧、数据决策等内容，发展教师的信息与数据素养，掌握使用数据的有效方法。分析美国发展教师数据素养的基础条件和实施路径，对在大数据时代背景下培养跟上时代要求、具备扎实数据素养的教师具有参考价值。2013 年，中国教育部启动"全国中小学教师信息技术应用能力提升工程"，出台了《中小学教师信息技术应用能力标准（试行）》，并将信息技术应用能力定位为信息化社会教师必备专业能力，提升教师的信息数据素养已迫在眉睫。借鉴美国发展教师数据素养的经验，我们应细化教师数据素养标准，尽快制定"教师数据素养提升规划"，培育使用数据改进教学的文化，完善现有的教育数据管理系统，加强对学校管理人员和教师的数据素养培训，培养适应大数据时代教育变革要求的高素质教师，保障信息化时代教育改革的进行。

参考文献

一、中文文献

（一）中文著作

1. 黄荣怀、江新、张进宝：《创新与变革：教育信息化的核心价值》，科学出版社 2007 年版。

2. 黄荣怀：《信息技术与教育》，北京师范大学出版社 2002 年版。

3. 何克抗：《信息技术与课程深层次整合理论》，北京师范大学出版社 2008 年版。

4. 孔凡士：《教育信息化资源开发与利用》，科学出版社 2008 年版。

5. 孟繁华：《教育管理决策新论：教育组织决策机制的系统分析》，教育科学出版社 2002 年版。

6. 彭绍东：《信息技术教育学》，湖南师范大学出版社 2002 年版。

7. 上海市教科院智力开发研究所：《美国教育部教育技术白皮书》，上海教育出版社 2001 年版。

8. 王吉庆：《信息素养论》，上海教育出版社 1999 年版。

9. 王磊、周冀：《无边界：互联网＋教育》，中信出版社 2015 年版。

10. ［德］沃尔夫冈·布列钦卡：《教育科学的基本概念：分析、批判与建议》，胡劲松译，华东师范大学出版社 2001 年版。

11. ［英］维克托·迈尔－舍恩伯格：《与大数据同行——学习和教育的未来》，赵中建、张燕南译，华东师范大学出版社 2015 年版。

12. 颜辉:《当代美国教育技术》,中山大学出版社 2003 年版。

13. 张进宝、张小英等:《国际教育信息化发展报告(2013—2014)》,北京师范大学出版社 2014 年版。

14. 张俐蓉:《信息技术与学校教育关系的反思与重构》,教育科学出版社 2007 年版。

15. 张诗亚:《教育的生机——论崛起的教育技术学》,四川教育出版社 1988 年版。

16. 张义兵:《信息技术教师素养:结构与形成》,高等教育出版社 2003 年版。

17. 钟志贤:《信息化教学模式》,北京师范大学出版社 2006 年版。

18. 祝智庭:《信息教育展望》,华东师范大学出版社 2002 年版。

19. 祝智庭、尚春光、郭炯编著:《教育技术与教育创新:绩效评价的理论、系统与实践》,高等教育出版社 2011 年版。

(二)期刊论文

1. 鲍娟、王正青:《"互联网 + 教育"时代中国比较教育学的学科转型》,《教师教育学报》2017 年第 8 期。

2. 常亚慧、王碧梅、罗晓红:《教育研究与实验技术型构的教师行动——基于 S 省 5 所中学理科教师 TPACK 调查分析》,《教育研究与实验》2015 年第 8 期。

3. 陈琳、陈耀华:《以信息化带动教育现代化路径探析》,《教育研究》2013 年第 11 期。

4. 杜占元:《全面深化应用 全面实现"十二五"教育信息化发展目标——在 2015 年全国电化教育馆馆长会议上的讲话》,《中国电化教育》2015 年第 5 期。

5. 范国睿等:《研究引领变革:美国教育研究新趋向——基于美国教育学者公共影响力排名的研究领域与领军人物分析》,《教育研究》2016 年第 1 期。

6. 傅松涛、杨彬：《美国农村社区基础教育现状与改革方略》，《比较教育研究》2004 年第 9 期。

7. 何海地：《美国大数据专业硕士研究生教育的背景、现状、特色与启示》，《图书与情报》2014 年第 2 期。

8. 何克抗：《E－learning 的本质——信息技术与学科课程的整合》，《电化教育研究》2002 年第 1 期。

9. 何克抗：《信息技术与课程深层次整合的理论与方法》，《电化教育研究》2005 年第 1 期。

10. 洪明：《欧美国家教育信息化的现状与趋势》，《比较教育研究》2002 年第 7 期。

11. 胡乐乐：《论国际视野中的"大数据与教育"》，《比较教育研究》2015 年第 7 期。

12. 胡永斌、龙陶陶：《美国基础教育信息化的现状和启示》，《中国电化教育》2017 年第 3 期。

13. 黄荣怀：《教育信息化助力当前教育变革：机遇与挑战》，《中国电化教育》2011 年第 1 期。

14. 蒋玲：《美国儿童网络隐私保护概况及其启示》，《四川图书馆学报》2009 年 5 期。

15. 李凡、陈琳、蒋艳红：《英国信息化策略"下一代学习运动"的发展及启示》，《中国电化教育》2011 年第 6 期。

16. 李克东：《信息技术与课程教学整合的目标和方法》，《中小学信息技术教育》2002 年第 4 期。

17. 李文英、张立新：《世界教育信息化的变革与发展趋势》，《外国教育研究》2007 第 10 期。

18. 梁林梅：《改变美国教育：技术使学习更强大——〈2010 教育技术规划〉解读》，《开放教育研究》2010 年第 4 期。

19. 刘翠航：《美国中小学数字化发展趋势述评》，《课程·教材·

教法》2014 年第 9 期。

20. 刘晓琳等：《全球视野下美国 K－12 混合与在线教育的现状与未来》，《现代远程教育研究》2015 年第 1 期。

21. 龙三平、张敏：《在线学习理论研究的现状与趋势——基于 SSCI 数据库（1994—2013 年）的科学计量分析》，《远程教育研究》2014 年第 3 期。

22. 劳凯生：《重新界定学校的功能》，《教育研究》2000 年第 8 期。

23. 南国农：《教育信息化建设的几个理论和实际问题（上）》，《电化教育研究》2002 年第 11 期。

24. 阮士桂、郑燕林：《美国 K－12 在线学习发展现状与趋势探究及其启示》，《现代远距离教育》2015 年第 1 期。

25. 阮士桂、郑燕林：《教师数据素养的构成、功用与发展策略》，《现代远距离教育》2016 年第 1 期。

26. 石小岑：《美国 K－12 混合式学习模式变革的多元化路径》，《远程教育杂志》2016 年第 1 期。

27. 舒昊、马颖峰：《国内中小学在线学习分析及思考》，《中国教育信息化》2014 年第 23 期。

28. 谭振平：《国外教育信息化发展扫描》，《中国成人教育》2001 年第 11 期。

29. 唐科莉：《为学生营造丰富的数字学习环境——澳大利亚"数字教育革命"简介》，《基础教育参考》2009 年第 10 期。

30. 滕珺、朱晓玲：《大数据在美国基础教育中的运用》，《人民教育》2014 年第 1 期。

31. 滕珺、大卫·特纳、吕云震：《大数据与中国比较教育学科发展的新相对优势》，《比较教育研究》2015 第 11 期。

32. 汪礼俊、张宇：《"欧洲数字化议程"绘就未来发展蓝图》，《上海信息化》2010 年第 7 期。

33．王良辉：《教育信息化的美国之路——基于四次国家教育技术计划的考察》，《广州广播电视大学学报》2012 年第 4 期。

34．王萍、傅泽禄：《数据驱动决策系统：大数据时代美国学校改进的有力工具》，《中国电化教育》2014 年第 7 期。

35．王瑞香：《英国教育信息化的特点论析》，《外国教育研究》2006 年第 12 期。

36．王晓辉：《法国教育信息化的基本战略与特点》，《外国教育研究》2004 年第 5 期。

37．王正青、徐辉：《当前美国基础教育质量现状与改进趋势——"追求卓越"理念引领下的实践》，《教育研究》2014 年第 9 期。

38．王正青：《大数据时代美国学生数据隐私保护与治理体系》，《比较教育研究》2016 年第 11 期。

39．王正青、唐晓玲：《信息技术与教学深度融合的动力逻辑与推进路径研究》，《电化教育研究》2017 年第 1 期。

40．王正青：《美国 K－12 在线学习的类型、运行与质量保障》，《现代远程教育研究》2017 年第 5 期。

41．吴康宁：《信息技术"进入"教学的四种类型》，《课程·教材·教法》2012 年第 2 期。

42．吴南中：《"互联网＋教育"内涵解析与推进机制研究》，《成人教育》2016 年第 1 期。

43．杨挺、靳传盟：《我国中小学教师教育技术政策回顾与展望》，《西南大学学报（社会科学版）》2016 年第 3 期。

44．杨现民、唐斯斯、李冀红：《发展教育大数据：内涵、价值和挑战》，《现代远程教育研究》2016 年第 1 期。

45．余胜泉：《教育信息化进入深水区》，《中国远程教育》2005 年第 11 期。

46．詹青龙、杨梦佳：《"互联网＋"视域下的创客教育 2.0 与智慧学习活动研究》,《远程教育杂志》2015 年第 6 期。

47. 张进良、李保臻:《大数据背景下教师数据素养的内涵、价值与发展路径》,《电化教育研究》2015 年第 7 期。

48. 张倩苇、张敏:《美国教师教育技术培训动态及其启示》,《比较教育研究》2003 年第 4 期。

49. 赵建华等:《为未来做准备的学习:重塑技术在教育中的角色——美国国家教育技术规划(NETP2016)解读》,《现代远程教育研究》2016 年第 2 期。

50. 郑秀敏、朱德全:《美国基础教育教师教学评价与信息技术整合的路径分析》,《电化教育研究》2012 年第 4 期。

51. 郑燕林、柳海民:《大数据在美国教育评价中的应用路径分析》,《中国电化教育》2015 年第 7 期。

52. 钟志贤、张琦:《我国教育信息化发展历程回眸》,《中国教育信息化》2007 年第 6 期。

53. 周燕、边玉芳:《美国 TVAAS 的解读及其对我国教育评价的启示》,《全球教育展望》2012 年第 3 期。

(三)中文其他

1. 阿里研究院:《"互联网+"研究报告》,2015 年 3 月 5 日,见:http://www.sohu.com/a/7723459_106510.

2. 第一财经网:《美国家长抗议学生数据隐私泄露或成终身隐患》,2017 年 3 月 23 日,见:http://www.yicai.com/news/4589085.html.

3. 杜占元:《发展教育信息化 推动教育现代化 2030》,《中国教育报》2017 年 3 月 25 日。

4. 乔杉:《20 年互联网带来的改变才刚开始》,《人民日报》2014 年 4 月 21 日。

5. 腾讯研究院:《关于以"互联网+"为驱动推进我国经济社会创新发展的建议》,2015 年 4 月 13 日,见:http://www.tisi.org/Arti-

cle/lists/id/3776. html.

6. 赵秀红：《全国6.4万个教学点数字教育资源全覆盖》，《中国教育报》2015年3月25日。

二、英文文献

（一）英文著作

1. Allen, E., Seaman, J., Garre, R., Blending, *The Extent and Promise of Blended Education in the United States*, Newburyport, MA: The Sloan Consorum, 2007.

2. American Association of Colleges of Teacher Education, *Handbook of Technological Pedagogical Content Knowledge (TPCK) for Educators*, New York: Routledge, 2008.

3. Dougherty, Chrys, "Getting FERPA Right: Encouraging Data Use While Protecting Student Privacy", In: *A Byte at the Apple Rethinking Education Data for the Post – NCLB Era*, Marci Kanstoroom, Eric C. Osberg Thomas(eds), Washington, DC: Thomas B. Fordham Institute Press, 2008.

4. Christensen, Clayton, *Disrupting Class: How Disruptive Innovation Will Transform the Way the World Learns*, New York: McGraw Hill, 2008.

5. Darling – Hammond, L., *The Flat World and Education*, New York: Teachers College Press, 2010.

6. Darrell West, *Big Data for Education: Data Mining, Data Analytics, and Web Dashboards*, Washington DC, Brookings, 2012.

7. Foster Provost, Tom Fawcett, *Data Science for Business: What You Need to Know About Data Mining and Data – Analytic Thinking*, Sebastopol, CA: O' Reilly Media, Inc., 2013.

8. Glennan, T. K., Melmed, A., *Fostering the Use of Educational Technology: Elements of a National Strategy*, New York: National Book Network, 1996.

9. Hiltz, S. R., *The Virtual Classroom: Learning without Limits Via Computer Networks*, Norwood, NJ: Ablex Publishing Corp., 1994.

10. Rawlins, B., *Mobile Technologies in Libraries: A LITA Guide*, Maryland: Rowman & Littlefield, 2016.

11. Robert A. Reiser, John V. Dempsey, *Trends and Issues in Instructional Design and Technology (3rd)*, New York: Person, 2011.

12. Sheigola, K., *Restructuring for Learning with Technology*, New York: The Center for Technology in Education, 1990.

(二)期刊论文

1. Amanda, D., Lea Hubbard, "Teacher Capacity for and Beliefs about Data – driven Decision making: A Riterature Review of International Research", *Journal of Educational Change*, Vol. 17, No. 1, (2016), pp. 1 – 22.

2. Young, Anne Kevin McConkey, "Data Governance and Data Quality: Is It on Your Agenda?", *Journal of Institutional Research*, Vol. 17, No. 1, (2012), pp. 69 – 77.

3. Archambault, L., Kennedy, K., Bender, S. Cyber – truancy, "Addressing Issues of Attendance in the Digital Age", *Journal of Research on Technology in Education*, Vol. 46, No. 1, (2013), pp. 1 – 28.

4. Bernard, R. M., Abraim, P. C., Lou, Y., Borokhovski E., Wade A., Wozney, L., et al, "How Does Distance Education Compare with Classroom Instruction? A Meta – analysis of the Empirical Literature", *Review of Educational Research*, Vol. 74, No. 3, (2004), pp. 379 – 439.

5. Brew, L., "The Role of Student Feedback in Evaluating and Revising a Blended Learning Course", *Internet and Higher Education*, Vol. 11, No. 1, (2008), pp. 98 – 105.

6. Catherine Fisk Natale, Janet Cook, "Virtual K – 12 Learning: New

Learning Frontiers for State Education Agencies", *Peabody Journal of Education*, *Vol.* 87, No. 5, (2012), pp. 535 – 558.

7. Carole Bagely, Barbra Hunter, "Restructuring, Constructism and Technology: Forging an New Relationship", *Education Technology*, Vol. 32, No. 7, (1992), pp. 22 – 26.

8. Carter, K., "Online training: What's really working?", *Technology & Learning*, Vol. 32, No. 10, (2012), pp. 32 – 36.

9. Denis, A. G. et al, "Is There Conceptual Convergence in Entrepreneurship Research: A Co – citation Analysis of Frontiers of Entrepreneurship Research, 1981 – 2004", *Entrepreneurship: Theory and Practice*, Vol. 30, No. 5, (2010), pp. 333 – 366.

10. Duncan – Howell, J., "Teachers Making Connections: Online Communities as a Cource of Professional Learning", *British Journal of Educational Technology*, Vol. 41, No. 2, (2010), pp. 324 – 340.

11. Dunlap, K., Jody S., Piro: "Diving into Data: Developing the Capacity for Data Literacy in Teacher Education", *Cogent Education*, Vol. 79, No. 1, (2016), pp. 286 – 287.

12. Ellen, B., Mandinach, Edith S., Gummer, "A Systemic View of Implementing Data Literacy in Educator Preparation", *Educational Researcher*, Vol. 42, No. 1, (2013), pp. 30 – 37.

13. Frechette, J., *Media Education for a Digital Generation*, New York: Routledge, 2015.

14. Geoff Romeo, Marg Lloyd, Toni Downes, "Teaching Teachers for the Future: How, What, Why, and What Next?", *Australian Educational Computing*, Vol. 27, No. 3, (2013), pp. 3 – 12.

15. Greenway R., Vanourek G., "The Virtual Revolution: Understanding Online Schools", *Education Next*, Vol. 6, No. 2, (2006), pp. 34 – 41.

16. Gomez, L. M., Sherin M. G., Griesdorn J., and Finn L., "Creating Social Relationships: The Role of Technology in Preservice Teacher Preparation", *Journal of Teacher Education*, Vol. 59, No. 2, (2008), pp. 117 – 131.

17. Greenway, R., Vanourek G., "The Virtual Revolution: Understanding Online Schools", *Education Next*, Vol. 6, No. 2, (2006), pp. 34 – 44.

18. Harold L. Fisher, "An Overview of Virtual School Literature", *Journal of Societal and Cultural Research*, Vol. 10, No. 3, (2015), pp. 102 – 126.

19. Hausman J., Shelanski H., "Economic Welfare and Telecommunications Regulation: The E – Rate Policy for Universal – Service Subsidies", *Yale J. on Reg.*, Vol. 16, No. 2, (1999), pp. 19 – 22.

20. Herman J. H., "Faculty Development Programs: The Frequency and Variety of Professional Development Programs Available to Online Iinstructors", *Journal of Asynchronous Learning Networks*, Vol. 16, No. 5, (2012), pp. 87 – 102.

21. Jaeger, P. T., McClure C. R., Bertot J. C., "The E – rate Program and Libraries and Library Consortia, 2000 – 2004: Trends and issues", *Information Technology and Libraries*, Vol. 24, No. 2, (2005), p. 57.

22. Jered Borup, "Teacher Perceptions of Parent Engagement at a Cyber High School", *Journal of Research on Technology in Education*, Vol. 48, No. 2, (2016), pp. 67 – 83.

23. Jody Piro, "7 Steps to a Collaborative Data Chat", *New Teacher Advocate*, Vol. 24, No. 1, (2016), pp. 2 – 3.

24. Karen L. Milheim, "Toward a Better Experience: Examining Student Needs in the Online Classroom through Maslow's Hierarchy of Needs Model",

Journal of Online Learning and Teaching, Vol. 8, No. 2, (2012), pp. 159 – 171.

25. Katrina A. Meyer, Vicki S. Murrell, "A National Study of Training Content and Activities for Faculty Development for Online Teaching", *Journal of Asynchronous Learning Networks*, Vol. 18, No. 1, (2014), pp. 71 – 107.

26. Keith R. Krueger, Bob Moore, "New Technology 'Clouds' Student Data Privacy", *Phi Delta Kappan*, Vol. 96, No. 5, (2015), pp. 19 – 24.

27. King, K. P, Identifying Success in Online Teacher Education and Professional Development, *Internet and Higher Education*, Vol. 5, No. 2, (2002), pp. 231 – 246.

28. Koehler, M. J., Mishra, P., "What Happens When Teachers Design Educational Technology? The Development of Technological Pedagogical Content Knowledge", *Journal of Educational Computing Research*, Vol. 32, No. 2, (2005), pp. 131 – 152.

29. Koehler, M., Mishra, P., "What is Technological Pedagogical Content Knowledge (TPACK)?", *Contemporary Issues in Technology and Teacher Education*, Vol. 9, No. 1, (2009), pp. 60 – 70.

30. Kristen Kereluik, Punya Mishra, Chris Fahnoe, and Laura Terry, "What Knowledge Is of Most Worth: Teacher Knowledge for 21st Century Learning", *Journal of Digital Learning in Teacher Education*, Vol. 29, No. 4 (2013), pp. 127 – 143.

31. Leslie D. hall, Clint Fisher, Sandra Musanti, Don Halquist, "What Can Welearn from PT3?", *Tech Trends*, Vol. 50, No. 3, (2006), pp. 25 – 31.

32. Li J. H., Y. Zhao, "How to Choose Your Own CMS", *Modern Educational Technology*, Vol. 18, No. 9, (2008), pp. 64 – 71.

33. Lim, C. P., Chan, B. C., "Micro Lessons in Teacher Education:

Examining Pre – service Teachers' Pedagogical beliefs", *Computers and Education*, Vol. 48, No. 3, (2007), pp. 474 – 494.

34. Linda O. Hammonds, "The Virtual High School", *The Clearing House*, Vol. 71, No. 6, (1998), pp. 324 – 325.

35. Mishra, P., Koehler, M. J., "What is Technological Pedagogical Content Knowledge(TPACK)", *Contemporary Issues in Technology and Teacher Education*, Vol. 9, No. 1, (2009), pp. 60 – 70.

36. Molnar, Michele, "Broadband Benefits Touted for Districts", *Education Week*, Vol. 33, No. 4, (2013), pp. 21 – 23.

37. Monty Neill, "The Testing Resistance and Reform Movement", *Monthly Review*, Vol. 67, No. 10, (2016), pp. 8 – 28.

38. Oliver Andrean, etal, "Using Instructional Technologies to Rnhance Teaching and Learning for the 21st Century preK – 12 Students", *International Journal of Instructional Media*, Vol. 39, No. 4, (2012), pp. 283 – 295.

39. Reyes, Maria E. Hutchinson, Cynthia J. Little, Mary, "Preparing Educators to Teach Effectively in Inclusive Settings", *SRATE Journal*, Vol. 26, No. 1, (2017), pp. 121 – 129.

40. Rose, L. C., Gallup A. M., "The 32nd Annual Phi Delta Kappa/ Gallup Poll of the Public's Attitudes toward the Public Schools", *Phi Delta Kappan*, Vol. 82, No. 1, (2000), pp. 41 – 52.

41. Roumell, E. A., Salajan, F. D., "The Evolution of US e – Learning Policy: A Content Analysis of the National Education Technology Plans", *Educational Policy*, Vol. 30, No. 2, (2016), pp. 365 – 397.

42. Ruiz, J. G. et al, "The Impact of E – learning in Medical Education", *Academic Medicine*, Vol. 81, No. 3, (2006), pp. 207 – 212.

43. Sams, A., Bergmann J., "Flip Your Students' Learning", *Educational Leadership*, Vol. 70, No. 6, (2013), pp. 16 – 20.

44. Shulman, L. S., "Knowledge and Teaching: Foundations of the New Reform", *Harvard Educational Review*, Vol. 57, No. 1, (1987), pp. 1 – 22.

45. Shulman, Lee S., "Those Who Understand: Knowledge Growth in Teaching", *Educational Researcher*, Vol. 15, No. 2, (1986), pp. 4 – 14.

46. Siu Cheung Kong, et al, "A Review of E – Learning Policy in School Education in Singapore, Hong Kong, Taiwan, and Beijing: Implications to Future Policy Planning", *Journal of Computers Education*, Vol. 1, No. 2, (2014), pp. 187 – 212.

47. Squire, K. "From Content to Context: Video Games as Designed Experience", *Educational Researcher*, Vol. 35, No. 8, (2006), pp. 19 – 29.

48. Thomas Brush, Hew Khe Foon, "Integrating Technology into K – 12 Teaching and Learning: Current Knowledge Gaps and Recommendations for Future Research", *Educational Technology Research and Development*, Vol. 55, No. 3, (2007), pp. 223 – 252.

49. Todd, R., Sheryl, L., "A Classroom Data Literacy Intervention for Pre – service Teachers", *Teaching and Teacher Education*, Vol. 50, No. 4, (2015), pp. 90 – 101.

50. Todd D. Reeves, "Pre – service Teachers' Data Use Opportunities during Student Teaching", *Teaching and Teacher Education*, Vol. 63, No. 1, (2017), pp. 263 – 273.

51. Vargas, N., Xuemei Tian, "E – Learning: Much More Than a Matter of Technology", *International Journal of E – Education, E – Business, E – Management and E – Learning*, Vol. 3, No. 3, (2013), pp. 277 – 275.

(三) 其他文献

1. Alex Molnar, Faith Boninger, *Student Data and Privacy in the Digital Age*, Boulder, CO: National Education Policy Center, 2015, pp. 15 – 16.

2. Allan Carrington, *The Padagogy Wheel V4. 1*, 2016 – 06 – 18, See:

http://designingoutcomes. com/assets/PadWheelV4/PadWheel_ Poster_ 4. pdf .

3. Andrews, R. , Li, J. , Lovenheim, M. , *Heterogeneous Paths through College: Detailed Patterns and Relationships with Graduation and Earnings*, Washington, DC: National Center for Analysis of Longitudinal Data in Education Research, 2012.

4. Australian Curriculum, Assessment and Reporting Authority, *National Report on Schooling in Australia 2014*, Sydney NSW: ACARA, 2012.

5. Australian Curriculum, Assessment and Reporting Authority, *General Capabilities in the Australian Curriculum*, Sydney NSW: ACARA, 2013.

6. Brihanna Watson, *HMH Common Core Reading Practice and Assessment Review*, 2014 – 04 – 19, See: http://thesmartphoneappreview. com/ ipad/hmh – common – core – reading – practice – and – assessment – review.

7. Center for Educational Performance and Information, *CEPI Data Systems Privacy and Security Practices*, 2017 – 07 – 12, See: http://www. michigan. gov/cepi/0, 4546, 7 – 113 – – 252460 – – , 00. html.

8. Center for Educational Performance and Information, *How Your Data are Used?*, 2016 – 11 – 23, See: http://www. michigan. gov/cepi/0, 4546, 7 – 113 – – 252460 – – , 00. html.

9. CEO Forum on Education &Technology, *The Power of Digital Learning: Integrating Digital Content*, Washington, DC: CEO Forum on Education &Technology, 2012.

10. Charles Linn, *School of One, Architectural Record Schools of the 21st Century*, 2014 – 09 – 25, See: https://www. ambico. com/21st – century – ambico/.

11. Charlie Fitzpatrick, *Success in the First Year of ConnectED*, 2017 – 02 – 23, See: http://www. esri. com/ ~ /media/Files/Pdfs/news/arcuser/

0615/success – in – the – first – year – of – connected. pdf.

12. Chen A. Y., Koay S. L., *Transforming Teaching, Inspiring Learning: 60 years of teacher education in Singapore, 1950 – 2010,* Singapore: National Institute for Education, 2010.

13. Chris Chapman, etc, *Trends in High School Dropout and Completion Rates in the United States: 1972 – 2009,* Washington, DC: National Center for Education Statistics, 2012.

14. Common Core State Initiative Standards, *Standards in Your State,* 2017 – 08 – 12, See: http://www. corestandards. org/standards – in – your – state/.

15. Committee on Homeland Security, *How Data Mining Threatens Student Privacy* Washington, DC: U. S. Government Printing Office, 2015.

16. Congress. GOV, *Student Digital Privacy and Parental Rights Act of 2015,* 2017 – 03 – 23, See: https://www. congress. gov/bill/114th – congress/house – bill/2092.

17. ConnectED, *Office of Career, Technical, and Adult Education,* 2016 – 11 – 21, See: https://sites. ed. gov/octae/tag/connected/.

18. Council of Chief State School Officers, *In TASC Model Core Teaching Standards: A Resource for State Dialogue,* Washing DC: Council of Chief State School Officers, 2011.

19. Creativity, Culture and Education, *Creative Partnerships: Changing Young Lives,* 2016 – 06 – 22, See: http://www. creativitycultureeducation. org/wp – content/uploads/Changing – Young – Lives – 2012. pdf.

20. Data Quality Campaign, *Using Data To Improve Teacher Effectiveness,* 2017 – 05 – 15, See: https://2pido73em67o3eytaq1cp8au – wpengine. netdna – ssl. com/wp – content/uploads/2016/05/Using – Data – to – Improve – Teacher – Effectiveness. pdf.

21. Data Quality Campaign, *Teacher Data Literacy: It' s About Time*, 2017 – 05 – 20, See: https://2pido73em67o3eytaq1cp8au – wpengine. netd-na – ssl. com/wp – content/uploads/2016/03/DQC – Data – Literacy – Brief. pdf.

22. Data Quality Campaign, *Data for Action* 2014*: Paving the Path to Success*, 2017 – 5 – 17, See: http://dataqualitycampaign. org/files/Data For Action2014. pdf.

23. Data Quality Campaign, *A Stoplight for Student Data Used*, 2017 – 02 – 12, See: http://files. eric. ed. gov/fulltext/ED560593. pdf.

24. Data Quality Campaign, *ESEA Reauthorization: Why Data Matter An Opportunity for Federal Leadership to Support the Use of Data to Improve Student Achievement*, Washington, DC: Data Quality Campaign, 2016.

25. Data Quality Campaign, *Aligning the Effective Use of Student Data with Student Privacy and Security Laws*, Washington, DC: Data Quality Campaign, 2011.

26. Data Quality Campaign, *Student Data Privacy Legislation: What Happened in* 2015, *and What Is Next?*, Washington, DC: Data Quality Campaign, 2015.

27. Doug Guthrie, "The Coming Big Data Education Revolution, " *U. S. News & World Report*, August 15, 2013.

28. Educational Testing Service, *Digital Transformation: A Literacy Framework for ICT Literacy*, Washington, DC: ETS in its publication, 2007.

29. Evergreen Education Group, *Keeping Pace with K – 12 Digital Learning: An Annual Review of Policy and Practice*, Washington, DC: Evergreen Education Group, 2015.

30. Executive Office of the President, *Big Data: Seizing Opportunities, Preserving Values*, Washington, DC: The White House, 2014.

31. Executive Office of the President, *Investing in Our Future: Returning Teachers to the Classroom*, 2016 – 11 – 26, See: https://www. whitehouse. gov/sites/default/files/Investing_ in_ Our_ Future_ Report. pdf.

32. Family Policy Compliance Office, *Protection of Pupil Rights Amendment (PPRA)*, 2017 – 02 – 14, See: http://familypolicy. ed. gov/ppra.

33. Federal Communications Commission, *Children's Internet Protection Act (CIPA)*, 2017 – 02 – 14, See: https://www. fcc. gov/consumers/guides/childrens – internet – protection – act.

34. Federal Communications Commission, *Universal Service Program for Schools and Libraries(E – Rate)*, 2017 – 02 – 24, See: https://www. fcc. gov/general/universal – service – program – schools – and – libraries – e – rate.

35. Federal Communications Commission, 2010 *E – Rate Program and Broadband Usage Survey: Report*, 2017 – 02 – 28, See: http://transition. fcc. gov/010511_ Erate report. pdf.

36. Federal Communications Commission, *Summary of the E – Rate Modernization Order*, 2016 – 05 – 25, See: https://www. fcc. gov/general/summary – e – rate – modernization – order.

37. Flipped Learning Network, *Growth in Flipped Learning: Transitioning the Focus from Teachers to Students for Educational Success*, 2016 – 11 – 25, See: http://fln. schoolwires. net/cms/lib07/VA01923112/Centricity/Domain/41/New% 20Flipclass% 20Survey. pdf.

38. Flipped Learning Network, *Speak Up* 2013 *National Research Project Findings A Second Year Review of Flipped Learning*, 2016 – 12 – 23, See: http://flippedlearning. org/wp – content/uploads/2016/07/Speak – Up – 2013 – Survey – Results – Flipped – Learning – Network. pdf.

39. Florida Center for Instructional Technology, *The Technology Integra-*

tion Matrix, 2016 – 06 – 16, See: http://fcit. usf. edu/matrix/matrix. php.

40. Florida Virtual School, *Legislative Report 2014 – 15*, 2017 – 05 – 11, See: https://www. flvs. net/about/legislative – report.

41. FLVS, *Florida Virtual School Stakeholder Surveys: Executive Summary 2015 – 16*, Orlando, FL: Florida Virtual School, 2016.

42. Frank Smith, 7 Challenges in Meeting ConnectED Goals, 2016 – 12 – 23, See: https://edtechmagazine. com/k12/article/2014/11/7 – challenges – meeting – connected – goals.

43. Future of Privacy Forum, *Parental Support for Technology and Data Use in Schools*, 2015 – 11 – 23, See: http://www. techlearning. com/blogentry/11532 .

44. Gerzon, N. , Sarah, G. , *Toolkit for a Workshop on Building a Culture of Data Use*, 2017 – 06 – 20, See: http://files. eric. ed. gov/fulltext/ED555739. pdf.

45. Gray, L. , Thomas, N. , Lewis, L. , *Educational Technology in U. S. Public Schools: Fall 2008*, Washington, DC: U. S. Department of Education, 2010.

46. Grover J. , *Opportunity through Education: Two Proposals*, New York, NY: Brookings Institution, 2011.

47. Horn, M. , Staker, H. , *The Rise of K – 12 Blended Learning*, Innosight Institute: Report 5, 2011.

48. iNACOL, *Fast Facts About Online Learning*, 2017 – 05 – 11, See: https://www. inacol. org/wp – content/uploads/2015/02/fun – facts – about – online – learning. pdf.

49. iNACOL *Management and Operations of Online Programs*, 2015 – 6 – 1, See: http://files. eric. ed. gov/fulltext/ED509622. pdf.

50. International Association for K – 12 Online Learning, *National*

Standards for Quality Online Teaching, 2016 – 12 – 07, See: http://www. inacol. org/wp – content/uploads/2015/02/national – standards – for – quality – online – teaching – v2. pdf.

51. International Society for Technology in Education, *Technology and Student Achievement – The Indelible Link*, 2016 – 06 – 22, See: https://computerexplorers. com/Student – Achievement – Brief. pdf,

52. International Society for Technology in Education, *National Educational Technology Standards for Teachers*, 2016 – 10 – 23, See: http://www. iste. org/AM/Template. cfm? Section = NETS.

53. Jacob L. Vigdor, *Teacher Salary Bonuses in North Carolina*, Washington, DC: National Center On Performance Incentives, 2008.

54. Joel R. Reidenberg, et al, *Privacy and Cloud Computing in Public Schools*, Center on Law and Information Policy, Fordham Law School, 2013.

55. K12 Inc, *Annual Report 2015*, 2017 – 04 – 12, See: http://investors. k12. com/phoenix. zhtml? c = 214389&p = irol – reportsannual.

56. K12Inc, *2016 K12 Academic Report*, 2017 – 08 – 05, See: http://www. k12. com/sites/default/files/pdf/K12 – Academic – Report – 2016 – 111516. pdf

57. Karen Levesque, et al, *A Guide to Using State Longitudinal Data for Applied Research*, Washington, DC: Institute of Education Sciences, U. S. Department of Education, 2015.

58. Kathleen Reid – Martinez, Michael Mathews, *Harnessing Data for Better Educational Outcomes*, Oral Roberts University, Okla, 2016.

59. Keithr, Krueger, Bob Moore, *New Technology "Clouds" Student Data Privacy*, Washington, DC, Consortium for School Networking, 2015.

60. Klaus, S. , Robert, Gl. , *The Global Information Technology Report 2012*, Switzerland: World Economic Forum, 2012.

61. Knewton, *Knewton Technology Helped More Arizona State University Students Succeed*, 2016 – 05 – 03, See: http://www. knewton. com/assets – v2/downloads/asu – case – study. pdf.

62. Knewton, *Knewton's Technical White Paper*, 2016 – 03 – 21, See: https://www. knewton. com/wp – content/uploads/knewton – technical – white – paper – 201501. pdf.

63. Lenovo and Intel, *The Power of Mobile Learning in K – 12: Success Stories outside the Classroom*, 2016 – 10 – 23, See: https://www. k12blueprint. com/sites/default/files/Mobile_ Learning_ K – 12_ Success_ Stories. pdf.

64. Louisiana Department of Education, *Louisiana' s Plan To Protect Student Privacy*, Baton Rouge: The Louisiana Department of Education, 2015.

65. M. Roderick, T. Kelley – Kemple, D. Johnson, and N. Beechum, *Preventable Failure: Improvements in Long – Term Outcomes When High Schools Focused on Ninth Grade Year: Research Summary*, Chicago: University of Chicago, 2014.

66. Mark Clayton, "PISA Test Shows 'Stagnation' Is US Education Reform Failing?", *The Christian Science Monitor*, 2013 – 12 – 03.

67. Marci Kanstoroom, Eric C. Osberg Thomas, *A Byte at the Apple Rethinking Education Data for the Post – NCLB Era*, Washington, DC: Thomas B. Fordham Institute Press, 2008.

68. MCEETYA, *Melbourne Declaration on the Educational Goals for Young Australians*, 2017 – 03 – 12, See: http://files. eric. ed. gov/fulltext/ED534447. pdf.

69. McGraw – Hill, *McGraw – Hill Education's Acuity Launches Adaptive Assessment Solution*, 2017 – 08 – 02, See: http://www. mheducation. com/

news – media/press – releases/mcgraw – hill – educations – acuity – launches – adaptive – assessment – solution. html#.

70. Means, B. , Padilla, C. , DeBarger, A. , et al, *Implementing Data – Informed Decision Making in Schools – Teacher Access, Supports and Use*, Jessup: US Department of Education, 2009.

71. Means, B. , Padilla, C. , Gallagher, L. , *Use of Education Data at the Local Level: From Accountability to Instructional Improvement*, Jessup: US Department of Education, 2010.

72. Means, B. , Chen, E. , De Barger, A. , et al, *Teachers' Ability to Use Data to Inform Instruction: Challenges and Supports* , Alexandria, VA: Office of Planning, Evaluation and Policy Development, US Department of Education, 2011.

73. MIC, *Future School Promotion Project*, 2014 – 03 – 23, See: http://www. itu. int/ITU – D/finance/work – cost – trariff/events/tariff – semianars/japan – 13/documents/Sess5 – 2_ FutureSchool_ Kobayashi. pdf.

74. Michele Molnar, "Google Abandons Scanning of Student Email", *Education Week*, 2014 – 04 – 20.

75. Michele Molnar, "Bankruptcy Case Shines Spotlight on Data Privacy", *Education Week*, 2014 – 12 – 10.

76. Ministry of Education, Culture, Sports, Science and Technology, *The Vision for ICT in Education*, Japan Millennium Project, 2011.

77. Ministry of Education and Human Resource Department, *Adapting Education to the Information Age: A White Paper*, Korea Education and Research Information Service, 2002.

78. Missouri Student Information System, *Data Access and Management Policy*, 2016 – 12 – 23, See: http://www. dese. mo. gov/MOSIS/.

79. Nancy C. Rhodes, Ingrid Pufahl, *Foreign Language Teaching in U.*

S. Schools: Results of a National Survey, 2016 – 10 – 03, See: http://www. cal. org/projects/flsurvey. html.

80. Natale, C. , *Teaching in the World of Virtual K – 12 Learning*, Princeton, NJ: Educational Testing Service, 2011.

81. NAEP, *The Nation' s Report Card, National Results, Achievement Levels*, 2016 – 12 – 21, See: http://nces. ed. gov/nationsreportcard/science/whatmeasure. asp.

82. Natasha Singer, "InBloom Student Data Repository to Close", *New York Times*, 2014 – 04 – 21.

83. National Center for Education Statistics, *Data Stewardship: Managing Personally Identifiable Information in Electronic Student Education Records*, Washington, DC: National Center for Education Statistics, 2011.

84. National Center for Education Statistics, *Fast Facts*, 2015 – 12 – 03, See: http://nces. ed. gov/fastfacts/display. asp?id = 46.

85. National Center for Education Statistics, *Digest of Education Statistics 2013*, Washington DC: Department of Education70, 2015.

86. National Center for Education Statistics, *Teachers' Tools for the 21st Century: A Report on Teachers' Use of Technology*, 2011 – 08 – 03, See: http://nces. ed. gov/pubs2000/2000102. pdf.

87. National Forum on Education Statistics, *Forum Guide to Protecting the Privacy of Student Information: State and Local Agencies*, Washington, DC: National Forum on Education Statistics, 2004.

88. National School Boards Association, *Policy Student Data Protection and Privacy/Cloud – based Issues*, 2016 – 03 – 07, See: http://docplayer. net/12897217 – Policy – 3520 – 13 – student – data – protection – and – privacy – cloud – based – issues. html.

89. National School Boards Association, *Data in the Cloud: A Legal and*

Policy Guide for School Boards on Student Data Privacy in the Cloud Computing Era, Alexandria, VA: National School Boards Association, 2014.

90. National Science Foundation, *Solicitation 12 – 499: Core Techniques and Technologies for Advancing Big Data Science & Engineering (BIGDATA)*, 2012 – 12 – 22, See: http://www. nsf. gov/pubs/2012/ nsf12499/nsf12499. pdf.

91. National Student Clearinghouse, *Tracking Postsecondary Outcomes for High Schools*, Herndon, VA: National Student Clearinghouse Pilot, 2010.

92. New York City Department of Education, *Salary Schedule*, 2016 – 08 – 12, See: http://schools. nyc. gov/NR/rdonlyres/72DE1FF1 – EDFC – 40D7 – 9D61 – 831014B39D1E/0/TeacherSalarySchedule20083. pdf.

93. NITRO Big Data Senior Steering Group, *The Federal Big Data Research and Developement Strartegic Plan*, Washington, DC: National Coordination Office for NITRD, 2016.

94. North Central Regional Educational Laboratory, *EnGauge*, 2016 – 03 – 23, See: http://www. ncrel. org/engauge/skills/21skills. htm.

95. OECD, *What 15 – year – olds Know and What They Can Dowith What They Know*, OECD, Paris: PISA 2012 Results in Focus, 2013.

96. OECD, *Country Note: Key Finding from PISA 2015 for the United States*, 2017 – 03 – 21, See: www. oecd. org/pisa/PISA – 2015 – United – States. pdf.

97. OECD, *Education at a Glance 2011: OECD Indicators*, 2015 – 12 – 03, See: http://www. oecd. org/dataoecd/61/2/48631582. pdf.

98. Office of Education Technology, *Enhancing Education Through Technology(EETT): Supporting Teachers in Creating Future Ready Classrooms*, 2015 – 06 – 03, See: http://tech. ed. gov/eett/.

99. Office of Educational Technology, *Enhancing Teaching and Learning*

Through Educational Data Mining and Learning Analytics, 2016 – 05 – 11, See: https://tech. ed. gov/wp – content/uploads/2014/03/edm – la – brief. pdf.

100. Office of Educational Technology, *ConnectEDucator Month Report: Learning With Connected and Inspired Educators*, 2017 – 05 – 11, See: http:// Connected Educator. org/wp – content/uploads/2013/02/Connected – Educator – Month – Report – 2012. pdf.

101. Office of Planning, Evaluation, and Policy Development Policy and Program Studies Service, *Evaluation of Evidence – Based Practices in Online Learning: A Meta – Analysis and Review of Online Learning Studies*, 2014 – 12 – 23, See: http://www2. ed. gov/rschstat/eval/tech/evidence – based – practices/finalreport. pdf.

102. Office of Technology Assessment, *Informational Technology and its Impact on American Education*, 2016 – 12 – 06, See: https://www. princeton. edu/ ~ ota/disk3/1982/8216/8216. PDF.

103. Ohio Department of Education, *Ohio Data Privacy Report*, Ohio Department of Education, 2014.

104. Partnership for 21st Century Skills, *Framework for 21st Century Learning*, 2016 – 06 – 14, See: http://www. p21. org/our – work/p21 – framework.

105. Patrick Svitek & Nick Anderson, "U. Md. Computer Security Attack Exposes 300,000 Records", *Wash Post*, 2014 – 02 – 19.

106. PBS Learning Media, *Teacher Technology Usage*, Arlington, VA: PBS Learning Media, 2013.

107. Picciano, A. G. , Seaman, J. , *Class Connections: High School Reform and the Role of Online Learning*, 2015 – 08 – 22, See: http://www. onlinelearningsurvey. com/reports/class – connections. pdf.

108. Puma, M. J., Chaplin, D. D., Pape, A. D., *E – Rate and the Digital Divide: A Preliminary Analysis from the Integrated Studies of Educational Technology*, Washington, DC: Access to Computer, 2000.

109. Ruben Puentedura, *As We May Teach: Educational Technology, from Theory into Practice*, 2016 – 06 – 21, See: http://www. hippasus. com/rrpweblog/archives/2011/11/22/SAMR_ TPCK_ InConxt. pdf.

110. Rukobo, E. Z., Penfold, A., Adler, C. R., *A Facilitator's Guide for the Online Course: What Education Leaders Should Know about Virtual Education*, Portsmouth, NH: RMC Research Corporation, 2014.

111. Software & Information Industry Association, *Best Practices for the Safeguarding of Student Information Privacy and Security for Providers of School Services*, 2016 – 05 – 05, See: http://archive. siia. net.

112. State Educational Technology Directors Association, *National Trends Reports 2004 – 2011*, 2012 – 09 – 23, See: http://www. setda. org/c/document_ library/get_ file?folderId = 6&name = DLFE – 1552. pdf.

113. Student Privacy Pledge, *200 Companies Serving Students and Schools Have Now Signed the Student Privacy Pledge*, 2016 – 04 – 21, See: https://studentprivacypledge. org/.

114. Susan Patrick, et al, *Performance – based Funding & Online Learning: Maxing Resources for Students Success*, Atlanta, GA: International Association for K – 12 Online Learning, 2015.

115. Susan Patrick, Kathryn Kennedy and Allison Powell, *Mean What You Say: Defining and Integrating Personalized, Blended, and Competency Education*, 2014 – 02 – 21, See: http://www. inacol. org/cms/wp – content/uploads/2013/10/iNACOL – Mean – What – You – Say – October – 2013. pdf.

116. Takeuchi, L. M. and Vaala, S., *Level Up Learning: A National Survey on Teaching with Digital Games*, New York, NY: The Joan Ganz

Cooney Center at Sesame Workshop, 2014.

117. The Council on Foreign Relations, *U. S. Education Reform and National Security*, Washington, DC: Independent Task Force Report No. 68, 2012.

118. The White House, *President Obama Speaks Technology in Schools*, 2014 – 05 – 12, See: https: //obamawhitehouse. archives. gov/photos – and – video/video/2013/06/06/president – obama – speaks – technology – schools#transcript.

119. The White House, *FACT SHEET: ConnectED: Two Years of Delivering Opportunity to K – 12 Schools & Libraries*, 2016 – 11 – 26, See: https: //www. whitehouse. gov/the – press – office/2015/06/25/fact – sheet – connected – two – years – delivering – opportunity – K – 12 – schools.

120. The White House, *ConnectED Initiative*, 2016 – 05 – 16, See: https: //www. whitehouse. gov/issues/education/K – 12/connected.

121. The White House, *ConnectED: Realizing the Promise of Digital Learning*, 2017 – 02 – 21, See: https: //obamawhitehouse. archives. gov/sites/default/files/docs/fact – sheet_ connected_ realizing – the – promise – of – digital – learning. pdf.

122. The White House, *ConnectED*, 2017 – 03 – 08, See: https: //obama. whitehouse. archives. gov/issues/education/K – 12/connected.

123. The White House, *ConnectED: Training Students to Meet the Needs of Corporations*, 2017 – 02 – 22, See: https: //www. whitehouse. gov/issues/education/K – 12/connected.

124. The White House, *Obama's ConnectED: Training Students to Meet the Needs of Corporations*, 2017 – 02 – 22, See: https: //www. whitehouse. gov/issues/education/K – 12/connected.

125. The White House, *Responsible Educational Innovation in the Digital*

Age, Washington, DC: Big Data Privacy Report, 2014.

126. Thomas Hazlett, *Obama's Misguided Plan to Connect Schools to the Internet*, 2016 – 08 – 23, See: http://www. politico. com/agenda/story/2016/08/stop – spending – money – connecting – schools – to – the – internet – 000191.

127. U. S. Department of Education, *Fiscal Year 2015 Budget Summary and Background Information*, 2017 – 03 – 15, See: http://www2. ed. gov/about/overview/budget/budget15/summary/15summary. pdf.

128. U. S. Department of Education, *Statistics About Non – Public Education in the United States*, 2016 – 08 – 28, See: https://en. wikipedia. org/wiki/Homeschooling_ in_ the_ United_ States.

129. U. S. Department of Education, Office of Planning, Evaluation and Policy Development, *ESEA Blueprint for Reform*, Washington, DC, The White House, 2010.

130. U. S. Department of Education, Office of Planning, Evaluation and Policy Development, *Use of Education Data at the Local Level: From Accountability to Instructional Improvement*, 2015 – 02 – 06, See: http://www2. ed. gov/rschstat/eval/tech/use – of – education – data/use – ofeducation – data. pdf/.

131. U. S. Department of Education, *Getting America's Students Ready for the 21st Century: Meeting the Technology Literacy Challenge*, Washington, DC: Department of Education, 1996.

132. U. S. Department of Education, *E – Learning: Putting a World – Class Education at the Fingertips of All Children*, Washington, DC: Department of Education, 2000.

133. U. S. Department of Education, *Toward a New Golden Age in American Education: How the Internet, the Law, and Today's Students are Revolu-*

tionizing Expectations, Washington, DC: Department of Education , 2004.

134. U. S. Department of Education, *Transforming American Education: Learning Powered by Technology*, Washington, DC: Department of Education, 2010.

135. U. S. Department of Education, *Future Ready Learning: Reimagining the Role of Technology in Education*, Washington, DC: Department of Education , 2016.

136. U. S. Department of Commerce, *Exploring the Digital Nation: Computer and Internet Use at Home*, 2016 – 11 – 20, See: http://www. esa. doc. gov/sites/default/files/reports/documents/exploringthedigitalnation – computerandinternetuseathome. pdf.

137. U. S. Department of Education, *Evaluation of the Enhancing Education through Technology Program: Final Report*, 2016 – 11 – 12, See: https://www2. ed. gov/rschstat/eval/tech/netts/finalreport. pdf.

138. U. S. Department of Education, *Fiscal Year* 2015 *Budget Summary and Background Information*, 2016 – 06 – 20, See: http://www2. ed. gov/about/overview/budget/budget15/summary/15summary. pdf.

139. U. S. Department of Education, *Protecting Student Privacy While Using Online Educational Services: Model Terms of Service*, 2016 – 05 – 01, See: http://ptac. ed. gov/sites/default/files/TOS_ Guidance_ Mar2016. pdf.

140. U. S. Department of Education, *Protecting Student Privacy While Using Online Educational Services: Requirements and Best Practices*, Washington, DC, Department of Education, 2015.

141. U. S. Department of Education, *Every Student Succeeds Act (ESSA)*, 2017 – 07 – 23, See: https://www. ed. gov/essa?src = rn.

142. U. S. Department of Education, *Technology in Education: Privacy*

and Progress, Remarks of U. S. Secretary of Education Arne Duncan at the Common Sense Media Privacy Zone Conference, 2014 – 02 – 24, See: ht- tps：//www. ed. gov/news/speeches/technology – education – privacy – and – progress.

143. Vernon Turner, et al, *The Digital Universe of Opportunities: Rich Data and the Increasing Value of the Internet of Things*, Framingham, MA: International Data Corporation, 2014.

144. Wikipedia, *Family Educational Rights and Privacy Act*, 2017 – 02 – 12, See: https://en. wikipedia. org/wiki/Family_ Educational_ Rights_ and_ Privacy_ Act.

后　记

　　2014 年春，一次难得的机缘让我这个信息技术的门外汉走进"互联网＋"的广阔天地。蒙西南大学网络与教育学院陈恩伦院长，以及学院院长助理黄越岭博士、学院培训部谢英主任、莫鸿主任等同事的信任，接纳我参与"国培计划"网络远程培训项目的申报与实施工作，具体负责"网络与校本研修整合培训项目"的方案设计、过程性指导与成果提炼等事务。项目实施过程中，我对"互联网＋"时代信息技术在教育中的辉煌前景有了切身感受与真实体会。新时期的网络与远程教育，超越了远程教育初期的网络资源与课程传输模式，跳出了传统单向性的信息传递和内容讲解藩篱，转向依托网络研修社区，以教育情境中生成的真实问题为起点，在学员与专家共同构建的学习共同体中交流看法、碰撞思想、总结经验，注重参训学员现场参与和实践运用的多向互动践行模式。

　　秉持"把事务性的培训工作视为课题研究"的思路，我对创建网络研修社区、实施移动与在线学习、诊断教师专业发展、制定个性化学习方案、构建学习研修团队、精准开发与投送数字化资源、制作慕课与教学视频等内容进行了较长时间的思考。作为一个比较教育学专业研究人员，"取人之长、补己之短"已烙入我的思维习惯。在梳理教育信息化的国际动向时，美国的基础教育信息化建设成就引起了我的特别关注。除了在教育信息化基础设施上领先于其他国家外，在开发数字化教育资源、推广 K－12 混合与在线学习、挖掘教育教学数据、促进信息技术与教学深度融合、发展教师信息数据素养等方面也走在了世界前列，而这些恰恰是中国基础教育信息化深度发展中的薄弱环节。基于此，我对美国基础教育信息化建设中的上述主题进行了初步探索，于是有了本书的基本框架。

本书能够最终面世，更源于徐辉恩师的"敲打"与鞭策。2010 年博士毕业留校工作以来，每一次聚会与相见，老师总要"检查"我的工作与学习"成绩单"。从研究课题的申报与实施，到各类成果评奖材料的撰写；从当前教育研究的热点分析，到不同学术刊物的办刊特色；从学术界知名专家的成长经验，到西南大学抑或重庆市内优秀青年学者的脱颖而出；从比较教育学者的使命担当，到学术规范与伦理的底线坚守，徐老师总是不失时机地提醒我保持谦卑的心态与向上的思考。特别在一次同门聚会上，老师以我的一位学友笔耕不辍、著作频频的事迹点拨我，给我以很大触动。师母曹莉老师多年来也一直在工作与生活上关心着我，激励我上进、赐予我动力，衷心感谢两位恩师对我及我家人的浓浓关怀。

本书的主体部分完成于 2015 年 9 月至 2016 年 9 月，期间我在美国西佐治亚大学访学。访学期间，我的合作导师曹力教授及其妻子李湘女士给予了我无微不至的关怀与照顾。两位老师严谨的治学态度、谦和的待人风范，以及深厚的学术涵养，让我受益良多。本书中的部分内容，如美国基础教育质量现状、信息技术与教学融合、美国 K－12 在线学习、美国教育大数据战略、美国学生数据隐私保护等专题，已在《教育研究》《比较教育研究》《电化教育研究》《现代远程教育研究》等国内期刊上陆续发表，特此说明并向编辑部专家们致以崇高的敬意。2016年 9 月回国之后，我指导的研究生李飞、鲍娟、董甜园、陈琴、张力文等同学协助我做了大量资料查阅与整理工作，特此说明并致谢。

值此《信息化、"互联网＋"与大数据：当前美国基础教育变革理念与实践》付梓出版之际，首先感谢西南大学教育学部"1256"计划、西南大学基本科研基金项目给我的课题资助，特别感谢西南大学教育学部的领导和同事在工作和专业发展层面给予我的大力支持；感谢西南大学比较教育学学科团队陈时见教授、兰英教授等同仁给予我的指导与帮助，学术活动中的讨论总让我醍醐灌顶、豁然开朗；感谢本书撰写过程中参考引用过的文献作者，您们的研究开阔了我们的视野，奠定了研究基础，对文献中理解不到位或缺失的引用深表歉意；感谢人民出版社各位领导与编辑就书稿的内容与形式提出的完善意见，您们为提高书稿的质量进行了字斟句酌，在此表示深深的谢意。

学术研究从来就没有终点，著作的出版也不意味着探索的终止。由于本人学识水平及研究条件等方面的欠缺，本书的不足之处也是显而易见的，特别在深入总结美国基础教育信息化建设经验、探讨中国基础教育信息化发展道路、总结信息技术与教学融合的有效路径等方面还有待深入，敬请学术界同仁批评指正。

王正青

2017 年 8 月于西南大学